吉林省科技促进区域创新发展研究报告

RESEARCH REPORT ON PROMOTING REGIONAL
INNOVATION AND DEVELOPMENT THROUGH SCIENCE AND
TECHNOLOGY IN JILIN PROVINCE

主　　编　井丽巍　魏忠宝　单　艺

执行主编　王桂华　高华兴　生洪宇

特邀主编　钟　磊　张　军　张娜娜

社会科学文献出版社
SOCIAL SCIENCES ACADEMIC PRESS (CHINA)

编委会

目　录

综合篇

第一章　吉林省区域创新能力研究
　…………………………… 井丽巍　扈　杨　魏忠宝　王桂华 / 003

第二章　吉林省科技促进创新型省份经济社会发展情况研究
　…………………………………… 扈　杨　井丽巍　王桂华 / 012

第三章　吉林省生产性服务业科技创新"链式"发展研究
　………………………………………………………… 张　军 / 021

第四章　吉林省科技成果转移转化对策研究 ………………… 宁　维 / 033

市（州）篇

第五章　吉林省长吉一体化科技创新协同发展研究
　………………………………………………… 董　斌　倪　梦 / 045

第六章　长春市创新能力监测及创新发展对策研究
　…………………………………… 赵丹丹　关　洁　黄嘉俊 / 057

第七章　吉林市创新评价指标体系研究
　……………………………………… 王　娜　王欣铭　林烨楠 / 070

第八章　白山市区域创新能力提升研究
　……………………………………… 董　惠　刘贞珍　周雅伦 / 079

第九章　白山市实施创新驱动发展战略对策研究
　…………………………………… 刘贞珍　王意峰　董　惠 / 087

科技创新促进产业发展篇

第十章　科技创新促进吉林省硅藻土产业发展研究 ………… 刘小溪 / 099

第十一章　科技创新促进吉林省卫星应用产业发展研究 … 胡璐璐 / 108

第十二章　基于专利导航的吉林省 5G 无线通信技术产业发展研究

………………………………………………………… 王戴尊 / 119

第十三章　长春市科技促进生物医药行业发展研究

——以疫苗产业为例 ……………… 庞崴文　扈书睿　黄嘉俊 / 130

第十四章　科技创新助推吉林市碳纤维产业发展研究

………………… 郭　爽　钟　雪　王　娜　林烨楠 / 140

第十五章　吉林市科技创新促进冰雪产业发展研究

………………………… 李文蓉　钟　雪　王欣铭 / 148

第十六章　吉林市现代农业创新发展问题与对策研究

………………………… 林烨楠　李文蓉　郭　爽 / 158

第十七章　长白山人参产业科技创新发展研究

………………………… 王意峰　刘贞珍　董　惠 / 167

第十八章　科技创新促进发挥饲用油菜优势，加快畜牧业发展

………………… 苗春瑞　郭艳芹　陈智勇　等 / 176

案例篇

第十九章　数字金融时代科技创新型企业融资问题研究

………………………………………………………… 生洪宇 / 189

第二十章　基于协同理论的科技期刊助力吉林省科技智库建设研究

………………… 马　卓　杨丰侨　郭沫含　王　婷　魏忠宝 / 199

第二十一章　基层林业科研单位科技创新项目管理研究

………………………… 孙　勇　吕伟伟　王丽丽 / 215

第二十二章　从专利视角看长春市产业科技创新研究

………………………… 黄嘉俊　庞崴文　扈书睿 / 223

第二十三章　科技赋能新质生产力发展
　　——以镇赉县为例 ……………………… 宫立莉　段立春 / 236
第二十四章　区域创新视角下科研管理模式探讨
　　…………………………………………………… 司方方 / 245
第二十五章　吉林市促进科技成果转化主要做法及优化对策
　　………………………………………………… 宋　锐 / 251

综合篇

第一章　吉林省区域创新能力研究

井丽巍　扈　杨　魏忠宝　王桂华*

摘　要： 随着世界经济结构的不断调整，我国格外重视区域创新能力，致力于提高核心竞争力。吉林省不断加快创新赋能，在创新投入与产出、创新环境、产学研深度融合等方面取得显著成效。科技创新较好地支持经济社会发展水平提升。吉林省在科技创新发展过程中也面临一些问题和挑战，本文就相关问题和挑战提出对策建议。

关键词： 区域化；区域创新能力；经济社会发展水平

"十四五"时期，吉林省不断加强调整区域创新格局，创新已成为区域发展的核心动力。据《中国区域创新能力评价报告2023》，吉林省区域创新能力排全国第18位，位居东北三省之首；另据《中国区域科技创新评价报告2023》，吉林省综合科技创新水平居全国第18位，位于全国第二梯队，属于中等创新地区，综合科技创新水平指数为58.18%，较2012年增长了11.93个百分点。本文通过连续监测反映区域科技创新水平、区域创新能力的相关指标，结合吉林省省情，以吉林省具有显著科教优势的"三所六校"为例，研究吉林省区域创新优势、提升区域创新能力存在的

* 井丽巍，吉林省科学技术信息研究所主任，研究员，研究方向为科技统计分析研究；扈杨，吉林省科学技术信息研究所研究实习员，研究方向为科技统计分析研究；魏忠宝，吉林省科学技术信息研究所所长，副研究员，研究方向为科技信息、信息资源管理；王桂华，吉林省科学技术信息研究所总统计师，研究员，研究方向为科技统计分析研究。

问题并提出对策建议，以加速科技赋能，着力补短板、强弱项、促提升，推动吉林省建设更高水平创新型省份。

一 吉林省区域创新优势

（一） 创新环境优势

一是人力资源丰富且潜力大。2023 年，吉林省万人高等学校在校学生数为 426 人，居全国第 4 位；每十万人博士毕业生数为 8 人，居全国第 6 位；每十万人创新中介从业人员数为 4 人，居全国第 12 位；万人大专以上学历人数为 2084 人，居全国第 8 位。二是科研物质条件较为优越。每名 R&D 人员研发仪器和设备支出为 3.24 万元，居全国第 13 位；科学研究和技术服务业固定资产占比为 1.69%，居全国第 8 位。三是经济社会环境稳定健康。技术转移综合指数为 33.16%，居全国第 4 位；外资企业投资综合指数为 9.13%，居全国第 10 位。

（二） 创新投入优势

一是基础研究投入水平明显提升。吉林省 2023 年基础研究人员投入强度指数为 0.90%，居全国第 3 位；基础研究经费投入强度指数为 0.23%，居全国第 7 位。二是企业加大技术改造和设计能力提升的力度。吉林省企业设计能力综合指数为 22.07%，居全国第 10 位；企业技术获取和技术改造经费支出占企业营业收入比重为 0.75%，居全国第 3 位。

（三） 创新产出优势

2023 年，吉林省科技活动产出水平指数为 56.02%，优势较为显著。一是知识创造水平较高。2023 年，吉林省万人科技论文数为 3.72 篇，居全国第 10 位；专利综合指数为 33.19%，居全国第 8 位。二是高新技术产业化效益显著。2022 年，高技术产业利润率为 24.47%，居全国第 3 位；吉林省新产品销售收入占营业收入比重为 20.09%，居全国第 13 位；吉林省知识密集型服务业增加值占生产总值比重为 14.87%，居全国第 12 位。

（四） 科技促进经济社会发展

2023 年，吉林省科技促进经济社会发展指数为 71.54%，居全国第 8 位，主要包括如下领域：吉林省装备制造业区位熵为 161.90%，居全国第 3 位；信息传输、软件和信息技术服务业增加值占地区生产总值比重为 4.26%，居全国第 5 位；经济发展方式转变指数为 62.82%，居全国第 7 位；综合能耗产出率为 20.23 元/千克标准煤，居全国第 14 位；社会生活信息化指数为 81.64%，居全国第 13 位。

（五） 科教资源优势

以吉林省具有显著科教资源优势的"三所六校"① 为例，根据高等院校、科研院所 2021 年公布的相关数据，按照高端人才以及所属学科分，"三所六校"共有院士 25 人、国家杰青 75 人，长白山、青拔等省级人才 1143 人，主要研究学科与领域有材料、机械、化学、地球探测技术及仪器装备研发、地理学、真菌学及植物病理学、凝聚态物理、农业工程、车辆工程、生态学、生物学、环境学、电气工程、计算机、能源、食品、动物学、病毒学和应用光学等。

二 吉林省提升区域创新能力存在的问题

吉林省在加快创新型省份建设过程中，取得了较好的成效，但仍存在一系列问题。从现实状况来看，吉林省亟待形成创新环境、创新主体、创新产出和创新资源协同联动、共赢共生和高效运转的创新体系，以便更好地满足创新型省份的发展需求，为区域经济提供足够的支撑。

① "三所六校"包括中国科学院长春应用化学研究所、中国科学院长春光学精密机械与物理研究所、中国科学院东北地理与农业生态研究所、吉林大学、东北师范大学、长春理工大学、长春工业大学、吉林农业大学和东北电力大学。

（一）区域创新环境有待提升

吉林省需要提升如下区域创新环境指标。2023年，吉林省R&D经费投入占GDP的比重为1.39%，居全国第20位；地方财政科技支出占地方财政支出的比重为1.04%，居全国第24位；环境污染治理指数为80.35%，居全国第27位；每万人移动互联网用户数为9670.52户，居全国第19位；市场环境综合指数为14.28%，居全国第28位；金融环境综合指数为8.19%，居全国第29位；高技术产业营业收入占工业营业收入的比重为5.56%，居全国第25位；科学研究和技术服务业平均工资比较系数为76.48%，居全国第26位；电子商务销售额占GDP的比重为0.04%，居全国第31位。

（二）企业创新主体水平偏低

吉林省需要提升如下企业创新主体水平指标。2023年，吉林省每十万人累计孵化企业数为10.46家，居全国第16位；上市公司R&D经费投入强度指数为0.02%，居全国第18位；企业技术提升能力综合指数为23.75%，居全国第17位；企业R&D经费投入占营业收入的比重为0.58%，居全国第27位；企业R&D研究人员占比为21.36%，居全国第27位；科技企业孵化器当年风险投资强度为164.89万元/项，居全国第27位；有R&D活动的企业占比为13.29%，居全国第29位。

（三）创新产出水平有待提高

吉林省需要提高如下创新产出水平指标。2023年，吉林省知识密集型服务业劳动生产率为60.95万元/人，居全国第24位；万元GDP技术国际收入为0.88美元，居全国第17位；每万人高价值发明专利拥有量为2.17件，居全国第17位；每万名就业人员专利申请数为30.90件，居全国第21位；资本生产率为0.22万元/万元，居全国第23位；高技术产业营业收入占工业营业收入比重为5.56%，居全国第25位；高技术产品出口额占商品出口额的比重为10.53%，居全国第24位。

（四）创新资源配置有待进一步优化

吉林省亟须提升如下创新资源的指标。2023 年，吉林省就业综合指数为 31.04%，居全国第 19 位；产业国际竞争力综合指数为 14.73%，居全国第 19 位；科技合作综合指数为 29.01%，居全国第 16 位；产业结构综合指数为 22.08%，居全国第 25 位。

（五）吉林省科研机构研发投入有待提高

在经济建设、社会发展和国防等重要领域建立的研究与开发机构服务于国家战略目标和利益，是我国战略科技力量的重要组成部分。吉林省各类研究与开发机构研发投入差异较大并且对政府资金的依赖程度较高。2021 年，吉林省 R&D 经费支出中，中央属科研机构占比超过 90%，其他科研机构占比低于 10%，在中央属科研机构的 R&D 经费支出中，政府资金占比 90% 以上。

（六）科技成果尚未精准对接市场

2019 年吉林省验收、结题不满 3 年的国家科技重大专项、863 计划、国家科技支撑计划、973 计划以及国家重大科学研究计划等课题跟踪调查数据显示，相关项目的承担单位主要为高校和科研院所。通过对项目的形成、产出、效益进行全方位梳理，发现吉林省高校和科研院所科技成果市场化存在如下问题。一是相关项目的科技成果服务的社会经济范围有待拓宽。根据 2019 年跟踪调查数据，科技成果主要服务于采矿业（占比 63.5%）、农林牧渔业（占比 35.3%）和农副食品加工业（占比 1.2%）等传统产业，而科技成果在战略性新兴产业的应用范围有待拓宽。二是应用类科技成果数量有待增加。调查结果显示，跟踪的项目主要产出为期刊论文，发表科技论文总数为 193 篇，专利申请数仅为 99 件，发表论文数远远大于申请专利数。

三 提升吉林省区域创新能力的对策建议

吉林省综合科技创新水平的提升较好地支撑了区域创新发展，其中人力资源、科教优势对于提升科技创新水平起到了重要作用，但在推动创新型省份建设过程中，吉林省仍面临众多挑战。为深入实施创新驱动发展战略，加强创新型省份建设，本文在加大研发投入力度、强化企业创新主体地位、提升高新技术产业化和战略性新兴产业水平、优化完善创新生态、转变经济发展方式等方面提出如下对策建议。

（一）合力创新服务方式，推进创新型省份建设

吉林省有待提升的区域创新环境指标包括环境污染治理指数、R&D 经费投入占 GDP 的比重、每万人移动互联网用户数以及金融环境综合指数等，提升这些指标需要区域内创新资源和创新要素的全方位整合、系统化配置，需要全行业、各部门、相关单位形成合力，切实强化责任担当，主动作为，保证政策精准和执行有力，更好地服务全行业和经济社会的发展，营造开放、协同、共享的全链条、全区域、全要素系统创新体系。

（二）鼓励企业由投资驱动型向技术和创新驱动型转变，助力企业高质量发展

以构建"科技型中小企业—高新技术企业—专精特新企业"的梯次培育体系为主线，通过举办高水平创新创业大赛、实施科技计划项目以及研发投入补贴政策等方式，鼓励企业加大研发经费和人力投入用于技术和产品创新，推动中小企业与行业头部企业协同创新、产业链上下游协作配套，以技术创新引领企业转型，全力推动企业实施技术改造和智能化升级，助力企业跑出高质量发展的"加速度"，以此提高供给质量和水平，推动产业升级。

（三）优化科技资源配置，提升科技投入效能

一是从吉林省实际出发，聚焦吉林省优势重点产业，加快汽车及零部件、中医药等重点产业的技术攻关，形成一批具有独立知识产权的标志性技术成果。二是深化科技计划管理改革。推动物力、人才、资金等创新资源聚力关键核心技术领域。稳妥推进省与各市州逐步建立权责清晰、区域均衡、科学持续的投入保障长效机制。省级财政重点支持全局性、基础性、长远性工作，以及面向科技前沿、面向社会重大需求组织实施重大科技任务，优化创新科技项目组织管理方式，并且充分调动市、县科技创新的积极性和主动性。三是完善金融支持创新体系。推动金融助力关键核心技术瓶颈突破，健全科技资源风险投资机制，着力构建基于政府、企业、高校、科研院所的稳定、多元、长期的科技投入体系。

（四）立足本省特色优势产业和学科，加快产学研深度融合

一是加强顶层设计，凝聚发展合力，深化产学研合作。高校和科研院所决策层要高度重视产学研合作，定期研究产学研合作制度以及相关重大问题，提高与企业、行业部门及政府的沟通效能，并在管理体制、人才培养、职称评定、资源配置等方面出台有利政策，如横向项目给予纵向项目认定等政策，激发教师开展产学研合作的热情，积极推进科技成果转化。二是搭建合作平台，促进科技成果供给端与需求端无缝衔接。不断加强产学研合作平台建设。引导重点实验室、科技创新中心的研究方向和企业发展需求关联，推进实验室和科技创新中心与企业研发中心协同建设；加强高校、科研院所与企业共享科研仪器设备，协同破解行业发展和企业生产中的关键技术难题，实现成果就地直接转化。三是优化人才队伍，实施师资校企双向流动机制。围绕行业发展需要和区域产业布局，结合高校和科研院所学科专业发展，加强企业技术人才与高校和科研院所人才之间的交流，如企业高级技术人才深入学校任教，高校人才带领科研团队去企业开展科技成果转化，加强优势学科与行业协同发展。

参考文献

［1］姚延婷、宋丹丹：《科技创新对区域经济高质量发展的影响研究——以陕西省为例》，《中国科技资源导刊》2022 年第 2 期。

［2］魏阙、戴磊：《吉林省区域创新能力评价指标体系研究》，《科研管理》2015 年第 S1 期。

［3］蒋兴华：《区域科技创新能力评价体系构建及综合评价实证研究》，《科技管理研究》2012 年第 14 期。

［4］汪涛、丁雪、杜根旺：《国内外区域创新能力研究综述与未来展望》，《技术经济》2014 年第 9 期。

［5］陈宥蓁：《国际创新驱动能力评价指标体系及其对我国的借鉴》，《南京理工大学学报》（社会科学版）2014 年第 4 期。

［6］陈劲、陈钰芬、余芳珍：《FDI 对促进我国区域创新能力的影响》，《科研管理》2007 年第 1 期。

［7］甄峰、黄朝永、罗守贵：《区域创新能力评价指标体系研究》，《科学管理研究》2000 年第 6 期。

Research on Regional Innovation Capability in Jilin Province

Jing Liwei, Hu Yang, Wei Zhongbao and Wang Guihua

Abstract：Globalization has driven a regional transformation in Chinese society. With the continuous adjustment of the world economic structure, China attaches great importance to regional innovation capabilities and is committed to improving its core competitiveness. Jilin Province is continuously accelerating innovation empowerment and has achieved significant results in innovation input and output, innovation environment, science and education, and other aspects. Among them, technology has effectively supported the improvement of economic and social development levels. Our province also faces some problems and challenges in the process of technological innovation and development.

Therefore, this article proposes relevant countermeasures and suggestions for these issues and challenges.

Key words: Regionalization; Regional Innovation Capability; Economic and Social Development Level

第二章 吉林省科技促进创新型省份经济社会发展情况研究

扈　杨　井丽巍　王桂华[*]

摘　要： 近年来，吉林省不断加快创新型省份建设，科技对经济社会发展形成较好支撑，科技促进经济社会发展水平居全国第 8 位，创新型省份第 4 位。但在区域创新驱动方面仍存在一些问题和挑战，本文就相关问题和挑战提出对策建议。

关键词： 创新型省份；经济社会发展；区域创新驱动

2021 年，吉林省创新型省份建设获批，是全国第 11 个、东北地区首个获批省份。经过近年来的发展，全省区域发展水平和科技创新能力不断提升，创新型省份建设取得显著进展。据《中国区域创新能力评价报告2023》《中国区域科技创新评价报告 2023》，吉林省 GDP 和人均 GDP 均居全国第 26 位，区域创新能力达到"十三五"以来历史最高水平，居全国第 18 位，比上年提升 6 位，提升幅度居全国第 1 位；综合科技创新水平居全国第 18 位，比上年提升 1 位。此外，吉林省科技促进经济社会发展水平居全国第 8 位，创新型省份第 4 位。

---

* 扈杨，吉林省科学技术信息研究所研究实习员，研究方向为科技统计分析研究；井丽巍，吉林省科学技术信息研究所主任，研究员，研究方向为科技统计分析研究；王桂华，吉林省科学技术信息研究所总统计师，研究员，研究方向为科技统计分析研究。

一　吉林省创新型省份建设成效

近年来，吉林省深入实施创新驱动发展战略，全面推进创新型省份建设，实现科技与经济深度融合，促进具有吉林省特色和优势的创新驱动发展体系加速形成。2021 年 12 月发布的《中共吉林省委 吉林省人民政府关于创新型省份建设的意见》提出，到 2025 年吉林省创新型省份建设目标基本完成，进入科技强省行列，并建立吉林省创新型省份建设目标指标体系，该指标体系包括 11 项指标。截至 2022 年底，万名从业人员中的研发人员占比、单位播种面积粮食产量和单位 GDP 能耗 3 项指标已达到目标值，如表 1 所示。

表 1　吉林省创新型省份建设目标指标完成情况

序号	指标名称	2022 年	2023 年	2025 年	与 2025 年目标差距
1	综合科技进步水平指数排名（位）	19	18	16	有待提升 2 位
2	研究与试验发展（R&D）经费支出占地区生产总值（GDP）比重（%）	1.43		>2.0	有待提升 0.57 个百分点
3	战略性新兴产业产值占规上工业比重（%）	17.1		18	有待提升 0.9 个百分点
4	万名从业人员中的研发人员占比（人）	41.3		33	已完成目标
5	技术合同成交额与地区生产总值之比（%）	0.4		>3.80	有待提升 3.4 以上
6	每万人口高价值发明专利拥有量（件）	3.57		3.64	有待提升 0.07 件
7	高新技术企业数量（家）	3112		5000	有待提升 1888 家
8	全员劳动生产率（万元/人）	11.0		12.0	有待提升 1.0 万元/人
9	单位播种面积粮食产量（吨/公顷）	7.05		6.80	已完成目标
10	单位 GDP 能耗（吨标准煤/万元）	0.54		0.55	该数据为不予公开数据，利用《吉林统计年鉴》估算
11	全省公民具备科学素质的比例（%）	11.49		15	有待提升 3.51 个百分点

二 吉林省创新型省份建设情况

从构成区域创新能力的 5 个一级指标变化情况看，2023 年，吉林省 5 个一级指标排名较上年均有所提升。其中，知识创造综合指标排第 8 位，较上年提升了 6 位；知识获取综合指标排第 6 位，较上年提升了 1 位；企业创新综合指标排第 17 位，较上年提升了 5 位；创新环境综合指标排第 29 位，较上年提升了 1 位；创新绩效综合指标排第 23 位，较上年提升了 1 位。

（一）科技创新环境情况

一是出台相关科技创新政策情况。制定了《吉林省科学技术发展"十四五"规划》，出台吉林省区域科技创新能力提升赛马制考核办法，同时修订完善了《吉林省科学技术奖励办法实施细则》《吉林省促进科技成果转化条例》《吉林省科技发展计划项目管理办法》等文件。二是科研物质条件情况。科研物质条件指数为 68.7%，居全国第 8 位，其中，每名 R&D 人员仪器和设备支出为 3.2 万元，居全国第 13 位，科学研究和技术服务业固定资产占比为 1.7%，居全国第 8 位。

（二）国家级高新区、高新技术企业情况

国家级高新区、高新技术企业是推动经济高质量发展的骨干力量。据《中国火炬统计年鉴（2022）》，吉林省 5 个国家级高新区工业总产值占全省 GDP 的比重为 44.2%，占比居全国第 1 位；吉林省 2842 个高新技术企业工业总产值占 GDP 的比重为 58.9%，占比居全国第 5 位，创新型省份第 3 位。此外，高新技术企业 R&D 经费投入为 66.5 亿元，占全省规模以上企业 R&D 经费投入的比重为 71.0%，高新技术企业 R&D 经费投入已成为全省企业 R&D 经费投入增长的重要引擎。

（三）省部级及以上科技创新平台情况

科技创新平台助推区域创新高质量跨越式发展。从科技企业孵化器看，据《中国火炬统计年鉴（2022）》，吉林省有 95 个科技企业孵化器，在孵企业 3712 家，在孵企业实现总收入 142.7 亿元，较上年增长 14.5%；每十万人累计孵化企业数为 10 家，居全国第 16 位；有国家级科技企业孵化器 25 个，实现总收入 4.0 亿元，居全国第 14 位。从国家大学科技园看，吉林省 3 个国家大学科技园累计毕业企业 184 家，居全国第 18 位。从国家火炬特色产业基地看，吉林省 5 个国家火炬特色产业基地入驻企业 323 家，实现工业总产值 367.1 亿元。从国家技术转移机构看，吉林省拥有 10 个国家技术转移机构，居全国第 13 位，促成项目成交总数和金额分别为 3274 项和 51.9 亿元，分别居全国第 16 位和第 11 位，其中，促成重大技术转移项目成交金额为 41.1 亿元，居全国第 5 位；促成战略性新兴产业项目成交金额为 31.4 亿元，居全国第 10 位。

（四）科技创新投入情况

一是科技创新财力投入情况。吉林省科技创新财力投入位于全国下游。2022 年，全省 R&D 经费投入为 187.3 亿元，投入强度为 1.43%，分别居全国第 25 位和第 20 位。此外，吉林省地方财政科技支出及支出强度分别为 22.4 亿元和 0.55%，均居全国第 29 位、创新型省份末位。二是科技创新人力投入情况。吉林省科技创新人力投入位于全国中上游。2023 年全省每万人高等学校在校学生数为 426 人，居全国第 4 位；每十万人博士毕业生数为 8 人，居全国第 6 位；每万人 R&D 研究人员数为 13 人，居全国第 15 位；每十万人创新中介从业人员数为 4 人，居全国第 12 位；基础研究人员投入强度指数为 0.9%，居全国第 3 位。

（五）科技创新产出情况

据《中国区域创新能力评价报告 2023》，吉林省以专利和论文为代表的科技创新产出指标位于全国上游。其中，每亿元研发经费支出产生的发明专利授权数居全国第2位，发明专利授权数增长率居全国第3位，每十万名研发人员平均发表的国际论文数和每十万名研发人员平均发表的国内论文数分别居全国第4位和第6位，国内论文数增长率居全国第3位。

（六）科技成果转移转化情况

吉林省科研机构和高校科技成果转化能力位于全国中上游，主要是在本地完成科技成果转化，工业企业承接转化科技成果的能力低于全国工业企业平均水平。从科研机构、高校科技成果转化看，根据《中国科技成果转化年度报告2022（高等院校与科研院所篇）》，2021年，吉林省科研机构、高校科技成果转化合同总金额为29.7亿元，居全国第15位，其中，入选全国科研机构、高校科技成果转化合同金额前50名的单位仅有中国科学院长春光学精密机械与物理研究所（16.3亿元，居全国科研机构第1位）和吉林大学（5.7亿元，居全国高校第48位）；此外，2021年吉林省科研机构、高校以转让、许可、作价投资方式在本地转化合同金额为13.0亿元，居全国第3位，占本地产出合同金额的比重为91.8%。从科研机构、高校专利转让与许可情况看，2021年吉林省科研机构专利转让与许可数和收入分别为113件和1.6亿元，分别居全国第8位和第5位，其中，中央属科研机构专利转让与许可数和收入占比分别为98.2%和99.9%；高校专利转让与许可数和收入分别为127件和1904万元，分别居全国第21位和20位。从技术市场交易规模看，据《2022年全国技术市场统计年报》，2021年吉林省输出技术合同成交额为108.1亿元，其中，工业企业输出技术合同成交额占比为69.6%，低于全国平均水平（92.6%）23个百分点；全省吸纳技术（主要反映企业承接科技成果的能力）合同成交额为218.4亿元，居全国第28位。

三 吉林省创新型省份建设中存在的主要问题

（一）科技创新投入水平有待进一步提升

2018～2022年，吉林省R&D经费投入及投入强度均位于全国中下游，分别排全国第 22～25 位和第 20～23 位。吉林省地方财政科学技术支出及支出强度均位于全国下游，分别排全国第 24～29 位和第 22～29 位。

（二）科技成果转移转化能力有待进一步加强

一是高校科技成果市场化率较低。2022 年，吉林省高校专利转让与许可数和收入分别为 196 件和 4153 万元，分别居全国第 22 位和第 17 位，其中，每件专利转让与许可收入为 21.2 万元，高于全国高校平均水平（15.8 万元）5.4 万元。二是企业科技成果转移转化承接能力不强。据《2022 年全国技术市场统计年报》，2021 年吉林省工业企业输出技术合同成交额占比为 69.6%，低于全国平均水平（92.6%）23 个百分点；吉林省吸纳技术合同成交额为 218.4 亿元，居全国第 28 位和东北三省一区末位。

（三）规模以上工业企业科技创新投入水平有待进一步提高

一是规模以上工业企业数量少。截至 2021 年，吉林省规上工业企业总计有 3216 家，居全国第 25 位。二是开展 R&D 活动的企业数量少。截至 2021 年，吉林省开展有 R&D 活动的规上工业企业为 428 个，占规上工业企业总数的比重为 13.3%，占比居全国第 28 位。三是科技创新投入水平较低。2021 年规上工业企业 R&D 经费投入占营业收入比重为 0.7%，居全国第 23 位；规上工业企业 R&D 人员占全社会 R&D 人员的比重为 29.5%，居全国第 28 位。

四　对策建议

（一）加强科技促进经济增长的软环境建设，推进产业结构优化升级

加强工作机制联动、科技资源共享、科技人才交流、创新平台共建、充分发挥大院大所大企创新作用，营造良好的创新驱动制度环境。以"四大集群"培育为重点和"六新产业"发展为方向，持续助力优势特色产业

"蝶变"，发展区域品牌产品，增强产业核心竞争力。此外，加快推进工业结构优化和产业升级，通过调整轻重工业的内部结构，推动轻重工业协调发展。

（二）健全区域间互助和合作机制，促进区域协同创新发展

在创新型省份建设过程中，结合赛马制建立更加有效的评价机制、奖惩机制以及配套服务机制，激发区域科技创新活力。考虑到各地区科技资源分布不均衡，应有效统筹创新效率和创新能力之间的关系，兼顾"头马更快"和"群马齐奔"，推动长春市尽早跻身国家科技创新中心行列，激励其他地区通过比学赶超，持续提升地区科技创新水平。

（三）强化企业科技创新主体地位，提升核心竞争力

一是扩大企业规模，促进规上工业企业数量增加。通过用地、用能、用工、融资等方面的政策扶持，以内扶外引、梯度培育为原则，建立"提升一批、招引一批、储备一批"滚动更新培育机制，推动企业数量快速增加。二是优化完善科技创新平台体系建设，提升企业自主创新能力。围绕创新链和产业链部署，以市场需求为导向，为企业规划布局各类科技创新平台载体，助力企业提质增效。

（四）打好创新发展组合拳，推进科技成果落地转化

聚焦科技成果转化中的技术供给、中试熟化、渠道打通、专业化服务、企业承接、金融支持等重点任务，深入落实科研机构、高校等创新主体科技成果转化激励政策，从源头上保障创新主体高价值应用型成果的有效供给；在成果的需求侧，以头部骨干型工业企业为主体开展科技成果承接能力提升行动，引导工业企业重视原创技术和前沿技术储备，大力支持工业企业与科研机构、高校共建新型研发机构，集中优势力量攻破关键核心技术，加速科技成果转移转化。

（五）加大财政支持力度，激发创新主体活力

为更好激发创新主体活力，建议在地方财政支出中适当加大科技支出的比例、强化地方财政科技支出的制度保障，引导支持科研机构、高校将可转化的科技成果主动用于服务企业，根据双方转让、许可或作价投资协议以及成果转化产业化实际情况，重点给予为推动科技成果转化做出贡献的创新主体政策和资金支持。

参考文献

［1］蒋历军、吴红梅：《以科技创新支撑引领经济社会发展》，《新华日报》2013年9月18日。

［2］张玉明：《增强自主创新能力　建设创新型省份的对策措施》，《科学与管理》2006年第3期。

［3］柳永夏：《吉林省对外科技交流与合作对引进消化吸收再创新的促进作用分析》，《工业技术经济》2011年第9期。

Research on the Economic and Social Development of Jilin Province as an Innovative Province Promoted by science and Technology

Hu Yang, Jing Liwei and Wang Guihua

Abstract：In recent years, Jilin province has continuously accelerated the construction of innovative provinces. Among them, science and technology have provided good support for economic and social development, with a science and technology promotion index of 71.54%, ranking 8th in the country and 4th in innovative provinces. However, there are some problems and challenges in driving regional innovation. Therefore, this article proposes relevant countermeasures and suggestions for these issues and challenges.

Key words：Innovative Province；Science and Technology Promoting Economic and Social Development；Regional Innovation Driven

第三章 吉林省生产性服务业科技创新"链式"发展研究

张 军[*]

摘 要：吉林省作为"东北老工业基地"之一，汽车、医药、石化、装备制造、卫星、农产品加工等产业基础雄厚。生产性服务业是与制造业直接相关的配套服务业，吉林省生产性服务业得到了长足的发展。为充分反映吉林省生产性服务业发展成效，本文从生产性服务业的发展现状出发，挖掘优势，查找短板，并就相关问题提出对策建议，以期通过科技创新武装生产性服务业，更好提升先进制造业，并形成良性循环，从而达到赋能全省经济高质量发展的目的。

关键词：生产性服务业；科技创新；融合

生产性服务业是指为保持工业生产过程的连续性，促进工业技术进步、产业升级和提高生产效率提供保障的服务行业。生产性服务业贯穿于企业生产的上游、中游和下游，是第二、第三产业融合的关键环节，具有知识含量高、人力资本密集、产品附加值高的特点。吉林省生产性服务业发展具有制造业基础雄厚的先天优势，依托汽车、医药、石化、装备制造、卫星农产品加工等支柱和优势产业，吉林省生产性服务业快速发展，

---
[*] 张军，中国人民解放军空军航空大学航空基础学院人文与社会科学系政治理论教研室讲师，研究方向为思想政治教育和国际关系。

不仅产生正向外溢效应，还有效助力全省产业结构向高端化升级。当前吉林省正处于工业转型升级和绿色低碳发展的关键时期，"四大集群""六新产业""四新设施"等重大战略规划为生产性服务业数字化转型、融合创新高质量发展提供了重要机遇，加快发展生产性服务业将成为提高吉林省产业竞争力、提升产业价值链、实现经济高质量发展的重要突破口。

一 吉林省生产性服务业的发展现状

生产性服务业是指为保持工业生产过程的连续性、促进工业技术进步、产业升级和提高生产效率提供保障服务的服务行业。按照国家统计局发布的《生产性服务业统计分类（2019）》，生产性服务业分为 10 个大类、35 个中类、171 个小类，10 个大类包括为生产活动提供的研发设计与其他技术服务，货物运输、通用航空生产、仓储和邮政快递服务，信息服务，金融服务，节能与环保服务，生产性租赁服务，商务服务，人力资源管理与职业教育培训服务，批发与贸易经济代理服务，生产性支持服务。

近年来，在吉林省委、省政府高位统筹全力推动下，全省生产性服务业与制造业协同发展、跨界发展、创新发展不断取得新成效，产业整体实力不断增强，对全省经济的支撑带动作用不断增强。

（一）整体情况

1. 产业规模不断扩大

2022 年，吉林省生产性服务业"四上"法人单位共实现营业收入4315.24 亿元，比 2020 年净增加 786.76 亿元。其中，规模以上服务业中生产性服务业营业收入达到 1005.21 亿元，占全省规模以上服务业营业收入的比重达到 68.8%；规模以上生产性服务业营业收入同比增长 4.0%，高于规模以上服务业营业收入增速 1.3 个百分点。营业收入超亿元的生产性服务业企业达到 176 家，超 10 亿元的企业有 14 家，更有部分重点生产性服务业企业营业收入超 60 亿元，产业规模不断壮大。

2. 企业数量持续增加

随着"一主六双"高质量发展战略全面实施，吉林省营商环境持续优化，市场主体不断增多，生产性服务业企业数量持续增加。2022 年，全省生产性服务业"四上"法人单位 2064 家，比 2020 年净增加 277 家。其中，规模以上生产性服务业法人单位 898 家，比 2020 年净增加 126 家。互联网、广告、科技会展等新兴服务业企业不断涌现。

3. 科研实力不断增强

2022 年，吉林省规模以上研发设计与其他技术服务企业 229 家，比 2020 年净增加 73 家，实现营业收入 297.36 亿元，是 2020 年的 1.6 倍，同比增长 11.6%，规模以上研发设计与其他技术服务企业营业收入占全省规模以上生产性服务业营业收入的近 30%，比上年同期提升 7.0 个百分点。

4. 数字融合不断深入

数字用户群体壮大，2022 年全省固定互联网光纤宽带接入用户 737.2 万户，比 2020 年净增加 132.3 万户；移动互联网接入流量 38.71 亿 GB，是 2020 年的 1.4 倍。信息化技术应用广泛，2022 年全省规模以上生产性服务业企业信息化投入 14.78 亿元，同比增长 5.6%，有信息化投入的企业占比近八成。企业通过网站或 App 实现服务和商品销售额分别为 213.40 亿元和 28.37 亿元，分别较 2020 年增长 9.0% 和 109.5%。2022 年，全省 76% 的"四上"企业利用信息技术进行财务管理，有 23.8% 的企业利用信息技术进行人力资源管理，有近 22% 的企业完成数字化转型。

（二）重点领域发展现状

1. 现代物流服务价值链延伸

随着高速公路、航空、高铁三位一体的立体交通格局的形成，吉林省现代物流与制造业、现代商贸、现代农业融合联动程度日益加深，业务活动涉及汽车及零部件、钢材、农产品等运输，多式联运、城市配送、网络货运等新兴服务业不断涌现。2022 年，全省规模以上货物运输、通用航空生产、仓储和邮政快递服务企业 250 家，实现营业收入 378.14 亿元，占全省规模以上生产性服务业营业收入的比重为 37.6%，比上年同期提升 2.2

个百分点。2022 年全省交通运输业累计发送货物 5.22 亿吨，完成货物周转量 2056.83 亿吨公里。

2. 金融业务较快增长

2022 年，吉林省共拥有金融机构 89 家，金融业增加值 1000.41 亿元，较 2020 年增长 5.4%，占 GDP 的比重为 7.7%，占第三产业增加值的比重为 14.8%，比 2020 年提升 0.8 个百分点。2022 年末，全省本外币存款余额、贷款余额分别为 32733.15 亿元和 26335.42 亿元，分别同比增长 10.6% 和 7.0%，继续保持较快增速。

3. 新兴业态蓬勃发展

吉林省紧紧围绕装备制造、生物医药、卫星、清洁能源等重点产业，抢抓数字赋能新机遇，大力发展生产性服务业新业态，涌现了启明信息、中车轨道车辆科技开发、修正药业新药开发、宝奇智慧物流产业中心等明星企业。2022 年，全省规模以上互联网和相关服务、软件产品和信息技术服务业共实现营业收入 90.35 亿元，是 2020 年的 1.7 倍，占全省规模以上生产性服务业营业收入的比重为 9.0%，比 2020 年提高 4.7 个百分点。

4. 现代服务业日趋完善

2022 年，吉林省规模以上商务服务实现营业收入 206.82 亿元，同比增长 5.1%，占全省规模以上生产性服务业营业收入的比重为 20.6%。规模以上人力资源服务实现营业收入 111.22 亿元，技能培训、教育辅助及其他教育实现营收 2.72 亿元，生产性支持服务、节能与环保服务、生产性租赁服务营业收入分别实现 12.94 亿元、4.10 亿元、3.68 亿元。

二　生产性服务业发展优势

（一）制造业基础好

在做强做大传统优势产业的基础上，吉林省聚焦科技赋能产业振兴，以培育"四大集群"、发展"六新产业"，建设"四新设施"为工作重点，着力扩总量、优结构、提效率，努力形成多点支撑、多业并举、多元发展新格局，在制造业强势发展的基础上，推动生产性服务业实现数字化、智能化、融合化发展。

在汽车制造方面，汽车产业是吉林省体量最大的支柱产业，产值占全省规模以上工业产值的 45% 以上，一汽集团拥有一汽红旗、一汽解放、奔腾、一汽-大众、一汽丰越 5 大主机厂，7 大品牌，产业链长、涉及面广、带动性强，在拉动经济、稳定就业、增加税收等方面贡献突出。2021 年，一汽集团销售整车 350 万辆，营业收入首次突破 7000 亿元大关。2022 年，尽管面临各种不利因素影响，一汽集团仍实现整车销售 320 万辆，利润超过 490 亿元，实现逆势增长。

在石化工业方面，石化工业是吉林省三大支柱产业之一，全省规模以上石化工业企业超 320 家，其中以吉林石化公司规模最大。总投资 339 亿元的吉林石化公司转型升级项目是"十四五"以来国家批准的第一个乙烯大项目，也是改革开放以来吉林省在石化工业领域最大的投资项目。同时，吉林省全面启动碳纤维高新技术产业化基地建设，"十四五"时期拟建成年产 20 万吨原丝、6 万吨碳丝、1 万吨复材的国内规模最大的碳纤维生产基地。

在装备制造方面，中车长客是集研发、制造、检修和出口于一体的轨道客车生产企业，在国际上处于领先地位。国内 70% 的城轨客车和地铁、50% 的铁路客车都产自长春，中车长客主要产品远销美国等 20 多个国家和地区。时速 400 公里的跨国高速动车组，可在 90% 的铁路网上实现互联互通。目前，正在推进建设的中车长客智能化产业基地项目计划总投资 35 亿元，建成后将形成年检修 400 余标准列动车组、500 余辆地铁车的业务规模，新增产值 150 亿元以上。

在卫星产业方面，长光卫星是东北地区首个"独角兽"企业，具备年产 50 颗卫星、200 架无人机的能力。截至 2023 年 6 月，"吉林一号"在轨卫星增至 108 颗，"十四五"期间将实现 138 颗卫星组网。

在新能源产业方面，吉林省有 1.15 亿千瓦的风能太阳能资源，近年来正致力于打造"陆上风光三峡"清洁能源基地，建设千万千瓦级的消纳基地、外送基地和制氢基地。吉林省通榆积极打造风光电新能源装备制造全产业链项目，三一重能、东方电气、远景能源等企业已建成投产，建成风电"整机+叶片"、光伏装备制造等项目，形成了清洁能源装备制造全产业链、全配套格局。白城、松原以绿电产业示范园区为突破口，大幅降低工业电价，加快项目落地，形成集聚效应。"吉电南送"特高压通道项目，推动"吉电入沪""吉电送浙""吉电送苏"。"山水蓄能三峡"工程规划总装机3500万千瓦，敦化抽水蓄能电站3台机组将并网发电，装机将达到480万千瓦。

在医药产业方面，吉林省医药产业发展优势突出，共有药用资源2790种，人参、鹿茸等药材道地性突出，人参产量占全国的60%、世界的40%左右，梅花鹿养殖数量占全国的50%左右。2022年，吉林省规模以上医药企业累计完成工业产值731.78亿元，比2021年同期增加23.5亿元。

在农产品加工产业方面，吉林省处于世界三大黄金玉米带，是世界三大优质矿泉水源地之一。吉林省正在构建万亿元级的食品产业，谋划实施吉粮、吉水、吉烟、吉酒、吉乳、吉参等精深加工项目，推动"秸秆变肉""千万头肉牛"畜牧业全产业链建设，打造大食品加工产业集群；推动实施黑土地战略性保护工程，保护好"耕地中的大熊猫"；建设中西部粮食安全产业带，实施粮食增产增效、种子安全等工程，粮食年产量稳定在800亿斤以上水平。

（二）科创资源丰富

吉林省是科教大省，截至2024年6月吉林省拥有包括吉林大学、东北师范大学在内的67所高校，集聚了中国科学院长春光学精密机械与物理研究所（光机所）、应用化学研究所、地理研究所等89家科研院所，截至2024年，全职两院院士26位，聘请45位两院院士为"吉林振兴发展高端智库"专家，全省建有1个国家级自主创新示范区、5个国家级高新区、11个国家级重点实验室、5个国家级工程技术研究中心、18个国家企业技术中心、19个国家国际科技合作基地、18个国家高等学校学科创新引智基地、4个国家引才引智基地、10个国家级技术转移示范机构，155个省重点实验室、223个省级科技创新中心（工程技术研究中心）、14个院士工作站、58 个新型研发机构、646 家省级双创平台。长春新区、吉林大学、光机所等 7 个双创平台获评国家级双创示范基地，长春新区 2019 年、2020 年连续两年获国务院表彰。长春中白科技园、中科吉林科技产业创新平台等 5 家双创平台入选"2021 百家特色载体"名单。

（三）市场需求大

吉林省深入开展了先进制造业和现代服务业两业融合试点示范工作，建设了智能网联汽车、能源清洁利用、溯源食品等重点行业互联网平台，全力支持一汽集团、中车长客等制造业龙头企业与互联网企业深度融合；推动了汽车企业适应"新四化"趋势，延长产业链、完善供应链、提升价值链，增强产业竞争力、创新力、影响力；推动了服务业与农业融合，互联网、物联网技术应用于种植、养殖的各个环节，引导农业向生产和服务一体化转型，促进农业"接二连三"融合发展。随着吉林省产业升级不断向价值链中高端迈进，对科技研发、信息服务、现代物流、营销管理、商务咨询等生产性服务的需求不断增多，将助推生产性服务业高质量发展。

三　生产性服务业发展存在的不足

（一）物流基础设施建设滞后

完善基础设施对生产性服务业和先进制造业的融合发展具有关键作用。但是，吉林省物流配送体系不完善，冷库总容量和冷藏车数量仅占全国的 1.5% 和 0.5%。智慧冷链物流相对落后，仓储搬运大多采用人工作业方式，机械化、智能化装备尚未得到广泛应用。部分铁路运输线路（拉滨铁路、白和铁路、长双烟铁路）技术标准低，与路网线路协调性低，运输效率偏低。在航空运输方面，国际航线数量少、国内航线通航点相对单一。

（二）科技创新服务能力不强

吉林省科技创新服务市场仍处于培育阶段。风险投资、投资管理、科创人才、产权交易等要素类专业服务机构比重偏低，技术转移机构服务专业性不强，缺少权威的开展科技成果价值评估、投融资咨询、信用评价业务的专业机构。大部分中介机构缺乏熟悉科技成果转移转化的跨学科、高素质、复合型管理人才。各地区科技创新公共服务中心、平台建设刚刚起步，中试环节薄弱，尚未与科创资源丰富的高校、科研院所、大型企业研发中心建立有效的共享机制，科创成果和产业两端化，缺少推动成果转化落地的关键性举措及配套设施。社会资本科技创新投入意愿低，吉林省企业 R&D 经费投入强度与全国平均水平的差距从 2016 年的 0.76 个百分点扩大至 2022 年的 1.14 个百分点。2021 年全省技术合同成交额仅为北京的 1.54%、广东的 2.52%。

（三）软件产业基础薄弱

吉林省软件企业"重服务轻研发""重政务轻行业"问题突出，大部分企业主营业务是软件销售和售后服务，2022 年信息技术服务收入与软件产品营业收入比为 2.1∶1。吉林省工业软件等行业应用软件占比小，研发设计类工业软件主要依靠进口，底层开发工具、测试软件几乎空白。2022 年，吉林省软件产品实现收入 120.46 亿元，占全国的 0.45%。

（四）会展业品牌影响力不够

会展业是生产性服务业科技创新"链式"发展的传播"窗口"。但吉林省具有独立组展能力的企业仅有 10 余家，固定会展项目数量占比不足 60%，全省只有长春、延边、梅河口具备专业展馆，展览面积在 10 万平方米以上的大型会展仅有农博会和汽博会。会展业外向度低、国际会展数量少、境外观众比例低，与国内一线城市相比存在差距。

四　对策建议

（一）聚焦主导产业，发展现代物流促融合

依托汽车、装备制造、光电仪器、食品加工、医药、化工、农产品加

工等重点产业的重点企业，整合生产服务型物流资源要素，培育生产服务型物流基地、物流中心、物流园区和配送中心；加快物流基础设施建设，大力发展智慧物流、冷链物流、绿色物流、国际物流，推进物流标准化建设，提高物流智能化水平；加大汽车、装备制造、光电仪器等领域智慧物流装备技术的研发攻关力度，推动关键物流装备制造产业化。积极推进制造业企业剥离物流业务，发展专业化、精益化的大型物流企业。鼓励物流新业态、新模式，加强商贸物流服务网络与流通网络衔接，提升物流和流通节点协同水平，推动区域、城乡物流一体化建设，完善县、乡、村三级邮政物流体系。

（二）聚焦实体经济，发展金融促融合

围绕汽车、装备制造、农产品加工、通用航空等产业链中的重点企业，引导开发性、政策性、商业性等各类金融机构，通过多元化融资渠道和模式，提供专业化、定制化的综合融资支持或一揽子金融服务方案，满足重点产业项目融资需求。深入实施企业上市驱动培育工程，发挥上交所和深交所资本市场服务吉林省基地功能，积极开展"吉翔计划"，强化省级拟上市后备企业资源库管理，精准确定"腾飞类"企业，大力发展制造业金融、文化金融、数字金融、科技金融、绿色金融等产业特色金融，加快发展融资租赁、商业保理等金融业态。推动东北证券、吉林信托等金融机构稳健经营，加快吉林农信改革，规范小额贷款、典当等行业发展。

（三）聚焦科技创新，发展新兴服务业促融合

坚持知识导向，系统推进基础研究、关键核心技术攻关，聚焦高端装备制造、智能网联汽车、医药健康、现代农业等重点产业集群和标志性产业链，形成一批具有自主知识产权的原创性、标志性技术成果。坚持消费导向，培育网络直播企业及带货达人，常态化办好中国新电商大会、电子商务峰会等活动，完善农村电商服务体系。以长春、吉林、珲春跨境电商综合试验区建设为重点，加快跨境电商要素资源集聚。鼓励对传统文化资源进行数字化转化和出版发行，传承振兴吉林传统工艺，探索吉剧、二人

转等艺术作品的创作，积极发展直播、电子竞技、云游戏等新业态，引育国内外龙头骨干电竞动漫企业、赛事运营企业，加强动漫 IP 打造与动漫衍生品综合开发。

（四）聚焦城市服务能级提升，发展新业态促融合

围绕会计、法律、会展等商务中介服务领域，以做优做强、做精做专为导向，着力推进标准化、数字化、国际化建设，培育集聚一批高能级、国际化服务企业和机构。培育本土总部型专业服务机构、多元化专业咨询服务集团，不断提升吉林省商务中介服务的核心竞争力。加快发展综合性会展、专业性行业会展、区域性特色展会，巩固发挥吉商大会、东北亚博览会、汽博会、农博览、电影节、瓦萨冰雪节、全国汽车整车物流年会等展会活动优势，打造一批集产品展示、商务采购、专业论坛、旅游观光于一体的展览展示平台。加速推动"线下逛展+线上云展"融合发展，借助新技术建设集在线数字咨询、展示、商洽于一体的数字展览平台。

参考文献

［1］刘书瀚、张瑞、刘立霞：《中国生产性服务业和制造业的产业关联分析》，《南开经济研究》2010 年第 6 期。

［2］简兆权、伍卓深：《制造业服务化的路径选择研究——基于微笑曲线理论的观点》，《科学学与科学技术管理》2010 年第 12 期。

［3］侯学钢：《上海城市功能转变和生产服务业的软化》，《上海经济研究》1998 年第 8 期。

［4］胡查平、汪涛：《制造业服务化战略转型升级：演进路径的理论模型——基于 3 家本土制造企业的案例研究》，《科研管理》2016 年第 11 期。

［5］胡昭玲、夏秋、孙广宇：《制造业服务化、技术创新与产业结构转型升级——基于 WIOD 跨国面板数据的实证研究》，《国际经贸探索》2017 年第 12 期。

［6］白清：《生产性服务业促进制造业升级的机制分析——基于全球价值链视角》，《财经问题研究》2015 年第 4 期。

［7］阿尔弗雷德·马歇尔：《经济学原理》，廉运杰译，华夏出版社，2005。

［8］埃德加·M.胡佛、弗兰克·杰莱塔尼：《区域经济学导论》，郭万清等译，上海远东出版社，1992。

［9］陈建军、陈菁菁：《生产性服务业与制造业的协同定位研究——以浙江省 69 个城市和地区为例》，《中国工业经济》2011 年第 6 期。

［10］程中华：《城市制造业与生产性服务业的空间关联与协同定位》，《中国科技论坛》2016 年第 5 期。

［11］戴翔：《中国制造业出口内涵服务价值演进及因素决定》，《经济研究》2016 年第 9 期。

［12］邓琰如、秦广科：《生产性服务业集聚、空间溢出效应对经济高质量发展的影响》，《商业经济研究》2020 年第 3 期。

［13］杜传忠、王鑫、刘忠京：《制造业与生产性服务业耦合协同能提高经济圈竞争力吗？——基于京津冀与长三角两大经济圈的比较》，《产业经济研究》2013 年第 6 期。

［14］王玥：《吉林省生产性服务业对经济发展的促进作用研究》，硕士学位论文，吉林财经大学，2018。

［15］陈思雨：《辽宁省生产性服务业创新发展路径研究》，硕士学位论文，辽宁工业大学，2016。

［16］贾敏：《长春市生产性服务业发展研究》，硕士学位论文，吉林大学，2014。

［17］江慧：《北京市生产性服务业对经济增长的贡献研究》，硕士学位论文，大连海事大学，2013。

［18］李璐：《生产性服务业在创新中的作用》，《中国管理信息化》2015 年第 22 期。

［19］刘楠：《我国农业生产性服务业发展模式研究》，博士学位论文，北京科技大学，2017。

［20］刘淑华：《欠发达地区生产性服务业影响因素与发展战略研究——基于后发优势分析》，博士学位论文，武汉理工大学，2011。

［21］蒲捷：《我国生产性服务业发展影响因素研究》，硕士学位论文，西南财经大学，2013。

［22］邱灵：《北京市生产性服务业空间结构演化机理研究》，《中国软科学》2013 年第 5 期。

［23］于明远：《生产性服务、结构软化与中国制造业国际竞争力的提升》，博士学位论文，山东大学，2017。

［24］A. , Aguilera, "Service Relationship, Market Area and the Intrametropolitan Location of Business Services", *The Service Industries Journal*, 2003, 23(1): 43-58.

［25］I. , Alexander, *Office Location and Public Policy*, London, Uk: Longmans, 1979.

［26］L. , Anselin, J. L. , Gallo, H. , Jayet, "Spatial Panel Econometrics", *The Econometrics of Panel Data*, 2008(43): 625-660.

Research on the "Chain" Development of Scientific and Technological Innovation in Producer Services

Zhang Jun

Abstract: As one of the "old industrial bases in Northeast China", Jilin Province has a long history and a solid foundation for the development of manufacturing industries such as automobile, medicine and petrochemical. As a supporting service industry directly related to the manufacturing industry, the productive service industry in Jilin Province has achieved considerable development. In order to fully reflect the development effect of productive service industry in our province, based on the development status of the industry, this paper explores its strengths, identifies its weaknesses, in order to enhancing productive services industry through technological innovation, better promotes advanced manufacturing industry, and forms a virtuous circle of industry development, so as to achieve the purpose of empowering the province's high-quality economic development.

Key words: Productive Service Industry; Technological Innovation; Integration

第四章 吉林省科技成果转移
转化对策研究

宁　维[*]

摘　要：本文阐述了科技成果转移转化对于创新型省份建设的重要意义，总结了吉林省在创新型省份建设过程中科技成果转移转化工作取得的成绩，客观分析了吉林省科技成果转移转化过程中存在的问题，并从健全科技成果转移转化体系、强化平台载体功能、提高科技成果供给质量、全面加强开放合作、打造区域创新典范等方面提出了进一步强化吉林省科技成果转移转化工作的对策建议。

关键词：吉林省；科技成果转移转化；创新型省份

一　科技成果转移转化对创新型省份建设的意义

促进科技成果转移转化是提升自主创新能力和实现科技自立自强的重要抓手、加快形成新质生产力的有效手段、推动实现新型工业化的重要举措，对于吉林省实现经济高质量发展、率先实现东北振兴具有重要意义。

---

* 宁维，吉林省发改委经济研究所研究室主任、研究员，研究方向为区域经济、科技创新。

（一）促进科技成果转移转化是提升自主创新能力和实现科技自立自强的重要抓手

党的十九届五中全会提出，"要把科技自立自强作为国家发展的战略支撑，坚持面向世界科技前沿、面向经济主战场、面向国家重大需求、面向人民生命健康，深入实施科教兴国战略、人才强国战略、创新驱动发展战略，完善国家创新体系，加快建设科技强国"。科技自立自强是实现创新驱动发展的内在要求，是一个国家或地区产业链供应链安全稳定的有力保障，必须通过不断强化原始创新能力，加快提升产业链供应链的自主可控、安全可靠水平，实现科技创新综合实力的提升，最终在全球科技创新中实现突破，处于引领地位。吉林省应立足省情实际，充分发挥科教优势，立足打造东北地区创新高地，加强原创性、引领性基础研究和科技攻关，着力提升科技创新能力和成果转化能力，为实现高水平科技自立自强、建设创新型省份提供有力支撑。

（二）促进科技成果转移转化是加快形成新质生产力的有效手段

2023 年 9 月，习近平总书记在黑龙江新时代推动东北全面振兴座谈会上明确指出，要积极培育未来产业，加快形成新质生产力。[①] 与传统生产力相比较，新质生产力更加强调科技自主性、独创性、引领性等特点，由技术革命性突破、生产要素创新性配置、产业深度转型升级而催生。培育和发展新质生产力，科技创新是核心要素。在创新型省份建设背景下，推动高质量科技成果转移转化，有助于吉林省抓住新一轮科技革命和产业变革机遇，更大力度集聚整合科技创新资源，积极打造创新创业生态，加快发展一批具有吉林特色的高新技术产业和未来产业，以发展新质生产力塑造老工业基地高质量发展新优势。

---

① 《习近平主持召开新时代推动东北全面振兴座谈会强调：牢牢把握东北的重要使命 奋力谱写东北全面振兴新篇章》，中国政府网，2023 年 9 月 9 日，https://www.gov.cn/yaowen/liebiao/202309/content_6903072.htm。

（三）促进科技成果转移转化是推动实现新型工业化的重要举措

推进新型工业化是以习近平同志为核心的党中央统筹中华民族伟大复兴战略全局和世界百年未有之大变局做出的重大战略部署。高质量科技成果转移转化，有利于提升工业关键核心技术自主可控水平，有利于提升产业链核心竞争力，有利于推动工业产业链和价值链的调整与重塑，为产业深度转型升级提供有力支撑。因此，应把实现新型工业化作为重要任务，聚焦构建现代化产业体系，积极部署创新链，推动高质量高水平科技成果围绕吉林省重点特色产业转移转化，推动吉林省现代产业体系加快向价值链中高端跃升，构建吉林省科技成果转移转化体系引领工业高质量发展。

二 吉林省科技成果转移转化工作成效

吉林省委、省政府一直高度重视科技成果转移转化对全省经济社会发展的创新引领和支撑带动作用。近年来，吉林省着力强化统筹协调，创新体制机制，全省科技成果转移转化工作取得一定成效。

（一）法规制度体系日益完善

吉林省先后制定了《吉林省促进科技成果转化条例》《关于完善科技成果评价机制的实施意见》《吉林省科技成果转化贡献奖励办法》《吉林省科技成果转化"双千工程"实施方案》等法律法规和政策意见，为加快吉林省科技成果转移转化工作提供了有力的法律制度遵循和宏观政策支持。

（二）体制机制不断完善

2022年，根据《赋予科研人员职务科技成果所有权或长期使用权试点实施方案》，吉林省首批推进10家单位开展试点，赋予试点单位科研人员不低于10年的职务科技成果长期使用权。同时，对职务科技成果转化管理等做了详细的规定，进一步释放科技成果转移转化主体动力与活力。2023

年，吉林省科学技术厅、财政厅修订完善《吉林省科技发展计划揭榜挂帅（军令状）机制实施方案》，积极组织调动全社会各界力量，聚力攻关一批制约吉林省产业发展的关键技术难题，进一步提升吉林省科技创新推动产业创新能力。

（三）技术转移体系不断完善

以吉林省科技大市场（国家技术转移东北中心）为核心、各市（州）分市场为补充的技术转移体系不断完善，科技成果转移转化平台服务能力不断提升，长吉图国家科技成果转移转化示范区加快建设并不断取得新突破。2022 年，依托省、市、县三级互联互通的技术交易网络，吉林省成功举办多场成果对接、项目路演、融资对接等活动，实现技术合同成交金额52.63 亿元。吉林省技术转移机构和技术转移服务队伍不断壮大，新培训技术经纪人 270 余人，累计达到 1400 余人。[①]

（四）企业创新环境持续优化

吉林省通过实施"龙头骨干企业创新引领计划""企业 R&D 投入引导计划""科技型中小微企业'破茧成蝶'专项行动"等一批科技成果转移转化专项行动，有力提升了一批科技型骨干企业和创新型中小企业的研发能力。一汽集团、中车长客、吉林化纤、长光卫星等先进制造企业纷纷开展重大创新研究，成功突破一批关键核心技术，进一步提升企业自主创新能力。

（五）产学研协同创新水平进一步提升

围绕重点企业创新需求，充分发挥吉林省高校、科研院所的创新资源优势，深度整合省内"大校、大院、大所、大企"资源，积极搭建科技供给与市场需求的对接平台，努力构建产学研联合的新型技术创新体系。积极组织申建国家重点实验室和全国重点实验室，争创智能汽车和半导体激

光等国家技术创新中心，以及碳纤维及其复合材料、作物种质资源等省级实验室，努力为科技成果转移转化提供高端平台支持。新建省科技创新中心 15 家、省新型研发机构 15 家，聚焦"六新产业"，成功组建一批科技创新战略联盟和医药健康产业创新联盟，着力打造省重大创新技术策源地、重大科技成果转化平台。

三　吉林省科技成果转移转化工作存在的问题

虽然吉林省在促进科技成果转化方面取得了一定成绩，但与先进地区和创新型省份建设要求相比，吉林省科技成果转移转化工作还存在一些问题，亟须在今后的工作中尽快加以解决。

（一）具备转化条件的成果数量不多

目前体制下高校院所更关注基础研究和人才培养，存在重理论、轻应用，重研发、轻转化等现象，科技成果与市场需求匹配度不高，成熟度不够，产业指向性不强，大多不具备转化的基本条件。

（二）科技成果转移转化体系尚不健全

除了中国科学院长春光学精密机械与物理研究所、中国科学院长春应用化学研究所、吉林大学、吉林师范大学等成果转移转化工作推进较好的单位，大多数高校和科研院所的成果转移转化工作体系尚不健全，科技部门推进成果转移转化的积极性不高，工作人员市场化意识不强，无法将本单位的科技成果转化为现实生产力。

（三）企业承接转化能力较弱

吉林省规上企业不足 4000 家，2022 年全省高新技术企业数量仅为 3112 家，从兄弟省份高新技术企业发展情况看，辽宁省已有高新技术企业 4000 多家，江苏、浙江、广东等发达省份均超 10000 家，吉林省高新技术企业数量和规模远远落后于发达地区。此外，吉林省多数企业处于资本积累阶段，研发经费投入不高，主动研发承接科技成果的意识不强、动力不足。

（四）科技服务市场化程度低

吉林省科技服务市场仍处于培育阶段，与发达地区相比总量仍然较小，发展程度不高。全省技术合同成交额仅为北京的 6.9%、江苏的 30%、浙江的 54%。科技成果转移转化专业化中介机构数量偏少，存在服务专业性不强、水平不高等问题，难以满足技术市场日益增长的需求。

四　促进科技成果转移转化的对策建议

在建设创新型省份背景下，吉林省以习近平新时代中国特色社会主义思想为指导，面向世界科技前沿、面向经济主战场、面向国家重大需求、面向人民生命健康，依托吉林省资源禀赋、产业布局、区位优势、科技特色，积极探索具有吉林特色的科技成果转化机制和模式，着力破除制约科技成果转移转化的体制机制障碍，不断增强科技成果转化带动能力和创新引领功能，将吉林省建设成为辐射东北亚的科技成果转移转化重要枢纽和关键节点，为吉林省创新型省份建设提供有力支撑。

（一）健全科技成果转移转化体系

一是进一步完善技术交易市场体系建设，重点依托国家技术转移东北中心（吉林省科技大市场），以及长春市、吉林市、延边州等地分市场，建立科技成果转移转化综合服务平台，不断完善平台服务功能，健全与全国技术交易网络互联互通机制，加强科技成果汇集。二是优化提升科技成果转移转化示范机构，支持社会化技术转移机构加快发展，不断提升市场化、专业化运营能力；鼓励和支持全省高校、科研院所完善制度规范，明确科技成果转移转化利益分配等相关机制，建设专业化科技成果转移转化促进机构。三是加快壮大完善市场化服务体系，培育壮大一批开展科技成果推介与交易、专利保护、科技成果价值评估等业务的科技中介服务企业。四是加快壮大技术转移人才队伍建设，推动人社部门落实国家政策意见精神，加快畅通技术转移人才的职称晋升通道。

（二）强化平台载体功能

一是壮大提升全省研发平台功能层级。持续推动全省重点实验室、科技创新中心、临床医学研究中心、创新发展战略研究中心等科技创新平台提质增效。推进国家重点实验室重组建设，谋划建设碳纤维、种质资源等省级实验室和吉林省氢能产业综合研究院，推动半导体激光和智能汽车等技术创新中心申创国家级中心。二是建设共性技术研发平台。聚焦吉林省智能网联汽车，"六新产业"，医药、卫星、光电、信息等特色产业以及智能制造、人工智能等未来产业，围绕行业共性技术难题，加快打造一批专业水平高、服务能力强的共性技术研发平台。重点推进黑土地、新材料、深地深海等领域基础研究平台培育和建设。三是建设一批创新创业孵化载体。支持全省开发区打造一批特色化、专业化、多元化、全链条孵化双创平台，推进科技企业孵化器、众创空间、星创天地等孵化载体建设。支持长春新区、吉林大学、中科院光机所、国信现代农业等国家级双创示范基地建设，充分发挥示范引领功能。

（三）提高科技成果供给质量

一是有效提升高校、科研院所基础研究能力。充分发挥高校、科研院所创新人才聚集优势，支持高校和科研院所开展高质量的基础研究，进一步提升研发能力，力争取得一批原创性、基础性科研成果，有效提升吉林省科技创新源头供给规模和水平。二是充分发挥企业了解市场、集成创新的组织优势，持续实施"科技成果转化'双千工程'""企业 R&D 投入引导计划""科技型中小微企业'破茧成蝶'专项行动"等，鼓励科技型创新型企业积极开展科技研发活动，通过实施技术攻关或成果转化提升企业自主创新能力。三是持续谋划实施一批重大科技专项。围绕吉林产业特色和发展基础，聚焦"六新产业"和未来产业发展，积极部署创新链，启动开展"陆上风光三峡"高质量发展、一汽集团自主创新等一批重大科技专项，实施关键核心技术攻坚行动，推动吉林省先进制造业实现高质量发展。

（四）全面加强开放合作

一是强化国内科技交流合作，以吉浙全方位对口合作为契机，重点推进津长（吉浙）双创合作示范基地、津长（吉浙）双创服务中心等对口合作项目建设。加强东北地区科技交流与合作，强化与黑龙江、辽宁等兄弟省份技术转移转化服务平台联动，不断提升国家技术转移东北中心服务功能。持续开展"院士进吉林"等系列活动，进一步推动吉林省与中国科学院、中国工程院交流合作。二是主动嵌入全球创新网络。与发达国家、"一带一路"沿线国家和地区主动开展科技交流与创新合作，鼓励吉林省科技型创新型企业、高校、科研院所参与建设国际科技创新共同体，开展国际科技研发交流活动。三是强化国际科技合作载体建设。支持中俄科技园、中白科技园、长春国家光电国际创新园等园区建设，吸引国际科技组织、科技研发和服务机构等在园区集聚发展，设立创业孵化基地、产业化基地，促进国际先进科技成果在吉林省内转移转化。

（五）打造区域创新典范

一是充分发挥国家级平台示范引领功能，重点支持长春新区、长春国家自主创新示范区、吉林省的国家高新技术产业开发区和国家经济技术开发区创新驱动发展，充分发挥国家级平台创新资源集聚和示范引领功能，强化创新创业市场主体培育，加快打造区域创新高地。二是推进省级开发区高质量创新发展。以科技成果转移转化为重点，支持省级开发区强化科创要素集聚，着力优化创新创业生态，不断增强科技成果转移转化能力。支持省级开发区与国家级自主创新示范区、国家级新区、高新技术产业开发区、经济技术开发区等国家级平台合作建设伙伴园区，围绕科技成果转移转化，开展异地孵化、飞地园区等多层级合作。支持省内具备条件的开发区积极创建省级高新技术产业开发区。重点支持辽源高新区、梅河口高新区等省级高新技术产业开发区加快壮大发展规模、提升自主创新能力，积极创建国家级高新技术产业开发区。三是以吉林省县域省级开发区为主体，开展省级科技成果转移转化示范区的创建工作，支持一批高新技术企业集群度较高、区域创新生态建设较好的省级开发区，在创新科技成果转移转化机制模式、科技创新融资风险补偿等方面开展制度创新和先行先试，推动吉林省形成鼓励创新、支持科技成果转移转化、持续激发各类创新主体创新活力的良好氛围。

Research on the Transfer and Transformation of Scientific and Technological Achievements in Jilin Province under the Background of the Construction of an Innovative Province

Ning Wei

Abstract：This paper puts forward the significant importance of the transfer and transformation of scientific and technological achievements for the construction of an innovative province. It summarizes the achievements made in the work of the transfer and transformation of scientific and technological achievements in Jilin Province during the process of constructing an innovative province, objectively analyzes the existing problems and deficiencies, and from various aspects, puts forward countermeasure suggestions for further strengthening the work of the transfer and transformation of scientific and technological achievements in Jilin Province.

Key words：Scientific and Technological Achievements；Transfer and Transformation；Innovative Province

市（州）篇

第五章　吉林省长吉一体化科技创新协同发展研究

董　斌　倪　梦*

摘　要：基于科技创新协同发展对于推进长吉一体化、长春现代化都市圈发展的重要性，本文对吉林省区域科技创新协同现状进行总结分析，采用系统有序度模型、主成分分析法对长春现代化都市圈科技创新协同水平进行测度和分析，并提出相应的对策建议，以期为高水平推动吉林省区域一体化发展提供理论支撑。

关键词：长吉一体化；区域协同；科技创新协同水平

2018 年，吉林省提出构建"一主六双"产业空间布局，并出台《长春吉林一体化协同发展规划（2019—2025 年）》。2021 年，吉林省将"一主六双"产业空间布局调整提升为"一主六双"高质量发展战略，突出"一主"，充分发挥长春市辐射主导作用，辐射带动吉林市、四平市、辽源市、松原市、梅河口市等地协同发展，建设好长春现代化都市圈。2020年，长春现代化都市圈经济总量迈上万亿元台阶，占吉林省比重达到80%以上；规上工业增加值占全省比重达到85%以上，规上工业企业数量占全省比重达到74%以上；拥有 54 所高校，20 个研究生培养单位，万人大学

---

* 董斌，吉林省科学技术信息研究所助理研究员，研究方向为科技信息；倪梦，吉林省科学技术信息研究所研究实习员，研究方向为科技信息。

生数量居全国前列；拥有一大批国家级研究机构，两院院士 20 余人；拥有独立科研机构 96 家，国家重点实验室 11 个，省级科技创新中心近 116 家。目前，长春现代化都市圈总体处于快速发展期，包括科技创新在内的各类要素加速向核心流动集聚，周边城市与中心城市联系日益紧密，中心城市对周边城市的辐射带动作用逐步显效，区域一体化协同发展态势逐渐清晰。

长吉一体化是建设长春现代化都市圈的主要抓手。长春市、吉林市作为吉林省仅有的 2 个国家创新型城市，是整个吉林省科技创新的核心地带。根据《国家创新型城市创新能力评价报告 2023》公布的数据，长春市创新能力指数为 59.65%，排第 26 位；吉林市创新能力指数为 26.25%，排第 98 位。近年来，在吉林省全面实施创新驱动发展战略的大背景下，长春市、吉林市在科技创新发展方面实现新突破，但吉林省科技创新发展仍处于全国中下游水平，区域内科技创新存在协同机制不完善、跨市（州）合作不紧密、创新人才吸引力不足等问题。本文旨在测算长春现代化都市圈区域内科技创新协同度的变化情况，分析各城市间科技创新水平差异，对提升吉林省科技创新协同水平具有一定借鉴意义。

一 文献回顾

区域科技创新协同发展是指区域层面上的科技协同创新，不同类型的区域，其科技协同创新的形式和类型不同。近年来，诸多学者对国内典型一体化区域的科技创新协同水平开展研究，许天云和杨凤华构建了长三角区域科技协同创新指标体系，并运用熵值法对科技协同创新水平进行测算。[①] 臧艳雨和罗楚钰基于三螺旋理论，构建了"协同投入—合作建设—联合效益"理论模型，通过熵值法构建区域科技协同创新的评价指标体系，对广东省 21 个城市的科技协同创新水平进行综合测度。[②] 王亚楠构建

---

① 许天云、杨凤华：《长三角区域科技协同创新水平测度及提升研究》，《科技与经济》2023 年第 1 期。
② 臧艳雨、罗楚钰：《区域科技协同创新评价与空间聚类分析》，《南京理工大学学报》（社会科学版）2024 年第 1 期。

了区域科技创新指标体系，运用层次分析法确定各级指标的具体权重，结合具体指标数据，通过综合创新能力的对比，分析了京津冀在创新环境、创新投入、创新产出以及创新成效方面的不平衡性和差距。[1] 此外，关松立和林淑伟结合闽东北和闽西南协同发展区经济发展背景，通过评测两大协同发展区科技创新能力的影响因素，为提高两大协同发展区科技创新能力提供了有效的政策建议。[2] 林常青和邹雨桐提出东北地区区域科技创新一体化发展的基本思路为健全完善机制互联、要素互通、资源共享等关键环节，打造东北协同创新模式。[3] 孟毅和韩凤晶对广东沿海经济带城市群的科技创新协同能力进行了分析，并对城市科技创新水平进行了评价。[4]

梳理现有文献可以看出，国内对区域一体化科技创新协同方面的研究主要关注科技创新发展水平相对较高的长三角、京津冀、珠三角等地区，尚未有文献系统研究吉林省区域一体化科技创新协同发展情况。本文在对吉林省区域科技创新协同发展现状进行总结分析的基础之上，以长春市、吉林市、四平市、辽源市、松原市、通化市（梅河口市由通化市代管）6个城市作为研究对象，采用系统有序度模型、主成分分析法等，对长春现代化都市圈科技协同创新水平进行测度和分析，并提出相应的对策建议，长期能为高水平推动吉林省区域一体化发展提供理论支撑。

二　吉林省科技创新协同发展现状

（一）科技协同创新总体情况分析

为加快吉林省科技创新一体化步伐，推进各地区整体创新能力的提升，吉林省坚持围绕产业链部署创新链，着力优化科技创新生态，着力增

---

① 王亚楠：《京津冀科技创新协同水平评价研究》，硕士学位论文，河北大学，2017。
② 关松立、林淑伟：《闽东北闽西南协同发展区科技创新能力评价研究》，《西安电子科技大学学报》（社会科学版）2022 年第 4 期。
③ 林常青、邹雨桐：《推进东北地区区域科技创新一体化发展的基本思路》，《辽宁经济》2022 年第 4 期。
④ 孟毅、韩凤晶、李秀荣：《广东沿海经济带城市群科技创新协同发展研究》，《中国软科学》2022 年 Z1 期。

强原始创新能力，加强关键核心技术攻关，建设高水平创新平台，培育高层次科技人才，激发创新主体活力，科技支撑引领经济社会发展能力不断提升。根据《中国区域创新能力评价报告2023》，吉林省区域创新能力排全国第18位，创"十三五"以来最好成绩，居东北三省一区首位，排名较上年提升6位，提升幅度居全国第1位。2018年，吉林省提出构建"一主六双"产业空间布局，并出台《长春吉林一体化协同发展规划（2019—2025年）》。2022年，国务院批复同意长春、长春净月高新技术产业开发区建设国家自主创新示范区。根据《国家创新型城市创新能力评价报告2022》，长春和吉林入选百强国家创新型城市榜。

（二）科技投入与产出现状分析

本文从投入与产出的角度分析吉林省科技创新协同水平，科技投入与产出可以作为客观指标直观反映吉林省区域创新协同现状。

1. 投入现状

本文根据不同主体的科技投入与产出分析了吉林省科技创新投入的现状。吉林省科技创新主体主要包括高校、规上工业企业和科研机构，投入内容主要包括经费投入、人员投入等。

从高校投入层面分析，高校主要集中在长春、吉林，两地高校的R&D经费投入较大。根据2023年《吉林科技统计年鉴》的相关数据，2022年吉林省高校的R&D经费投入为27.74亿元，其中长春市高校R&D经费投入最高，为21.30亿元，占全省高校的76.78%。

从规上工业企业投入层面分析，根据2019～2023年《吉林科技统计年鉴》中规上工业企业R&D经费投入的数据，吉林省规上工业企业的R&D经费投入总体呈现增长趋势，客观反映了吉林省规上工业企业对于科技协同创新发展的重视。2018～2022年吉林省规上工业企业R&D经费投入不断增长（见图1），表明科技创新协同水平在持续提升。

从科研机构层面分析，科研机构是指非企业性质的科技研究机构，其R&D经费投入和人员投入通常来自多个部门，一定程度上能够反映吉林省科技创新协同情况。2022年吉林省科研机构的R&D经费投入为57.15亿

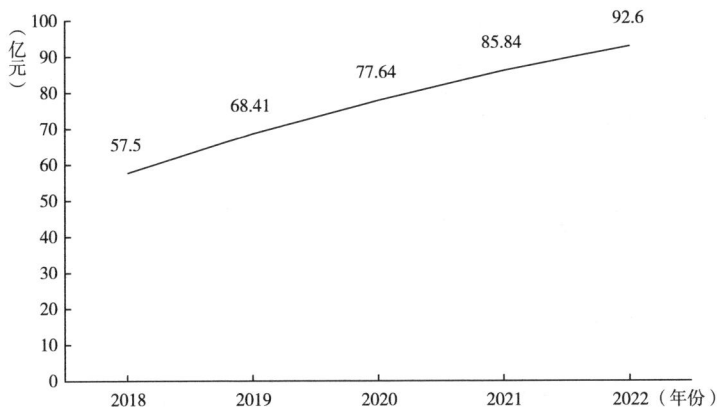

图1 2018~2022年吉林省规上企业R&D经费投入情况
资料来源：2019~2023年《吉林科技统计年鉴》。

元，其中长春市R&D经费投入为55.23亿元，占全省的96.64%，反映了吉林省科研机构科技创新协同水平不均衡。2022年，吉林省科研机构的R&D人员中，大学本科及以上学历共8871人，其中长春市8039人、吉林市442人，其余城市共有390人。

2. 产出现状

吉林省科技产出情况直观反映了全省科技创新协同水平。长春市是吉林省科技创新主战场，科技创新协同水平较高。

从规上工业企业产出情况来看，吉林省规上工业企业专利产出量持续增长。2022年，长春市规上工业企业有效发明专利为6372件，占全省总量的71.4%，而长春市规上工业企业数量占全省总量的40.4%，可见长春市规上工业企业专利产出领先于其他地区。

从高校产出情况来看，2022年，吉林省高校发表科技论文3.49万篇，出版科技著作728种，其中长春市论文数、著作数分别占全省总量的82.32%、82.28%。

从科研机构产出来看，2021年，吉林省科研机构发表科技论文4080篇，较2018年增长6.53%，其中长春市发表科技论文3677篇，占全省总量的90.12%。

通过对吉林省的科技投入与产出情况的相关分析，可以发现长春市的规上企业、高校及科研机构的科技投入与产出水平较高，其他城市科技投入与产出水平有待提升。为更好地分析区域一体化发展情况，下文将测算长春现代化都市圈内城市科技创新协同发展情况。

三 科技创新协同水平的测度与分析

（一）理论根据

协同的概念由德国物理学家赫尔曼·哈肯提出，指复合系统内部的有序运行是整个系统协同发展的前提条件，并且这种有序结构驱动着系统内部产生协同效应，各子系统运行将趋于合理化和高效化，从而使该复合系统的结构趋于稳定。

（二）模型构建

1. 系统有序度模型

本文将对长春现代化都市圈的科技创新有序度进行测算。假设系统在发展过程中有 i 个序参量，设序参量为 $e_j = (e_{j1}, e_{j2}, \cdots, e_{ji})$，并且 $i \geq 2$，计算公式为：

$$u_j(e_{ji}) = \begin{cases} \dfrac{e_{ji} - \alpha_{ji}}{\beta_{ji} - \alpha_{ji}}, i \in (1, k) \\[2ex] \dfrac{\beta_{ji} - e_{ji}}{\beta_{ji} - \alpha_{ji}}, i \in (k+1, n) \end{cases}$$

其中，$\alpha_{ji} \leq e_{ji} \leq \beta_{ji}$，$j \in [1, n]$，$\alpha_{ji}$ 是序参量的最小值，β_{ji} 是序参量的最大值，$u_j(e_{ji})$ 数值越大，序参量分量对系统有序度的贡献越大。用熵值法对各序参量赋权重 λ_j，通过线性加权法计算子系统的系统有序度 $u_j(e_j)$：

$$u_j(e_j) = \sum_{i=1}^{n} \lambda_j u_j(e_{ji})$$

其中，$\lambda_j \geqslant 0$，$\sum\limits_{i=1}^{n} \lambda_i = 1$，$u_j(e_j) \in [0, 1]$，$u_j(e_j)$ 数值越大，系统有序度就越高，反之系统有序度越低。

2. 主成分分析

选取 k 维随机向量及 n 个样本，k 代表评价指标，n 表示评价对象，对原始数据进行归一化处理，计算样本相关系数矩阵的特征根 λ_i 以及特征向量 T_i，计算方差贡献率为：

$$\rho_k = \frac{\sum\limits_{i=1}^{k} \lambda_i}{\sum\limits_{i=1}^{p} \lambda_i}$$

第 j 个指标在第 i 个主成分上的权重系数 μ_{ij} 为：

$$\mu_{ij} = \frac{\sum \varnothing_{ij} / \sqrt{\lambda_i} \times \rho_k}{\sum \rho}$$

其中，$\varnothing_{ij}$ 为各指标在第 i 个主成分的因子载荷，λ_i 为第 i 个主成分所对应的初始特征值，$\sum \rho$ 为累积方差贡献率。

加权计算综合评价值为：

$$F_i = \sum\limits_{j=1}^{k} \mu_j Y_{ij}$$

其中，Y_{ij} 表示第 i 个对象的第 j 个指标的主成分评价值。

（三）指标体系构建与数据来源

科技投入与产出最能客观地体现区域科技创新协同发展现状。本文结合吉林省省情，并借鉴参考王秋月、许天云和杨凤华等学者对科技创新协同的研究成果，构建反映科技创新协同水平的指标体系。该体系包括科技创新研发投入和科技创新研发产出 2 个一级指标，从人力投入、经费投入入手，建立 4 个科技投入二级指标，利用成果转化、知识产权以及技术产品收入构建 4 个科技产出二级指标。各评价指标对应科技创新系统中的序参量，具体如表 1 所示。

表 1 科技创新协同指标体系

一级指标	二级指标（序参量）	单位	变量名
科技创新研发投入（X_1）	R&D 经费投入	万元	X_{11}
	R&D 经费投入占 GDP 的比重	%	X_{12}
	R&D 人员折合全时当量	人年	X_{13}
	地方财政科技支出占本级公共财政支出	%	X_{14}
科技创新研发产出（X_2）	万人发明专利授权数	件	X_{21}
	万人输出技术交易额	万元	X_{22}
	专利申请量	件	X_{23}
	规上工业企业新产品销售收入	万元	X_{24}

本文选取 2018~2022 年吉林省的科技投入与产出相关数据测度科技创新协同水平，用来比较长春现代化都市圈近几年的区域科技创新协同水平变化情况。数据来源于 2019~2023 年的《吉林统计年鉴》《吉林省科技统计年鉴》等资料。

（四）科技创新协同度测算及分析

本文将 2018~2022 年科技创新相关数据带入系统有序度模型中，计算不同年份的科技创新系统有序度，结果如表 2 所示。

表 2 科技创新系统有序度

	2018 年	2019 年	2020 年	2021 年	2022 年	平均值
长春市	0.992	1.000	1.000	1.000	1.000	0.998
吉林市	0.149	0.119	0.133	0.146	0.165	0.142
四平市	0.014	0.022	0.032	0.030	0.037	0.027
辽源市	0.021	0.035	0.006	0.020	0.043	0.025
松原市	0.001	0.022	0.015	0.010	0.018	0.013
通化市	0.099	0.076	0.086	0.112	0.104	0.095

由表 2 可知，2018～2022 年，长春现代化都市圈区域内科技创新系统有序度平均值最高的是长春市，吉林市次之，通化市再次之，这三个城市科技创新系统有序度均明显高于其他城市。同时，从 2018～2022 年的科技创新系统有序度变化来看，长春市相对平稳。吉林市在 2019 年出现下降后，从 2020 年开始连续增长。通化市有序度呈现波动增长趋势，且 2021 年的有序度出现大幅度增长。四平市变化趋势相对来说较稳定，但有序度不高。有序度最低的城市是松原市，且 2019 年有序度突然上升，但 2020 年开始持续下降。可以看出，长春现代化都市圈多数城市科技创新系统有序度均存在波动，表明系统有序度有待提升。虽然长春市和吉林市的有序度较高，但四平市、辽源市、松原市等地区与之差距较大，这在一定程度上阻碍了区域一体化发展的总体进程。通化市科技创新系统有序度处于中等偏上水平，但与长春市、吉林市相比仍有很大的差距。因此，仍需要对有序度低的城市在科技创新方面进行激励与引导，以便提升全省科技创新协同水平。

（五）科技创新协同水平评价及分析

本文利用主成分分析法对 2022 年长春现代化都市圈区域科技创新协同水平进行评价，深入分析长春现代化都市圈各城市目前存在的优势与不足。

首先根据特征根和贡献率的计算结果，选取主成分，结果如表 3 所示。

表 3　主成分特征值及方差贡献率

单位：%

序号	特征根	贡献率	累积贡献率
1	5.813	69.113	65.113
2	2.462	29.275	98.388

最终选取 2 个主成分，2 个主成分包含了 98.388% 的全部信息，起到了降维的作用，即可以通过选取的 2 个主成分代替原来的 8 个指标，并计

算综合得分，同时通过聚类分析对科技创新协同水平的综合得分进行分类，结果如表4所示。

表4 2022年长春现代化都市圈各城市科技创新协同水平评价结果

城市	综合得分	排名	水平
长春市	0.705	1	高
吉林市	0.092	2	较高
通化市	0.042	3	一般
四平市	0.020	4	一般
辽源市	0.010	5	一般
松原市	-0.0002	6	一般

通过主成分分析得到的综合得分排名与系统有序度模型的计算结果相似，再次证明了计算方法的可行性与有效性。2022年，长春市科技创新协同水平综合得分远超第二名吉林市。在长吉一体化的辐射带动下，吉林市的科技创新协同水平虽高于其他城市，但仍有较大提升空间。松原市的有序度与科技创新协同水平均排在末位，应从财、人、物、环境等方面加大对科技创新协同发展的重视程度。

四 结论与建议

长春现代化都市圈各城市科技创新协同发展能力存在较大的差异，科技创新投入和产出水平不同。长吉一体化的辐射带动作用还未明确显现，科技溢出效能还不强，这大大阻碍了吉林省科技创新协同发展进程。在此背景下，应加强长吉一体化对长春现代化都市圈的科技创新协同引导作用，带领区域内各城市科技创新协同发展。本文结合吉林省省情，提出以下对策建议。

第一，发展不均衡，R&D经费投入过于集中。从2021年吉林省R&D经费投入数据来看，长春市、吉林市R&D经费投入占全省的52.62%，通化市占比为8.24%。从规上工业企业R&D经费投入来看，长春市、吉林市规上工业企业 R&D 经费投入占全省的 90% 左右。这在一定程度上表明 R&D 经费投入过于集中、区域内科技创新发展不均衡。为缩小差距、提高吉林省科技创新协同水平，吉林省政府要协调区域内各城市，大力推动长春市与各城市科研交流和政策沟通，充分发挥长春市的优势，辐射带动各城市科研创新协同发展。同时应加大对省内落后地区 R&D 经费投入，加强政策引导，激发企业积极性，建立更新滚动培育企业的相关机制，推动各地科技企业数量稳步增长。

第二，合作不紧密，区域间要素流动不通畅。区域创新协同的内容较为复杂，涉及的主体、层面较多，吉林省各城市还未形成"配套协作，优势互补"的关系，无法完全打破阻碍创新要素自由流通的壁垒。吉林省的科教、创新资源主要集中在长春市、吉林市，其他城市高校较少、科研能力弱，科技创新发展缓慢。各地应精细化推进科技创新合作，推动创新资源共享与合理配置，充分挖掘各地特色产业优势，通过协作互补，促进创新要素合理流动，逐渐缩小各城市的创新差距。政府各部门应建立常态化沟通机制，畅通跨地区的校企合作渠道，充分利用产业优势。

第三，创新主体不协同，成果转移转化缺乏合力。吉林省技术合同成交额处于全国中下游水平，技术市场不够活跃。大部分科技成果的负责人研发能力强，但是缺少对技术市场的了解，导致成果与需求不匹配。同时，吉林省承接能力较强的企业集中在长春市，导致一些成果无法转化为现实生产力。对此，吉林省高校、科研院所应培养更多懂技术、懂金融、懂市场的复合型人才，充分发挥科技中介的桥梁作用。政府、高校、科研院所、金融机构形成合力，助力急需技术支撑的科技型中小企业承接科技成果。

参考文献

[1] 王秋月：《基于创新链视角的区域科技协同创新评价研究》，硕士学位论文，河北工业大学，2013。

[2] 许天云、杨凤华：《长三角区域科技协同创新水平测度及提升研究》，《科技

与经济》2023 年第 1 期。

[3] 臧艳雨、罗楚钰：《区域科技协同创新评价与空间聚类分析》，《南京理工大学学报》（社会科学版）2024 年第 1 期。

[4] 王亚楠：《京津冀科技创新协同水平评价研究》，硕士学位论文，河北大学，2017。

[5] 关松立、林淑伟：《闽东北闽西南协同发展区科技创新能力评价研究》，《西安电子科技大学学报》（社会科学版）2022 年第 4 期。

[6] 林常青、邹雨桐：《推进东北地区区域科技创新一体化发展的基本思路》，《辽宁经济》2022 年第 4 期。

[7] 孟毅、韩凤晶、李秀蓉：《广东沿海经济带城市群科技创新协同发展研究》，《中国软科学》2022 年 Z1 期。

[8] 王文静：《京津冀区域科技金融与高新技术产业协同发展研究》，硕士学位论文，兰州大学，2020。

Research on Integrated Innovation and Technological Coordination Between Changchun and Jilin Province

Dong Bin，*Ni Meng*

Abstract：Given the significance of technological collaborative innovation in advancing the integration of Changchun and Jilin and the development of the modern metropolitan circle of Changchun， on the basis of an overall analysis of the regional technological collaborative innovation status in Jilin Province， methods such as the ordered degree measurement model and principal component analysis are adopted to measure and analyze the technological collaborative innovation level of the modern metropolitan circle of Changchun. Corresponding countermeasures and suggestions are proposed to provide theoretical support for promoting the regional integration development of Jilin Province at a high level.

Key words：Integration of Changchun and Jilin；Regional Collaboration；Technological Innovation Level

第六章　长春市创新能力监测及创新发展对策研究

赵丹丹　关　洁　黄嘉俊[*]

摘　要： 本文依据国家创新型城市创新能力监测评价指标体系，探讨长春市创新发展的趋势，分析长春市创新发展的优势及劣势，从创新治理体系、创新主体体系、创新要素体系、创新平台体系、经济体系5个方面对长春市创新型城市建设提出建议。

关键词： 国家创新型城市；创新能力；创新发展对策

一　长春市创新能力总体特征

通过分析2016～2020年长春市固定资产投资、公共财政收入、地区生产总值三个重要指标（见图1）可以发现，长春市历年固定资产投资与地区生产总值之比均高于73%，远远高于全国平均水平（68.8%）；公共财政收入占地区生产总值的比重在6.6%和7.1%之间，变化趋势平缓。总体上看，长春市仍处于投资驱动发展阶段，创新动能明显不足。

从长春市七大重点行业（见图2）分布看，产值在全市工业总产值中占比最高的是汽车制造业，约占工业总产值的72%；能源工业、装备制造

---

[*] 赵丹丹，长春市科技信息研究所助理研究员，主要研究方向为统计分析与科技管理；关洁，长春市科技信息研究所副高级工程师，主要研究方向为科技评估评价；黄嘉俊，长春市科技信息研究所研究实习员，主要研究方向为科技统计与分析。

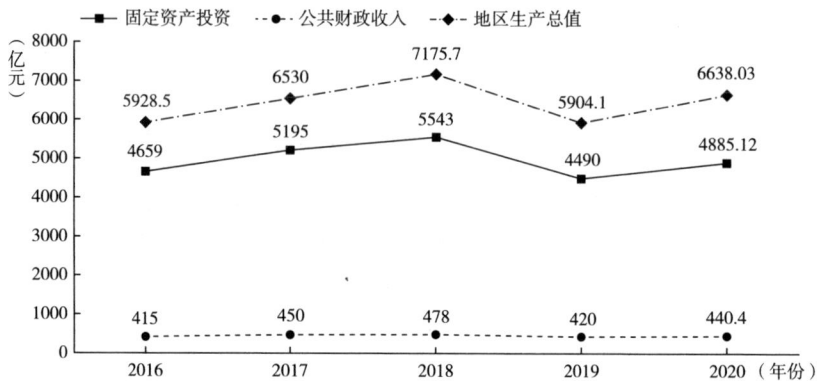

图1 2016~2020年长春市地区生产总值、固定资产投资和公共财政收入

资料来源：历年长春市国民经济和社会发展统计公报。

业、农副食品加工业，占比分别为8%、7%、5%；建材工业、生物医药工业产值占比均为2%；光电子信息工业产值仅占全市工业总产值的1%。长春市占主导地位的产业仍是汽车制造业，产业发展仍以传统产业为主，新旧动能转化存在短板。

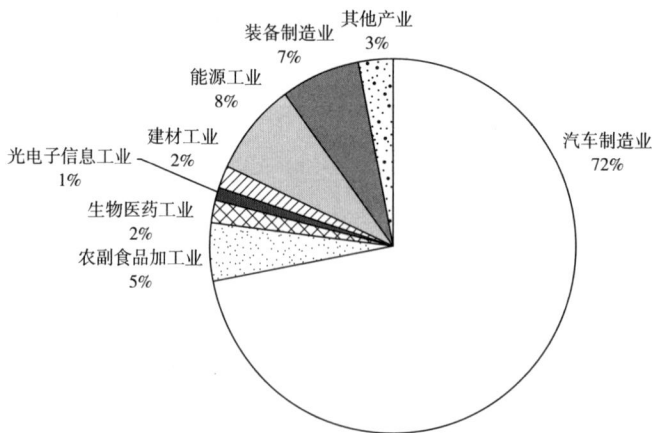

图2 2020年长春市七大重点行业产值占工业总产值的比重

资料来源：《2021年长春市国民经济和社会发展统计公报》、2021年《长春统计年鉴》。

2021 年吉林省规模以上工业企业营业收入约 13226 亿元，长春市规模以上工业企业营业收入约 8672 亿元，在吉林省占比为 65.6%。长春市按行业分规模以上工业企业营业收入在吉林省的占比情况如表 1 所示。在 41 个行业中，长春市有 17 个行业的规模以上工业企业营业收入在全省的占比超过 40%。其中，铁路、船舶、航空航天和其他运输设备制造业，汽车制造业的营业收入占比更是超过 90%；仪器仪表制造业和废弃资源综合利用业的营业收入占比超过 80%。

表 1 长春市按行业分规模以上工业企业营业收入在吉林省的占比情况

单位：%

序号	项目	占比
1	铁路、船舶、航空航天和其他运输设备制造业	98.4
2	汽车制造业	93.0
3	仪器仪表制造业	88.6
4	废弃资源综合利用业	82.6
5	金属制品业	68.7
6	橡胶和塑料制品业	64.5
7	电力、热力生产和供应业	63.2
8	金属制品、机械和设备修理业	59.9
9	电气机械和器材制造业	58.0
10	专用设备制造业	53.0
11	印刷和记录媒介复制业	53.0
12	水的生产和供应业	48.3
13	计算机、通信和其他电子设备制造业	47.1
14	农副食品加工业	46.3
15	燃气生产和供应业	42.8
16	通用设备制造业	42.8
17	石油、煤炭及其他燃料加工业	40.5

二 长春市创新能力发展现状

《国家创新型城市创新能力评价报告》使用的评价指标体系包括 5 个方面，分别为创新治理力、原始创新力、技术创新力、成果转化力和创新驱动力，本文基于该指标体系的 5 个方面分析长春市创新能力的发展趋势。

（一）创新治理力稳中有升

2019～2020 年，长春市财政科技支出占地方财政支出比重由 1.26% 增至 1.71%；常住人口增长率从 0.33% 大幅增至 13.21%；万名就业人员中研发人员、万人专利申请量、人均地区生产总值变化也趋于平稳。

（二）原始创新力持续增强

2019～2020 年长春市全社会研发经费投入强度下降 0.01 个百分点；基础研究经费占研发经费比重由 14.53% 增至 17.52%；"双一流"建设学科、中央属科研机构、国家级基础研究基地没有变化。

（三）技术创新力显著提升

2019～2020 年规模以上工业企业研发投入强度由 0.54% 增至 0.72%；高新技术企业增至 2013 家；万人发明专利拥有量也有小幅提升，增加至16.17 件；技术合同成交额与地区生产总值之比、国家高新区营业收入与地区生产总值之比略有下降，分别降至 6.8%、89.49%。

（四）成果转化力稳中有升

2020 年科创板上市企业增加 2 家；国家科技企业孵化器、大学科技园、双创示范基地及孵化企业、科技型中小企业都有所增加。

（五）创新驱动力支持作用持续增强

2019～2020 年高新技术企业营业收入与规上工业企业主营业收入之比

由 21.8% 增加至 36.1%；人均实际使用外资稳中有增，增至 44.71 美元；居民人均可支配收入由 3.5 万元增至 4 万元。

三　长春市创新能力提升路径研究

进入新时期，随着科技进步、产业变革，社会经济发展的内生动力正在向科技创新转变。长春市建设创新型城市对于促进城市发展方式转变、产业结构调整、城市核心能力提升具有积极意义，创新能力在其中是关键核心要素，具有重要作用。

在 2021 年国家创新型城市创新能力评价中，长春市属于创新策源地，且在 15 个创新策源地城市中位列第 13。其中，长春的基础研究能力较强，获得的国家级科技成果较多，但还存在创新发展能力不足、创新策源动力不强、创新集聚效果不明显等问题。根据创新型城市建设的统一、共性要求，创新能力体现为创新治理力、原始创新力、技术创新力、成果转化力、创新驱动力五个方面，为进一步提升长春市创新能力，本文从这五个方面提出长春市创新能力提升路径，探索特色创新发展道路。

（一）创新治理力提升路径

创新要求调动多方力量，形成协调适应机制，通过多方参与制定政策来推动多方主体形成协调一致的行为。必须建立一套规范、健全的创新管理体系，厘清政府的管理重心与方向。创新治理要重视产业结构的优化升级。探索以新模式进行产业发展，探讨政府的影响力和治理机制，改进政府行为，促进创新型产业结构调整和可持续发展，推动区域创新。创新治理的方向在于强化城市群的协同发展。长春市应注重发展城市群，汇集更丰富的创新资源，形成相比单个创新型城市更为高级的创新生态系统，打造新经济增长点。

（二）原始创新力提升路径

原始创新来自基础研究，只有将演化路径上的关键节点都打通，才能贯通全链条。根据长春市的创新能力现状，要加强供给，以科技政策为导向，鼓励高水平原始创新，引导基础研究成果贴近实际应用，方便进行产业化并走入市场；在整个运作过程中，应该对原创性专利给予充分重视，部分成果即使不能短时间内实现产业化，也可以获得一定的市场竞争力；应当形成规范的组织形式，构建以政府为主导的产学研合作机制，以科研机构或高校为主体建设实验室、以企业为主体建设工程技术中心，有效推动形成多种形式的创新主体。加强原始创新供给，只提供基础的科研成果不能有效满足原始创新需要，将其转化为技术原理，才能为原始创新提供最直接的知识。加强政产学研协同。长春市基础研究与经济社会需求结合不密切，创新主体之间的协作动力不足，从基础研究到应用再到产业化的渠道还不够畅通，需从政策上进行引导，打破企业、高校、科研院所间的壁垒，大力推进科研与经济社会发展的融合。要围绕创新链完善资金链和政策链，推动科技和经济社会发展达成深层次融合，真正让原始创新为长春市的经济发展和产业结构升级做出贡献。重视原创性专利申报。新专利在整个原始创新链条中起着举足轻重的作用。长春市尤其要在基础研究阶段重视原创性专利，以科技创新成果为基础形成发明专利；积极推进科技重大项目的产权评审，为后续实施的原始创新积累知识产权，为长春市产业发展拓展空间，争取有利竞争地位。

（三）技术创新力提升路径

一是布局特色优势产业，充分挖掘汽车、装备制造、生物医药、光电等长春特色产业潜力，发挥吉林省优势，带动产业联合发展，打造并实现长春市产业高质量发展新引擎；进一步构建长春优势产业技术创新中心，巩固长春在一定领域的地位并扩大影响。二是建设科技公共服务平台，积极构建集科技产业数据共享、情报分析、资源检索服务等功能于一体的服务于长春科技发展的专业化科技资源共享服务平台；积极推动长春市专家人才智库共享平台建设，与省内外政府部门协力打造哈长区域内适应哈长科技发展的多元型、综合型、专业型高端人才资源共享平台。三是培育优势企业集群，一方面引导企业深入开展基础研究并聚焦前沿技术攻关，发挥优势企业带头作用，带动长春市产业创新发展，加强企业的培育引进，激发企业技术创新；另一方面注重提升企业创新质量，助推高新技术企业上市，努力实现量质并举，进一步提升企业技术创新力。

（四）成果转化力提升路径

1. 完善市场载体功能

通过激发长春市市场载体功能，消除科技成果转移转化障碍，完善多方主体协同的创新生态。进一步完善长春市科技市场线上平台信息分类、需求发布、项目成果展示、金融投资、中介咨询服务、买卖双方技术交易等功能，加快实现促进科技成果转移转化的核心目标。

2. 完善科技成果转化政策

建立完善促进科技成果转化的新机制、提升科技成果就地转化率。通过深化产学研融合，调动地校院企各方积极性，搭建合作平台，组织线上线下供需对接等活动，为科技成果转化提供良好条件。强化保障，出台专门的有针对性的促进科技成果转化的政策。

3. 加强高端人才队伍建设

加快高水平技术经纪人培养。实施技术经纪人培养计划，依托高校院所、重点企业和新型研发机构等，强化特色化、专业化技术转移人才培养基地建设。加强高端科技成果转移转化人才引进，给予政策支持。推动各高校院所及企业根据自身实际需求，优化科技成果转移转化人才的岗位设置。

（五）创新驱动力提升路径

1. 加强财政对科技创新的支持

创新驱动发展离不开财政资金的支持，长春市财政近年对科研活动有所倾斜，财政科技支出占地方财政支出的比重呈现上升趋势。但是，财政支出并没有发挥其最大效用，需进一步完善 R&D 经费的配置、使用方式以及支出结构等，还要激励作为创新主体的企业加大创新投入。

2. 充分发挥市场配置创新资源的决定性作用

一是坚持科技创新和制度创新相互协调、持续发力，解决好动力机制问题。实现创新发展，必须不断深化改革，更好地发挥政府作用，激发创新的内生动力，实现善治。二是注重长春市创新发展战略规划的持续性和政策设计的科学性，积极利用市场发展科技产业，建立面向市场的产学研用合作机制，把实现科技成果产业化、技术资本化作为开展科技工作的重要任务。三是提高长春市金融服务能力，引导长春市金融投资机构服务科技创新活动，解决科创企业融资困难以及金融机构盲目跟风参与科创活动的错位匹配问题，实现金融精准服务、安全服务、高效服务。

四 长春市创新能力提升对策

（一）充分利用政策工具，加强基础建设和创新引导

在政策支持方面，要加强创新政策供给，加大政策支持力度。首先，要立足区域建设，加强政策的先行先试。要充分依托高新技术产业开发区建设，发挥知识和技术集聚优势，利用国家级高新技术产业开发区的政策优势，在人才、土地、金融、科技创新等方面形成协同效应。其次，要加强产业政策供给，以技术创新推动产业结构调整和转型升级。装备制造业、农副产品加工业和高新技术产业构成长春市三大支柱产业，结构鲜明。加强产业政策供给，围绕主导产业搭建技术创新体系，促进关键和前沿技术突破，对于长春市创新能力提升具有重要意义。

（二）建立健全科技创新体制机制，完善现代化创新生态体系

首先，政府部门要加强与其他创新主体的协调配合，积极推进多主体协同创新，促进创新要素聚集产生合力，进一步改革科技创新体制和管理机制，完善有利于创新协同的组织架构，构建系统的创新效率评估体系，强化对创新活动的宏观管理和统筹协调发展，使创新活动可持续发展。其次，探索产学研协同的创新发展模式，产研融合，从源头上解决科技成果转化问题。科技成果转化率低是长期以来困扰长春市科技创新工作的一大难题。事实上，科技成果转化难的背后有着深刻的体制机制原因，科技与

经济社会脱节并各行其是，从而导致科技生产在组织方式上缺乏产业化与市场化机制，存在研发机构与企业"两头不热"的现象。产研融合可以促进政产学研主体合作，使教育链、人才链、产业链、创新链、价值链、供应链有机衔接，要建立"政府主导、公益服务""平台共建、共管共享""合作共建、主体融合""双师双能、流程再造"的产研融合模式，构建产研共生共赢的创新生态，有效消除科技与经济社会融合发展的体制机制障碍，最大限度地降低制度性交易成本并化解信息不对称，畅通科技成果转化渠道。此外，要推动政府职能转变，提供科技创新中介服务。要紧密结合区域创新需求，建立需求导向、资源汇集、服务支撑的科技服务运行机制，整合人力资源、财力资源、物力资源、信息资源以及组织资源等科技资源，实现"需求集成—资源集成—服务匹配"的良性循环，探索适合长春的科技服务新模式。要积极构建以科技服务平台为中心、涵盖科技服务九大业态、融合多元创新主体的科技服务体系，满足长春市科技创新服务需求，并且通过环境约束，实现各类服务参与者的自组织调节与自适应。最后，要以政府为中心、企业为主体构建区域创新生态体系。明确创新生态系统中各参与主体的功能定位，形成功能优化、结构完善、生态位合理的主体协同机制，从而保障信息顺畅流转。畅通系统创新资源流入渠道，建立资源流动机制，使创新生态系统与环境相适应，充分利用先进企业的技术溢出带动其他企业技术创新和成果转化，从而大幅提高系统的自组织能力。优化不同区域创新功能，制定科学合理的差异化发展策略，促进创新生态系统的演化，从而形成区域联动的创新系统空间开发秩序。

（三）完善创新保障制度，强化知识产权和专利保护

积极引导企业加强知识产权管理，建设知识产权公共服务平台，实施知识产权人才发展计划，逐步完善自主创新保障制度。首先，要积极建立和完善知识产权评定和管理制度，加强知识产权管理的顶层设计，把知识产权管理工作纳入政府工作议程，做好统筹规划，要建立知识产权管理工作的权责分配机制，强化政府部门的责任意识、联动意识。对于发明专利要重点加强规划布局，加大对企业专利研发的支持力度，提升专利的实用

价值。其次，优化知识产权制度环境，加强对各级各类重点项目的核心技术、知识产权、专利的保护和可能产生的产权纠纷的分析评估，科学规划创新路径，建立风险预警机制，规避知识产权风险，提高决策的科学性。加强知识产权立法，在国家政策法规的指导下，基于长春市知识产权相关的法律法规，制定适合长春市的知识产权保护制度，完善针对行为主体的制度规范，进一步优化知识产权保护和应用的法制环境。再次，政府部门要引导企业进行知识产权管理，实施企业自主创新成果奖励制度，鼓励企业针对关键技术进行深度研发，形成自主知识产权。对于深耕产业链补链的中小企业要加强培育和提供资金扶持，强化其内生动力；对于创新型龙头企业要引导其通过知识产权和专利布局，在专利质量和数量上实现突破，形成竞争优势，提高国际竞争力。此外，要推进知识产权服务平台建设，促进创新资源汇集，利用平台功能畅通社会资本与专利对接渠道，提供价值分析、专利孵化、股权融资、许可转让、专利保险等相关的培训和指导服务，促进长春市专利规模和质量快速提升。同时，基于知识产权服务平台，建立产业技术创新联盟和专利联盟，推进联盟企业存量专利共享，协调不同专业领域和互补型企业进行新型专利技术研发，抢占产业技术前沿领域。面向供应链企业开放专利授权，促进产业链整体技术创新能力提升，加速产业转型升级。最后，加强知识产权人才队伍建设，知识产权工作是一项系统工程，涉及技术研发、管理、保护、转移、分析等各个环节，需要专业的人才队伍支撑，因此，建立健全知识产权人才培养制度是知识产权工作的重要内容，政府部门要统筹教育和产业资源，建立知识产权从业人员的评价激励机制。

（四）加大资金投入力度，拓宽融资渠道和创新途径

首先，进一步明晰政府和市场支持科技创新的功能定位，加大地方财政对科技创新的投入力度，调动社会力量的参与积极性和主动性。积极发挥政府在科技创新中的多重作用，通过加大政府在科技创新方面的财政倾斜和政策扶持，带动社会力量多渠道加大对科技创新的投入，建立多元化的技术创新资金投入机制，进而提升区域创新能力。对重要领域基础研究

和前沿探索，鼓励采用直接补助、后补助、以奖代补等多种资金投入方式。增强原始创新能力；加强与金融管理部门的合作，完善科技金融政策体系，实施相关税收减免及抵押，减轻企业创新研究的经济负担，对企业研发投入采取事后补助方式；对服务于公益性科研机构的技术成果转化中介服务机构，加快提升技术转移转化服务的能力，同时政府购买相应服务支持中介机构发展。其次，应建立多元化、多层次、多渠道、低风险的科技创新投入体系。发挥企业在技术创新中的主体地位，建立以企业投入为主导、政府投入为引导、银行投入为支撑、其他融资方式为补充的科技创新投入机制，建立适应技术创新资金投入规律的风险投资机制；推动科技创新企业进入多层次资本市场融资，聚集社会闲散资金，克服政府财政资金的有限性，提高社会资源利用效率；综合运用科研资助、风险补偿、偿还性资助、创业投资、贷款贴息等方式，吸引民间资本进入科技创新领域，并实行企业营运资金管理模式，利用风险投资基金的市场灵敏性助力企业积极探索科技前沿和重点技术领域，并最终实现科技成果转化；通过风险投资市场筹集资金，如发行"创新券"、股票股权置换等，同时增强对科技创新企业融资的信用担保，化解科技创新企业融资难和放款难的困境；支持创建创业风险投资资金，由政府牵头，充分发挥财政资金引导黏合作用，同时支持投资银行依法开展创业投资业务，规范中介服务机构的业务流程，为科技创新企业投融资提供有力的支持。

（五）完善人才保障制度，强化人才培养和人才引进

人才是创新发展的第一资源，在区域创新过程中需要大批掌握科学技术、了解市场的高素质人才，不断培养和吸纳更多高素质人才，为长春市创新发展保驾护航，促进整体经济发展。政府应加快聚拢创业创新人才、前沿技术等创新要素，努力构建具有活力和生机的创新策源地。首先，要加快培育具有高级技能的复合型综合人才。长春市拥有丰富的高等教育资源，聚集了吉林省近80%的高等教育资源，拥有高等教育院校（本科、专科、高职）40所，且高层次院校如吉林大学、东北师范大学等均集中在长春市。提倡高校与企业合作，树立"技术立校、应用为本"的人才培养目

标。不断优化人才培养方案，依托科研项目联合培养新型人才，探索高校、科研院所、企业协同育人新机制，为长春市发展储备高层次的知识型、创新型、应用型人才。其次，要完善人才管理体制。加快创新人才制度改革，发掘人才潜力，为每个创新人才提供机会发挥自己的能动性。建立开放的人才流动机制，通过人才的自由流动，提高人才资源利用效率，传播知识技术，实现人力资源的优化配置。最后，要完善人才引进机制，加大人才引进力度，吸引、集聚一批高层次科研人才，加强科研队伍实力，推动长春市经济高效高质量发展。要积极开展海外人才联络工作，同时对接国内高层次人才，发挥人才在创新发展中的支柱作用。依托国家重大科技项目、国际科技合作项目以及科技创新平台，持续完善长春市养才、引才、留才、聚才的政策环境。

参考文献

［1］彼得·德鲁克：《创新与企业家精神》，彭志华译，海南出版社，2000。

［2］黄少波：《基于自主创新的国家创新体系的内涵和构建》，《特区经济》2007年第1期。

［3］邹德慈：《发展中的城市规划》，《城市规划》2010年第1期。

［4］胡钰：《创新型城市建设的内涵、经验和途径》，《中国软科学》2007年第4期。

［5］杨贵庆、韩倩倩：《创新型城市特征要素与综合指数研究——以上海"杨浦国家创新型试点城区"为例》，《上海城市规划》2011年第3期。

［6］曹勇、曹轩祯、罗楚珺、秦以旭：《我国四大直辖城市创新能力及其影响因素的比较研究》，《中国软科学》2013年第6期。

［7］杨冬梅、赵黎明、闫凌州：《创新型城市：概念模型与发展模式》，《科学学与科学技术管理》2006年第8期。

［8］尤建新、卢超、郑海鳌、陈震：《创新型城市建设模式分析——以上海和深圳为例》，《中国软科学》2011年第7期。

［9］代明、张晓鹏：《创新型城市与创新型企业发展潜因素路径影响分析——基于结构模型路径图法的深圳实证检验》，《科学学与科学技术管理》2011年第1期。

［10］吴林海：《中国科技园区域创新能力理论分析框架研究》，《经济学家》2001年第3期。

［11］孙红兵：《城市创新系统的动力、能力和绩效研究》，博士学位论文，昆明

理工大学，2011。

　　［12］柳卸林、胡志坚：《中国区域创新能力的分布与成因》，《科学学研究》2002
年第 5 期。

　　［13］刘曙光、刘佳：《区域创新系统研究的国内进展综述》，《经济师》2005 年第
1 期。

　　［14］魏守华、吴贵生、吕新雷：《区域创新能力的影响因素差距——兼评我国创
新能力的地区差距》，《中国软科学》2010 年第 9 期。

　　［15］赵黎明、冷晓明等：《城市创新系统》，天津大学出版社，2002。

　　［16］冯云廷：《城市优势、人口迁移与城市住房价格》，《城市》2019 年第 8 期。

　　［17］约瑟夫·熊彼特：《经济发展理论》，何畏、易家详、张军扩等译，商务印
书馆，1990。

　　［18］Hall, P., "The Future of Cities," *Computus, Environment and urban systems*,
1999, 23 (3): 174-185.

　　［19］Hospers, G. -J., "Creative Cities: Breeding Places in the Knowledge Economy,"
Knowledge, Technology & Policy, 2003, 16 (3): 143-162.

Research on Innovation Capacity Monitoring and Innovation Development Countermeasures of Changchun City

Zhao Dandan, Guan Jie and Huang Jiajun

Abstract: Based on the evaluation index system of innovation capacity monitoring of national innovative cities, this paper discusses the trend of innovation development in Changchun City, analyzes the advantages and disadvantages of Changchun's innovation capacity, and puts forward some suggestions for the construction of an innovative city in Changchun City from five aspects: innovation governance system, innovation subject system, innovation element system, innovation platform system, and economic system.

Key words: National Innovation City; Innovation Capability; Innovation Development Countermeasure Study

第七章　吉林市创新评价指标体系研究

王　娜　王欣铭　林烨楠*

摘　要： 对吉林市开展创新指数研究，科学监测和全面评价吉林市科技创新能力建设进程与成效，对加快构建区域创新体系具有重要意义。本文以 2015 年为基年，采用综合评价法测算 2016~2022 年吉林市创新指数，并以此为依据分析、评价吉林市创新型城市建设进展情况，旨在科学、客观、全面评价吉林市科技创新发展水平，发挥指标研究的监测与引导作用。

关键词： 科技创新；指标体系；创新指数

科技创新是地区经济转型的主引擎、城市发展的主动力。近年来，在国家、吉林省的有力指导帮助下，吉林市以建设国家创新型城市试点为契机，大力实施创新驱动发展战略，紧紧围绕建设创新型城市的目标任务，不断深化科技体制改革，优化科技资源配置，激发创新创业活力，积极探索提高城市创新能力的有效途径。

本文以 2015 年为基年，采用综合评价法测算 2016~2022 年吉林市创新指数，并以此为依据分析、评价吉林市创新型城市建设进展情况。本文基于创新驱动发展战略的内涵，从科技投入产出视角构建评价指标体系，分析评价科技创新驱动新旧动能转换、支撑引领经济社会发展的能力和绩

---

* 王娜，吉林市科技信息研究所副研究员，研究方向为科技信息；王欣铭，吉林市科技信息研究所助理研究员，研究方向为科技信息；林烨楠，吉林市科技信息研究所研究实习员，研究方向为科技信息。

效；在指标选取上，按照科学性、针对性、权威性、可操作性等原则，以创新基础、创新环境、创新绩效为一级指标构建指标体系；在评价方法上，采用基准年定基指数方法，纵向反映吉林市科技创新的发展速度、投入产出绩效等，为吉林市在建设创新型城市进程中抓重点、补短板、强弱项提供决策参考。

一　创新评价指标体系的构建

（一）评价指标体系

1. 创新基础

创新基础指标包括 7 个二级指标，分别为全社会 R&D 经费投入占 GDP 的比重、地方财政科技支出占地方财政支出的比重、地方财政教育支出占地方财政支出的比重、人均财政教育支出、高新技术企业数、规上工业企业办科研机构数、规上工业企业 R&D 人员占其从业人员比重。

全社会 R&D 经费投入占 GDP 的比重指年度全社会的 R&D 经费投入与 GDP 之比，该指标反映地区 R&D 经费投入水平和能力，是目前国际上通行的衡量国家或地区科技投入水平的指标。

地方财政科技支出占地方财政支出的比重为地方财政科技拨款规模占地方财政支出的比重，是反映政府对科技活动支持力度的重要指标。

地方财政教育支出占地方财政支出的比重为地方财政教育拨款占地方财政支出的比重，是反映政府对教育活动支持力度的重要指标。

人均财政教育支出是反映政府对教育活动支持力度的重要指标，人口按照区域常住人口计算。

高新技术企业数一定程度上反映了城市的整体创新实力，吉林市自 2016 年起进行统一的国家高新技术企业认定，该项数据由市科技局提供，因 2015 年未进行认定，数量按 50 家估算。

规上工业企业办科研机构数一定程度上反映了企业的科技创新能力。

规上工业企业 R&D 人员占其从业人员比重反映了企业技术创新能力，

因为企业是技术创新的主体，也是科技投入的主体。

2. 创新环境

创新环境一级指标包括 7 个二级指标，分别为第三产业增加值占 GDP 的比重、人均地区生产总值、技术合同成交额、进出口总额占 GDP 的比重、每百人公共图书馆藏书拥有量、建成区绿化覆盖率、年末金融机构贷款余额增长率。

第三产业增加值占 GDP 的比重指年度第三产业增加值与 GDP 之比，综合反映一个地区的产业结构优化程度。

人均地区生产总值是衡量地区经济发展水平的重要经济指标，能够比较客观地反映地区的经济发展水平，人口按照区域常住人口计算。

技术合同成交额反映了地区技术产权交易市场的活跃程度以及科技产出能力和创新成果应用转化能力。

进出口总额占 GDP 的比重指年度进出口总额与 GDP 的比重，衡量的是地区对外贸易依存度，反映创新型城市经济开放度。

3. 创新绩效

创新绩效一级指标包括 5 个二级指标，分别为当年专利授权量、每万人发明专利拥有量、城镇居民人均可支配收入、地区生产总值增长率、全员劳动生产率。

当年专利授权量指当年获得专利权属的专利数量，是衡量城市创新能力和企业知识产权保护意识的重要指标。数据来源于吉林省市场监督管理厅网站和吉林市市场监督管理局。

发明专利是企业核心竞争力的重要支撑，每万人发明专利拥有量反映了区域自主创新能力与水平。

地区生产总值增长率是衡量地区经济发展水平的重要经济指标，能够比较客观地反映地区的经济发展水平。

全员劳动生产率是反映社会生产效率和劳动投入产出的重要指标。

吉林市创新评价指标体系如表 1 所示。

表 1 吉林市创新评价指标体系

一级指标	二级指标	权数
创新基础	全社会 R&D 经费投入占 GDP 的比重（%）	5
	地方财政科技支出占地方财政支出的比重（%）	5
	地方财政教育支出占地方财政支出的比重（%）	5
	人均财政教育支出（元）	5
	高新技术企业数（个）	6
	规上工业企业办科研机构数（个）	4
	规上工业企业 R&D 人员占其从业人员比重（%）	5
创新环境	第三产业增加值占 GDP 的比重（%）	6
	人均地区生产总值（元）	6
	技术合同成交额（亿元）	4
	进出口总额占 GDP 的比重（%）	5
	每百人公共图书馆藏书拥有量（册）	5
	建成区绿化覆盖率（%）	5
	年末金融机构贷款余额增长率（%）	4
创新绩效	当年专利授权量（件）	5
	每万人发明专利拥有量（件/万人）	7
	城镇居民人均可支配收入（万元）	6
	地区生产总值增长率（%）	5
	全员劳动生产率（万元/人）	7

（二）评价方法

本文计算的吉林市创新指数是以 2015 年为基期的动态总指数，2015 年的指数为 100。具体的计算公式如下。

$$\overline{K} = \sum k \frac{w}{\sum W}, k = \frac{x_i}{x_{2015}} \times 100 \quad (i = 2016, 2017, 2018, 2019, 2020, \cdots)$$

式中，$\overline{K}$ 表示总指数或创新基础指数、创新环境指数、创新绩效指数；

k 为具体指标指数；x_i 为第 i 年的指标值；w 为具体指标的权数，$\dfrac{w}{\sum W}$ 为固定结构权数，是具体指标的权重。

（三）数据来源

本文按照科学性、针对性、权威性、可操作性的原则，选取了 2016~2022 年吉林市创新相关数据，数据主要来源于《吉林市社会经济统计年鉴》、吉林市统计局、吉林省市场监督管理厅网站和吉林市市场监督管理局。其中，技术成交额数据由吉林市科技局提供。

二 吉林市创新指数

基于创新评价指标体系，在测算出各个指标的值（即指数）的基础上，得出创新基础指数、创新环境指数、创新绩效指数并在此基础上得出吉林市创新指数。

2016~2022 年吉林市创新指数如表 2 所示。

表 2 2016~2022 年吉林市创新指数

	2015 年	2016 年	2017 年	2018 年	2019 年	2020 年	2021 年	2022 年
吉林市创新指数	100	111.62	126.70	123.07	132.63	151.88	170.74	156.04
创新基础指数	100	132.31	138.20	109.85	119.49	141.91	146.56	136.52
创新环境指数	100	93.52	133.95	146.79	158.33	176.24	188.49	170.00
创新绩效指数	100	108.61	104.81	110.84	117.98	135.11	178.25	162.53

由表 2 可知，2022 年吉林市创新指数为 156.04，与 2015 年相比上升了 56.04%。2022 年的创新基础指数、创新环境指数、创新绩效指数均较 2015 年大幅上升，上升幅度最大的是创新环境指数，较 2015 年上升了 70.0%，创新基础指数和创新绩效指数也稳步上升，分别较 2015 年上升了 36.52% 和 62.53%。

2016~2021 年，吉林市创新指数呈稳步增长的趋势，反映了吉林市创新水平持续提高。2022 年总指数和分项指数均较 2021 年降低，但总指数和创新绩效指数较 2020 年度有所上升。

（一）创新基础指数

2016~2022 年吉林市创新基础指数情况如表 3 所示。

表 3　2016~2022 年吉林市创新基础指数

	2015 年	2016 年	2017 年	2018 年	2019 年	2020 年	2021 年	2022 年
全社会 R&D 经费投入占 GDP 的比重	100	149.48	176.29	105.15	101.03	82.47	73.20	74.23
地方财政科技支出占地方财政支出的比重	100	75.79	104.21	51.58	44.21	29.47	43.16	9.47
地方财政教育支出占地方财政支出的比重	100	102.80	94.65	99.61	81.29	83.70	95.37	77.90
人均财政教育支出	100	107.54	106.34	115.42	96.61	107.25	90.42	90.15
高新技术企业数	100	126.00	154.00	188.00	294.00	432.00	514.00	512.00
规上工业企业办科研机构数	100	153.49	90.70	76.74	74.42	102.33	72.09	76.74
规上工业企业 R&D 人员占其从业人员比重	100	132.93	144.91	98.20	111.38	152.10	144.91	119.16
创新基础指数	100	132.31	138.20	109.85	119.49	141.91	146.56	136.52

2022 年吉林市创新基础指数为 136.52，与 2015 年相比上升了 36.52%。2016~2022 年创新基础指数呈波动变化，反映了面对国内外错综复杂的经济环境，吉林市经济及产业运行呈现小幅波动但相对平稳的变化趋势。2016~2022 年，创新基础的 7 个二级指标的值较 2015 年的变化出现分化，高新技术企业数增长最快，其次为规上工业企业 R&D 人员占其从业人员

的比重。2020 年以来，高新技术企业数与 2015 年相比实现 3~4 倍增长，对创新基础指数增长贡献最大。吉林市通过培育科技型企业并引导其创新能力提升，助推区域创新，不断壮大创新群体规模。

2016~2022 年，全社会 R&D 经费投入占 GDP 的比重、地方财政科技支出占地方财政支出的比重和地方财政教育支出占地方财政支出的比重总体呈下降趋势，一方面由于近年来吉林市地方财政面临困难，另一方面也表明吉林市科技投入力度有待进一步加强。

（二）创新环境指数

表 4 为 2016~2022 年吉林市创新环境指数情况。

表 4　2016~2022 年吉林市创新环境指数

	2015 年	2016 年	2017 年	2018 年	2019 年	2020 年	2021 年	2022 年
第三产业增加值占 GDP 的比重	100	108.63	110.84	112.61	116.37	112.39	111.50	109.73
人均地区生产总值	100	106.82	112.08	116.80	120.97	126.72	138.34	137.85
技术合同成交额	100	130.12	433.73	524.10	565.06	710.84	783.13	622.89
进出口总额占 GDP 的比重	100	70.34	85.36	105.45	81.13	69.02	95.04	94.15
每百人公共图书馆藏书拥有量	100	59.54	143.39	152.06	174.96	179.04	186.27	188.44
建成区绿化覆盖率	100	82.62	82.71	88.06	99.50	99.73	99.73	99.27
年末金融机构贷款余额增长率	100	99.34	14.65	-15.80	19.84	37.82	15.10	15.88
创新环境指数	100	93.52	133.95	146.79	158.33	176.24	188.49	170.00

2022 年吉林市创新环境指数为 170.00，与 2015 年相比上升了 70.00%，较 2019 年上升了 11.67，较 2020 年降低了 6.24，较 2021 年降低了 18.49。2016~2021 年吉林市创新环境指数持续上升，反映了吉林市创新环境整体优化。通过分析 2016~2022 年对创新环境指数贡献较大的指标，发现吉林

市创新环境的整体提升得益于以下几方面：一是第三产业增加值占 GDP 的比重稳步提升，产业结构不断优化；二是人均地区生产总值稳步增加，经济发展水平不断提高；三是技术合同成交额逐年增长，技术市场交易日益活跃，尤其 2021 年与 2015 年相比实现近 7 倍增长。

（三）创新绩效指数

2016~2022 年吉林市创新绩效指数情况如表 5 所示。

表 5　2016~2022 年吉林市创新绩效指数

	2015 年	2016 年	2017 年	2018 年	2019 年	2020 年	2021 年	2022 年
当年专利授权量	100	97.24	81.86	87.67	93.55	156.56	218.28	200.00
每万人发明专利拥有量	100	121.60	150.62	171.60	191.98	225.31	262.96	317.28
城镇居民人均可支配收入	100	106.69	113.81	119.25	125.94	129.71	140.17	139.33
地区生产总值增长率	100	105.26	42.11	28.07	26.32	8.77	121.05	−33.33
全员劳动生产率	100	107.76	112.48	118.55	120.07	124.45	138.45	140.81
创新绩效指数	100	112.12	106.21	111.78	118.85	135.40	182.29	161.42

2022 年吉林市创新绩效指数为 161.42，与 2015 年相比上升了 61.42%，较 2020 年上升了 26.02，较 2021 年下降了 20.87，2016~2022 年，吉林市创新绩效指数小幅波动上升。通过分析 2016~2022 年对创新绩效指数贡献较大的指标，发现吉林市创新环境的整体提升得益于以下几方面：一是每万人发明专利拥有量增长较快，2022 年较 2015 年实现 2 倍增长，反映了全社会对知识产权的重视程度不断提高；二是城镇居民人均可支配收入稳步增加，人民生活水平不断提高；三是全员劳动生产率逐年提高，反映了吉林市劳动者素质、企业管理和科技水平不断提升。

参考文献

宁波市科技局:《宁波:以"三个年"引领高水平创新型城市建设》,《今日科技》2023 年第 11 期。

Research on Innovation Evaluation Index of Jilin City

Wang Na , Wang Xinming and Lin Yenan

Abstract: It is of great significance to carry out innovation index research, monitoring and evaluating the effectiveness of technological innovation capacity building. This paper takes 2015 as the base year, and uses the comprehensive evaluation method to calculate the innovation index of Jilin City from 2016 to 2022, and analyzes and evaluates the progress of the construction of innovative cities in Jilin City based on this, aiming to scientifically, objectively, and comprehensively evaluate the level of innovation development, and play a monitoring and guiding role in indicator research.

Key words: Technological Innovation; Index System; Innovation Index

第八章 白山市区域创新能力提升研究

董 惠 刘贞珍 周雅伦[*]

摘 要：区域创新能力直接影响地区经济发展水平。本文围绕白山市区域创新能力展开论述，研究发现白山市在创新能力提升方面还存在自主创新能力不足、科技创新人才相对缺乏、区域创新建设的推进机制不够完善、科研成果转化率低等问题。结合白山市实际情况，本文提出了提升区域创新能力的一系列路径。

关键词：区域创新能力；科技创新；自主创新能力

区域创新能力在推动区域经济发展中具有举足轻重的作用。提高区域创新能力，对激发市场活力、提高居民收入、拉动内需具有重要意义。区域创新能力的提升主要依赖创新主体开展各类创新活动并服务于社会。强化企业创新主体地位，推动产学研深度融合，有利于推动企业科研成果加快转化为现实生产力。鼓励企业创新发展，以创业带动就业，这样不仅可以增加居民的整体收入，而且可以提高区域内居民消费水平，拉动内需。区域创新能力直接影响区域经济发展，区域创新能力不断提升有利于推动区域经济高质量发展。

---

* 董惠，白山市高新技术产业促进中心工程师，研究方向为环境工程；刘贞珍，白山市科学技术信息研究所研究员，研究方向为情报研究；周雅伦，白山市高新技术产业促进中心工艺美术师，研究方向为计算机应用。

一 区域创新能力的内涵

区域创新能力内涵丰富，可以从以下几个角度进行解读。第一，区域创新能力是指一个地区创造新知识、新技术的能力，核心是创新主体之间的互动和联系，也反映了一个地区将新知识、新技术转化为市场化生产力的能力，这种转化能力不仅包括科技创新技术的研究开发能力、科技创新成果的转化能力，还包括科技创新产品的市场占有能力。第二，从区域创新体系的功能角度来看，区域创新能力包括技术创造的能力、创新技术传播的能力、创新技术的应用能力，这些能力共同构成了区域创新体系，促进了区域经济的持续发展和竞争力的增强。第三，区域创新能力还包括活动要素的参与和协同能力，如信息能力、技术能力、组织能力和制度能力等，这些要素对区域创新能力提升起着关键作用，共同促进创新活动的开展和创新成果的产出。从总体上看，区域创新能力涵盖技术创新、成果转化、技术交流和应用等方面，是推动区域经济发展和竞争力提升的关键。

二 白山市区域创新存在的主要问题

（一）企业自主创新能力不足

目前白山市的企业数量较少，且多数企业的科研能力提升较慢，缺少自主创新能力，主要原因是企业科技创新需要投入较多资金且周期较长，科技创新能力很难在短时间内见效，导致很多企业宁愿维持现状，也不想花费大量的资金来提升科技创新能力，科技研发投入少。此外，白山市的科研人员大多数集中在科研院所，大部分科研成果用于职称评定，注重短期成果，科研成果转化率不高。总体表现为白山市自主创新能力和创新活力不足。

（二）区域创新能力提升的推进机制不够完善

在提升区域创新能力的过程中，要注重企业、高校与科研院所的主体地位，以及政府的中介服务作用，从本质上来说区域创新能力是主体与主体之间的相互交流合作。区域创新能力的提升要求各个部门齐心协力，通力协作，共同推进，职责划分明确，加强合力创新的主动性和积极性。由于白山市各部门对区域创新能力提升认识不足，调动各部门参与区域创新能力提升的措施不够，导致部门协调不够顺畅，区域创新能力提升的推进机制不够完善。

（三）科技创新人才相对缺乏

开展创新活动、推动经济发展的制胜法宝是高技能科技人才。创新能力提升的关键是人才的培养和使用。借力企业、科研院所等创新主体，培育引进具备研发能力的高技能人才，有助于白山市区域创新能力的提升。但受地域、经济发展等多方面因素的限制，白山市高技能科技人才总量难以匹配创新能力提升需求。此外，从高层次科技人才分布来看，区域差异非常明显，省内中心城市一般能够吸引更多人才，而相对偏远的白山市科技人才吸引力较弱。地区人才结构失衡，限制了白山市区域创新能力的提升，影响了白山市的经济发展。

（四）科研成果转化率低

企业和科研院所的创新技术需要通过市场化的手段转变成市场接受的成果，科研成果转化为真正意义上的市场化产品和服务才能体现区域创新能力的提升。白山市区域创新能力无法提升的原因之一是科技成果与产业脱节，科研成果无法实现产业化。虽然企业与科研机构展开科研合作，但企业的科技资金投入不足，政府的扶持力度不够，科研成果转化率较低，制约了科研成果向现实生产力的转化。许多科研成果因缺乏企业投入和开发而不能转化为现实生产力，造成科研成果的闲置和浪费。此外，白山市的产学研合作大多数还停留在项目协作层面，科技与经济融合程度低，导致科研成果转化率较低。

（五）科技创新投入不足

科技创新的资金一般来自企业或政府。科技创新投入规模较小是导致区域创新能力不足的主要原因。对于科技创新活动来说，研发经费的投入既是物质基础，也是提升创新能力的重要因素。白山市 R&D 经费投入占比一直很低，科技创新投入明显不足，且不能及时到位，难以保证科技创新的资金需求。同时，白山市域内科技金融机构较少，实力薄弱，中小企业科技创新融资机会较少。

三　白山市区域创新能力提升的路径

结合当前实际情况，白山市要实现经济快速发展，就要提升区域创新能力。提升区域创新能力要发挥市场优势，不仅要依靠政府出台的政策，还要激发区域创新主体的活力。白山市可以从以下几个方面着手，提升区域创新能力。

（一）加速科技成果转化落地

白山市的区域创新能力明显落后于吉林省中心区域，科技人才发展政策缺乏，科研开发扶持力度不够，科研成果的转化能力明显落后于发达地区。政府部门应转变自身职能，加大创新支持力度。首先，鼓励和引导企业、科研机构积极开展创新活动，发挥政策在提高创新能力方面的积极作用，围绕省厅和市政府开展的"科技成果与企业技术供需对接会"，结合白山市五大产业发展现状，针对医药康养、绿色食品、矿产新材料集中解决一批关键技术难题，开展"鲜人参制品研发""矿藏资源固体废弃物综合利用""五味子行业标准的制定"等关键技术研发，借助国家技术转移东北中心、吉林省科技厅人才平台等多方优势，帮助企业破解技术难题，促进科技成果有效供给和精准对接。其次，开展省外合作，拓宽科研人员视野，与浙江湖州、江苏连云港等地持续开展对接活动，推动科研人员走出去，将省外优秀科研成果和科研人员引进来。推进长白山精油、浸膏产品在省外开展试验应用，共同研究，充分将白山市科研成果转化为生产力。最后，白山市要为技术创新提供政策扶持，完善人才评价和激励制度，减少对创新活动的管理与介入，逐步完善区域创新能力提升机制。

（二）提高技术创新平台建设

企业是技术创新的关键力量，但是白山市企业自身力量不足，缺乏一定的主动性和积极性，对技术创新不够敏感，对技术创新的资金投入少，技术交流少。因此白山市要搭建共享科技服务平台，实现创新要素共享、创新成果共享、创新资源共享。白山市要发挥创新主体自身优势，把科研装备、数据、人才、政策等信息作为技术创新的资源，借助共享服务平台实现资源共享，为技术创新能力的提升保驾护航。利用信息共享，推动科研单位和高校人才共享、设备共用、项目共研、优势互补，针对关键技术难题开展联合攻关，凝聚创新合力，尤其在医药康养、硅藻土、矿泉水、长白山特有动植物资源研究等方面集中突破，研发一批关键技术。加大力度建设创新平台，实现资源优化配置，提升资源利用率。

（三）加强科技人才的培养

创新能力的提升关键在于人才，人才是提升区域创新能力的重要因素。首先，以多种形式引进人才，改革人才引进机制，在科技人才引进机制上，不同专业人才的选拔要使用不同的办法，推进人岗相宜、才尽其用、人尽其才的选人用人机制。其次，加强人才培养，提高人才的自主培养能力，加大高校与科研院所合作，让科研人才的知识能力实现再造，支持和鼓励优秀的高校毕业生回白发展，发挥自身优势，服务地方。再次，试行引进人才激励、科研成果转化等奖励政策，加大对青年人才的支持，鼓励和支持科研院所和高校科研人员积极与企业合作，带着科技成果创办、领办、合办科技型企业，激发人才创新创业活力。最后，促进科研院所与企业加大合作，共同培养科研人才，逐步完善科研人才培养政策。

（四）完善产学研合作机制

以企业为中心与高校、科研院所签订产学研合作协议，为对接科研合作提供便利。企业与高校、科研院所协作，一方面，能够使企业与高校、科研院所开展技术创新合作攻关，增强企业研发产出能力；另一方面，可以通过企业向市场推广高校、科研院所的基础研究成果，实现成果转化。白山市企业应与中科院一院三所、吉林省内高校保持联系，在产学研合作、成果转化方面紧密合作，并加大对外交流合作力度，在引进、吸收省内外先进技术的同时，把白山市的创新成果推向省外，提高获取技术的能力，从而提升自主创新能力。企业在谋划产业创新时，应引导产学研合作，开展技术攻关和科技成果转化。转变观念，以企业为创新主体，调动企业的积极性，主动进行技术创新，同时企业应加大 R&D 经费投入力度，提升自主开发能力。积极引导企业、科研院所参与科技创新，积极推进产学研深度融合，强化政府的服务功能。推动各高校创新人才培养模式，将产学研一体化作为培养技术人才、为企业提供技术支持的新模式。

（五）优化创新环境

满足市场需求的创新成果最能体现区域创新能力。企业作为创新主体，为谋取经济利益，要推广应用创新成果，形成产品，满足市场需求，因此提供一个公平、有活力、宽松、有序的市场环境是非常重要的，市场需求有助于创新活动开展。一是建设规范有序的市场体系，改善市场环境。保证创新主体公平地获取市场信息；政府简政放权，不直接干预和管理，搭建一个竞争秩序良好、交易合规的竞争平台；积极调动市场创造能力，创造宽松的市场环境，发挥市场创新主体作用。二是发挥政府区域创新导向作用，改善制度环境。强化政府服务职能，企业依托政府支持引导作用，从创新要素投入、提升科研效率、推动创新成果转化、完善创新政策法规、进一步激励约束创新活动等方面入手，建立科技创新体系，加大科技资源投入。

四　结语

白山市由于地理位置等因素经济落后、人才匮乏，想要提升区域创新能力，需要从以下几个方面着手。一是要"新"，要主动进行自主创新，勇于尝试，在自主研发、树立品牌意识的道路上以"新"字当头，走出一条增强区域创新能力的路子。二是要"借"，就目前白山市企业的自主研发能力而言，靠自身实现创新的难度很大，因此要借力，通过学习参观、交流沟通、引进先进技术、学习吸收再创新等多种途径进行创新。三是要"做"，结合白山市五大产业发展现状，针对医药康养、绿色食品、矿产新材料、冰雪旅游等特色产业体系，集中优势力量，选准着力点，有针对性地发展白山市特色产业。在大力培育创新主体、全力打造创新平台、注重科技成果转化等方面综合施策，不断提升白山市区域创新能力。

参考文献

［1］胡凯、朱惠倩：《我国区域创新体系：基于 DEA 的绩效评价》，《商业研究》2009 年第 5 期。

［2］刘春放：《海南省区域创新能力提升研究》，《合作经济与科技》2021 年第 8 期。

［3］曹玲：《吉林省区域技术创新能力提升的路径研究》，《吉林工商学院学报》2017 年第 3 期。

［4］霍庆涛：《贵州高层次人才遴选观察》，《当代贵州》2013 年第 11 期。

［5］陈敏尔：《坚持创新驱动助推同步小康》，《中国科技奖励》2013 年第 8 期。

Research on the Improvement of Regional Innovation Ability in Baishan City

Dong Hui, Liu Zhenzhen and Zhou Yalun

Abstract: The strength and weakness of regional innovation ability directly affect the level of economic development in this region. At present, Baishan still has some problems in terms of capacity improvement, such as lack of independent innovation ability, low conversion rate of scientific research achievements, relative lack of scientific and technological innovation talents, and imperfect promotion mechanism of regional innovation construction. Based on the actual situation of Baishan City, this article proposes a series of paths to enhance regional scientific and technological innovation capabilities.

Key words: Regional Innovation Ability; Technological Innovation; Indigenous Innovation Ability

第九章 白山市实施创新驱动发展战略对策研究

刘贞珍 王意峰 董 惠[*]

刘贞珍 王意峰 董 惠[*]

摘 要： 创新驱动发展是创新资源合理配置的重要保障，是区域创新能力提升的重要保障。本文以白山市域内 2019～2013 年的科技创新内容为案例，从白山市科技创新现状、白山市实施创新驱动发展战略存在的问题及对策建议三个方面进行阐述，以期推进白山市区域创新发展进程。

关键词： 白山市；创新驱动发展战略；自主创新能力

党的二十大报告提出，"教育、科技、人才是全面建设社会主义现代化国家的基础性、战略性支撑。必须坚持科技是第一生产力、人才是第一资源、创新是第一动力，深入实施科教兴国战略、人才强国战略、创新驱动发展战略，开辟发展新领域新赛道，不断塑造发展新动能新优势"。在吉林省委、省政府的坚强领导下，近年来，白山市以打造"两山"理念试验区为发展目标，不断提升区域发展水平，努力探索适合本地发展的科技创新道路，着力打造"一体两翼"发展格局，做大"3+2"产业集群，即全域旅游、人参医药、新材料新能源三个千亿元级产业集群和以施慧达为代表的生物医药、矿泉水两个百亿元级产业集群，加快畅通"两山"双向

---

* 刘贞珍，白山市科学技术信息研究所所长、研究员，研究方向为科技情报研究；王意峰，白山市科学技术信息研究所工程师，研究方向为计算机科学与技术、计算机网络，为本文通讯作者；董惠，白山市高新技术产业促进中心工程师，研究方向为环境工程。

转换通道。深入实施创新驱动发展战略，以建设创新型城市、积极推进科技创新能力建设、促进科技成果转化为目标，把生态优势转化为经济、产业和发展潜力。随着高新技术产业的发展，产学研融合程度加深，科技进步对白山市经济社会发展的支撑作用明显增强。但白山市科技创新政策存在覆盖面不全、政策体系不健全、供给不足等问题，很大程度上制约了创新发展。因此，地方政府如何落实创新驱动发展战略、增强区域创新能力，还有待于进一步探索。本文从白山市科技创新现状、白山市实施创新驱动发展战略存在的问题及对策建议三个方面进行阐述，以期推进白山市区域创新发展进程。

一　白山市科技创新现状

（一）科技政策环境不断优化

近年来，白山市积极融入国家、吉林省战略布局，先后发布了《关于实施质量提升行动的指导意见》《白山市科技发展第十四个五年规划》《白山市贯彻落实〈关于加快医药强省建设促进医药健康产业高质量发展的实施意见〉的实施方案》等政策措施，加强市县联动，制定了《加快县域创新驱动发展工作联席会议制度》和《加快县域创新驱动发展实施方案年度任务清单》，进一步优化了县域创新驱动发展环境，推进了区域科技创新体系形成。

（二）科技投入不断增加

一方面，加大地方财政科技支出力度。2019~2023年，在市财政十分紧张的情况下，每年投入240万元，用于技术研发。另一方面，努力用好国家、吉林省的科技创新政策、方针，做好科技创新工作。深化改革，激发活力，优化存量、做大增量，营造环境、强化服务，科技创新取得显著成效。2019~2023年，白山市高新技术企业累计减免所得税4000多万元；全省给予小巨人企业研发补助近500万元，贷款贴息超1000万元。省级科技型中小企业R&D补助700多万元；截至2023年末，R&D补助累计超800万元。

（三）科技创新平台不断发展壮大

白山市科技创新平台建设成效显著。截至 2023 年末，白山市共建成省级转移示范机构 3 家、省级新型研发机构 4 家、省级科技孵化器 2 家、省级众创空间 3 家、厅地共建创新中心单位 3 个，省级科技企业技术中心达到 18 家。

（四）产学研合作不断深入

白山市与清华大学、中国科学院、吉林大学、吉林农业大学、长春中医药大学等高校和科研单位建立了产学研深度融合的沟通机制，畅通了科技成果在白山市转化的渠道，为企业提供了一条解决技术难题的快捷通道，也为企业提供了一条科技成果优先在白山市转化的渠道，在矿产冶金新材料、大健康医药产业等领域均有研发合作。截至 2023 年末，184 名专家与白山市地方政府和企业签署了技术合作协议，22 名科技人才被选派为吉林省企业"科创专员"，入驻企业兼任 2 年"科创副总"；并争取了 220 万元资金用于科技创新，解决了一大批企业生产技术难题。

（五）企业创新能力不断提升

白山市多措并举，大力培育科技企业，深入企业开展"点对点""面对面""一对一"服务，帮助企业提升科技创新能力。截至 2023 年底，全市高新技术企业达到 39 家，科技型中小企业达到 52 家。高新技术企业 R&D 经费投入持续增加，科研人员数量不断增加，企业营业利润稳健增长。

（六）科技成果转化不断增效

重大成果转化行动、国家重点研发计划行动、中央引导地方科技发展专项行动、重点科技成果转化行动等一系列重大成果转化行动，让科技创新成为新的亮点。2019～2023 年，围绕白山市"五大产业"，白山市共争取各类创新项目 200 多项，争取审批资金近 2 亿元；实施 7 项重大成果转化工程，近 7000 万元科技经费投入项目研发。临江市金豹木业的"改性硅藻土复合装饰材料产业化生产"重大科技成果转化项目取得重大进展，项目年产能 200 万 m²，销售收入 5.6 亿元，利润 1.07 亿元，税收 1 亿元。2019~2023 年，白山市技术合同交易额年均达到 4000 万元以上。

二 白山市实施创新驱动发展战略存在的问题

总体上来说，白山市还处在投资驱动和创新驱动并重的经济发展阶段，还未完全进入创新驱动发展阶段，创新能力还不能适应高质量发展的要求。创新驱动本质上是一个从微观到宏观的动态演进过程，需要知识、人员、资金、制度等方面的积累和支撑。白山市要加快实施创新驱动发展战略，应对创新驱动过程中面临的制约因素和关键问题，进行深入梳理。

（一）政府的公共服务供给职能有待完善

制定政策、提供支持、保障执行、配置资源，这些都是政府在推动创新发展中应提供的公共服务。白山市各级政府在创新驱动发展过程中存在一些问题。

1. 认识上受制于经济发展需求

由于白山市经济规模偏小，发展水平不高，各级政府的工作重心仍放在拉动 GDP、财政收入、工业增长值等指标增长上，对招商引资项目尤为关注。经济发展仍然主要靠投资拉动，政府在招商引资、项目建设、基础设施建设等方面发挥了关键作用。政府可以选择通过大规模投资、发行债券和推进城建计划来推动经济增长，从而忽略了科技创新需求。

2. 科技行政管理能力有待提升

科技行政管理体制"头重脚轻"。从国家到省级的科技行政管理部门，机构建制庞大，但到市、县一级，内设机构和人员结构不完善，编制被压缩，职能被边缘化。尤其是 2019 年改革后，县（市、区）科技局都并入了工信局或发改局，而从事科技管理工作的内设部门基本上只有一个。加上科技部门近几年受机构变动影响，职能上与其他经济部门交叉较多，但无论是向上级争取经费，还是向地方争取资源，都不如其他部门。工作职能被弱化，社会影响也逐步弱化。

3. 科技经费投入严重不足

政府层面的科技经费明显不足，对企业研发投入的积极性没有起到应有的引导和撬动作用。白山市级科技经费多年保持在 240 万元。各县（市、区）近年来经济下行压力较大，县级财政偏紧，科技经费总体上有所削减，部分县（市、区）甚至取消了科技经费。科技经费不足难以支撑科技创新工作开展，再加上职能、地位、人员等方面的限制，相关单位在开展涉及全市各领域的科技工作时协调难度大，科技经费对科技创新的引导作用难以发挥，也无法鼓励企业加大投入。科技创新难以对经济起到支撑和带动作用。

（二）企业的创新驱动主体地位有待加强

企业作为科技创新的主要力量，是创新驱动发展的最重要主体，白山市企业创新驱动主体地位有待加强。

1. 创新主体动力仍然不足

白山市企业依靠科技创新发展的较少，科技项目、创新平台和科技成果较少，大部分企业的研发活动以模仿、跟踪为主，具有自主创新意识的企业较少，创新技术和产品的应用也非常缓慢。有的企业感到科技创新难度大、投入高，创新耗时长、风险大，失败了自己承担损失，结果可能被别人分享，因而不愿创新；有的企业则满足于资源优势，只做原料销售或简单加工，认为创新与不创新无所谓，只要能盈利就行；有的企业则因为缺乏知识产权保护而受到冲击，创新积极性受到影响；还有的企业创新活动开展不起来，是因为缺乏高素质的创新人才或缺少资金支持。

2. 科技成果转化难

从企业的角度来看，科技成果转化的风险是很难规避的。首先，企业自身技术能力限制了其对科技成果的价值判断，如科技成果是否能够大规模工业生产。其次，企业资金实力不强，政府投入较少，成果转化资金缺口较大。最后，企业在转化科技成果时，除了要面对技术风险，还要面对市场风险，即使能生产出好的产品，如果不能顺利开拓市场，投资便化为乌有，面对市场风险，企业通常想让科技成果提供者以参与经营或技术入股的方式来分担。

3. 科技创新人才缺乏

白山市作为经济后进城市，经济水平与发达地区相比还有较大的差距，除了施慧达药业集团、修正集团下属公司等少数几家大企业，白山市大多数企业在经营规模、知名度等方面都无法与大城市的大中型企业相比，企业在吸引人才方面还存在着许多困难。研发、技术和管理等方面都面临着专业人才短缺的困境，企业发展受到限制，难以留住优秀员工，人才培养相对滞后。缺乏高层次的创新人才和创新团队，企业缺乏培养和再造人才的思路，未能为高层次人才提供创新平台和充分发展事业的机会。

三　白山市实施创新驱动发展战略的对策建议

针对白山市的经济发展水平和所处的发展阶段，实施创新驱动发展战略宜采用以点带面的方式，即以产学研合作为重点，逐步推动创新驱动发展。具体而言，强化科技行政管理部门的力量，发挥科技资金的"指挥棒"作用，聚焦政产学研用，以产学研合作为切入点和突破口，以点带面，以"星星之火，可以燎原"的态势，引导若干企业提升创新能力，以产学研合作促进成果转化。提升企业创新能力，驱动产业集群整体发展，推动白山市创新驱动发展战略逐步实施。

（一）为推动科技与经济深度融合，明确科技工作的价值定位

党的十八大报告提出创新驱动发展战略，党的十九届五中全会把科技自立自强作为国家发展的战略支撑。习近平总书记在二十届中央政治局第十一次集体学习时强调，科技创新是发展新质生产力的核心要素[①]。为我们做好科技创新工作，进一步解放和发展生产力，在新时代新征程中实现

---

① 《习近平在中共中央政治局第十一次集体学习时强调：加快发展新质生产力　扎实推进高质量发展》，中国政府网，2024 年 2 月 1 日，https://www.gov.cn/yaowen/liebiao/202402/content_6929446.htm。

高质量发展，推动中国式现代化建设，提供了重要遵循和支撑。

要明确科技创新的方向和重点，加大科学探索和技术攻关力度。明确市场定位，促进科技与"两山"理念的融合，统筹各产业协同发展，推动科技与经济更深层次融合。围绕产业技术创新，特别是围绕促进产业转型升级的人参医药、全域旅游、新材料新能源三个千亿元级产业集群，着力推进科技发展。

按照"创新驱动、特色发展、统筹推进、优化升级"的总体要求，以加快产业转型升级为导向，以激发内生动力、培育壮大新动能、实现产业优质发展为目标，深度融入"长辽梅通白敦医药健康产业走廊"共建共享一体化布局，突出科技创新支撑产业发展。强化"三个转化"，即企业技术难题转化为科技攻关成果，科技攻关成果转化为中试成果，中试成果转化为产业化成果；重点做强现代中药、化学药、中药材精深加工和中药材种植繁育四大龙头板块。推进医药高新技术、抚松人参等六大产业园区建设，以施慧达药业集团为代表，打造现代中药、中药材精深加工、化学药三大产业集群，加快推进医药产业转型升级和整体水平提升。通过"两山"理念试验区建设，把白山市打造成"云南有白药，吉林有参药"的具有国际、国内影响力的医药产业基地。

贯彻新发展理念，创新驱动、龙头带动、政策推动，秉承"政府引导、企业主导、市场运作"的指导方针，推动二、三级硅藻土有效利用，产学研深度融合，围绕工业、建材、生活、环保等领域研发新产品、谋划新项目，推进硅藻土产品精细化发展、硅藻土产业结构升级。

（二）完善科技管理部门的权责，提供更多创新支持

发挥政府对科技投入的引导作用。建立稳定增长的财政投入机制，加强对科技创新的支持和引导，根据财政实际情况，逐年加大资金投入力度。通过政府投入促进企业加大研发投入，促进白山市科技投入稳步增长，加大各级财政科技投入力度。

争取更多上级项目。对符合项目申报条件的重点企业，各地科技部门拟通过深入调研，结合上级科技政策和本地优势产业发展情况，了解企业

产品和项目的实际情况，重点关注，积极扶持。争取更多资金支持，为促进产学研联合项目申报，积极与高校、科研院所沟通合作，争取更多项目立项。

（三）打造产学研合作机制

打造坚实的产学研合作平台。围绕科研项目需求，推动产学研一体化，开展形式多样、层次多样的合作。同时，坚持紧密协作，推动产学研合作双方在资金、技术、设施、人力、管理等方面有机结合，形成整体合作格局，实现研发机构与企业结成命运共同体。通过加强合作，提高研发成功率，促进产学研合作向更深层次发展，充分发挥各方在技术、资金、生产、营销等领域的优势，共同实现发展目标。

建立产学研技术创新联盟。以企业为核心，以市场为导向建立产学研技术创新联盟，深入研究产业技术创新中遇到的重要问题，提升产业自主创新能力。

建立利益和风险配套机制。在产学研合作中，为帮助研发者最大限度地降低风险，应建立风险共担机制，明确各方权利义务。可以通过联合开发、利益共享、风险共担等机制，建立产学研技术创新联盟，明确专业技术方向和创新目标。

参考文献

［1］陈茜、肖世勋：《实施创新驱动发展战略 推进创新型县（市）建设》，《安徽科技》2024 年第 3 期。

［2］潘教峰、王光辉：《创新驱动发展战略的实施及成效》，《科技导报》2022 年第 20 期。

［3］何立峰：《深入实施创新驱动发展战略 努力实现高水平科技自立自强》，《中国经贸导刊》2022 年第 10 期。

［4］颜雅英、苏天恩：《泉州实施创新驱动发展战略的问题及对策研究》，《福建论坛》（人文社会科学版）2018 年第 3 期。

［5］刘璐：《河南实施创新驱动发展战略促进经济高质量发展研究》，《洛阳理工学院学报》（社会科学版）2022 年第 4 期。

Research on the Conduction of Innovation-Driven Development Strategy in Baishan City

Liu Zhenzhen, Wang Yifeng and Dong Hui

Abstract: Innovation-driven development is an important guarantee for the rational allocation of innovation resources and the enhancement of regional innovation capabilities. This article takes the technological innovation content within Baishan City in the past five years as a case sample and elaborates on the current situation, existing problems, and future development strategies of Baishan's technological innovation, actively promoting the process of regional innovation development. The necessity of implementing an innovation-driven development strategy in Baishan through empirical data analysis is of great significance for regional innovation level, high-quality economic development, and social progress.

Key words: Baishan City; Innovation-driven Development; Indigenous Innovation Capability

科技创新促进产业发展篇

第十章　科技创新促进吉林省硅藻土产业发展研究

刘小溪[*]

摘　要： 硅藻土作为吉林省优势特色资源，具有巨大的产业发展潜能，本文对吉林省硅藻土资源分布和优势进行阐述，并详细剖析了硅藻土在战略性新兴产业中的关键应用，围绕硅藻土主要产地临江市开展硅藻土市场发展分析，聚焦政策引导、财政资金投入、科技支撑等情况，综合论述了吉林省硅藻土发展的现状。

关键词： 硅藻土；吉林省；科技创新

一　资源情况

硅藻土是一种生物成因的硅质沉积岩，主要由古代硅藻的遗骸组成，我国硅藻土远景储量达20多亿吨，主要集中在华东及东北地区，其中规模较大、储量较多的有吉林、浙江、云南、山东、四川等省份，硅藻土分布虽广，但优质硅藻土仅集中于吉林长白山地区，其他矿床大多数为3~4级土，杂质含量高，不能直接进行深加工。

　＊　刘小溪，吉林省科学技术信息研究所科技评估与查新中心主任、副研究员，研究方向为科技文献检索分析方法、知识产权分析评议、科技评估评价。

硅藻土是不可再生非金属矿产资源，具有过滤、隔热、研磨、吸附、填料、载体等多种用途，是重要的工业材料，产品广泛应用于啤酒、饮料、药品、化工、环保、建筑、建材、涂料、橡胶、塑料等领域。

行业研究报告以及地质调查数据显示，全球约有 122 个国家和地区拥有硅藻土资源，包括美国、中国、日本、德国、捷克、墨西哥、法国、肯尼亚等，累计查明资源储量约 28 亿吨，其中美国的硅藻土储量全球最大，资源储量为 6.81 亿吨，占全球的 24.32%；其次是中国，资源储量 5.11 亿吨，占全球的 18.32%，位列世界第二。全球已发现的硅藻土资源虽然分布广泛，但大多数规模较小，且品质一般。全球硅藻土资源中，仅有美国加利福尼亚州的罗姆波克矿床、中国吉林省长白马鞍山硅藻土矿床和中国吉林省长白西大坡硅藻土矿床可不经选矿直接加工生产硅藻土助滤剂。

中国虽然是全球硅藻土产销大国，但离硅藻土产销强国仍有一定距离。目前中国硅藻土生产企业众多，但以中小企业为主，行业集中度低，缺少有一定市场领导力的龙头企业。同时，中国生产的硅藻土在产品种类及性能方面仍不能满足特定领域的市场需求，部分产品依赖进口。海关数据显示，目前中国硅藻土进口量远大于出口量。

截至 2024 年 7 月，白山市硅藻土资源储量 3.75 亿吨，占全省的 93.8%，占全国的一半以上，居全国首位，在我国同类硅藻土矿中品位最高、质量最好、储量最大，白山市是国内优质硅藻土资源的集中地，全市拥有硅藻土采矿权 34 个，矿山总设计生产规模为 300 万吨/年。

二 吉林省硅藻土产业发展情况

据《2023—2028 年中国硅藻土行业市场专题研究及市场前景预测评估报告》预计，硅藻土行业的市场规模将大幅增长，年均复合增长率将高达 20% 以上。2021 年美国硅藻土产量占全球硅藻土总产量的 36.1%，丹麦硅藻土产量占全球硅藻土总产量的 17.4%，土耳其硅藻土产量占全球硅藻土总产量的 8.7%，中国硅藻土产量占全球硅藻土总产量的 6.1%，墨西哥硅藻土产量占全球硅藻土总产量的 4.3%。

相比全球市场，当前中国天然硅藻土市场销量呈现波动变化态势，2018 年，中国天然硅藻土销量达 50 万吨左右，2019 年上升至 53 万吨，同比增长约 6%，2020 年中国天然硅藻土市场销量开始下降，主要是由于消费市场对于硅藻土材料的热度下降等。

临江硅藻土工业集中区自建成后，硅藻土产业共获 37 项国家及吉林省级科技发展计划立项，得到 4292 万元政策扶持资金与 1200 万元吉林省经合局奖补资金。该集中区获评国家可持续发展实验区、吉林省可持续发展示范区及星火技术密集区，初步构建了硅藻土产业集群，成为中国硅藻土矿产开发与生产的重要基地。

北京大地远通集团、法国益瑞石公司、香港煌泰集团、辽宁盼盼集团等战略投资企业先后入驻临江，投身硅藻土产业开发，推动产业集群初步形成。截至 2020 年 8 月，临江市有 29 家硅藻土加工企业，其中规上企业 15 家，占全市规上企业总数的 53.6%。2019 年，全市硅藻土企业工业总产值达 5.3 亿元，同比增长 6.6%；税收 5216 万元，同比增长 7%；固定资产投资 3.86 亿元，同比增长 6.7%。

临江市与中国非金属矿工业协会及 60 多所大专院校、科研机构开展广泛技术合作，包括中国矿业大学、北京工业大学、大连理工大学等。先后聘请候立安、郑水林等国内知名非矿专家与企业长期合作，组建吉林省唯一的以硅藻土新材料研发为主的生态环境材料院士工作站，开展多项研发工作。陆续开发了硅藻土负载纳米二氧化钛光催化材料、硅藻土复合地板、硅藻土壁纸、硅藻土壁砖等产品，填补国内空白。

目前，临江市主要硅藻土产品包括助滤剂、保温材料、催化剂、功能性填料、载体材料、环保建筑材料六大系列。其中，硅藻土助滤剂在国内市场占有率约 85%。截至 2020 年 8 月，临江市获 25 项国家发明专利，如硅藻土墙外保温板、硅藻土装饰板等；16 项省级科技成果，如除甲醛建筑内墙涂料；8 项省级新产品，如 TS112 低温钒催化剂、除甲醛家具；还有 21 项著作权，如硅藻土墙壁凹凸纹图案。此外，业内设立省生态环境材料院士工作站、省硅藻土产业公共技术研发中心，拥有 5 个省级企业技术中心、3 个硅藻土省级著名商标及 5 个省名牌。

三　吉林省硅藻土技术研发情况

根据吉林省科学技术厅的数据，2013~2023 年，吉林省科技发展计划项目围绕吉林省硅藻土资源特色优势，推动硅藻土产品关键技术研发及产业升级，支持硅藻土应用研究领域项目 52 项，财政资金投入 4943 万元。其中，科技成果转化及重大科技攻关项目 11 项，财政资金投入 3320 万元；重点研发等科技攻关、引导类项目 30 项，财政资金投入 1400 万元；创新创业大赛及创业资金项目、人才专项、专利转化推进新项目和基础研究共计支持 11 项，财政资金投入 223 万元。2013~2023 年吉林省硅藻土科技领域财政资金情况和科技项目情况如图 1 和图 2 所示。

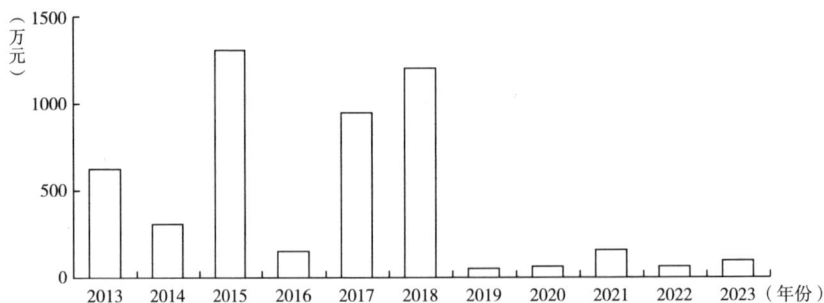

图 1　2013~2023 年吉林省硅藻土科技领域财政资金情况

数据来源：吉林省科学技术厅。

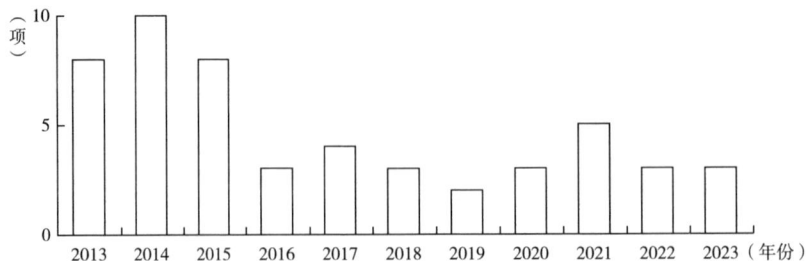

图 2　2013~2023 年吉林省硅藻土科技项目情况

数据来源：吉林省科学技术厅。

企业牵头承担项目 29 项，高校、科研院所共计牵头承担项目 23 项。支持了抚松县和平家具有限责任公司、临江市金豹木业有限公司、长白朝鲜族自治县峰洁硅藻土有限公司、长白朝鲜族自治县北疆硅藻土新材料科技有限公司、吉林省鸿亿矿业有限公司等 21 家企业，和中国科学院长春应用化学研究所、吉林建筑大学、临江市硅藻土研究所、东北电力大学等 11 所高校、科研院所，开展硅藻土建筑材料、环保材料、复合材料、污水处理、农药及农药残留处理、助滤剂催化剂以及硅藻土矿产初加工等领域的关键技术攻关和成果转化研究。2017 年支持临江市金豹木业有限公司开展"改性硅藻土复合装饰材料产业化生产"重大科技成果转化项目（原"双十工程"重大科技成果转化项目），提供财政资金 800 万元；2018 年支持抚松县和平家具有限责任公司的重大科技成果转化项目"硅藻土松针板材产业化"提供财政资金 1000 万元，支持白山地区企业开展产业化研究；2021 年支持了吉林省塑料研究院开展关于超细硅藻土制备车用塑料改性料气味吸附功能母料的相关技术研究工作。

总体看，2013～2014 年硅藻土作为新型环保材料，社会关注度、市场认可度、企业研发热情较高，相关技术研发需求迫切。吉林省科技厅支持项目数量较多，经费逐年增加，实施了一批重大科技攻关、重大科技成果转化和产业创新战略联盟项目。2015～2018 年，随着硅藻土产业链逐渐形成，产业发展日趋成熟，产品功能开发、升级成为企业研发的主要方向。吉林省科学技术厅支持项目重点由重大科技攻关向关键核心技术研发、产学研合作、知识产权保护、重大成果转化等类别延伸，经费支持力度达到顶峰。2019 年以后，硅藻土应用产品逐渐成熟，且市场关注热度减弱，企业研发需求和热情锐减，且研发内容聚焦在建筑材料、环保材料等领域，吉林省科学技术厅支持项目主要集中在社会发展领域产学研合作的重点研发和支持中小企业创新等方面。

综上，吉林省科技厅对于硅藻土研发的支持力度较大，且支持阶段符合产业和市场发展趋势。下一步，可结合吉林省硅藻土资源优势，着力推动产业升级、新型应用技术研发，引导企业开展矿产资源深加工及高附加值产品研发。

四 吉林省硅藻土用于汽车内饰件产业情况

硅藻土产品在助滤剂、保温材料建筑、造纸、填料、催化剂、土壤治理、硅藻泥、医药等众多领域均有应用，其中助滤剂是硅藻土最主要的用途和主流产品，助滤剂销量一般占藻土总销量的 65%；填料、磨料约占硅藻土总产量的 13%，吸附净化材料约占总产量的 16%，土壤改良及肥料约占总产量的 5%，其他占 1%。

以"硅藻土"为主题在中国知识产权局数据库中进行专利文献检索，得到专利数据 173723 件，对所有专利申请时间进行分析可以发现，2010年之后全球硅藻土专利申请数量明显走高，2017 年达到峰值，为 11117件，但 2018 年后出现较大幅度的下降，特别是 2019 年以后，专利数量出现断崖式下降，2023 年申请量仅为 3201 件，与 2009 年申请量基本持平，由此可见，全球硅藻土产业发展已出现技术瓶颈，其产业的发展高峰期已过，产业发展呈现下落趋势（见图 3）。

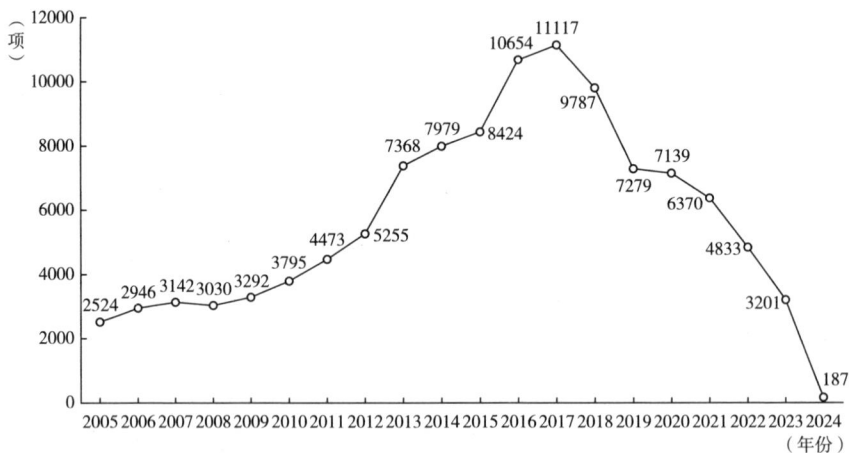

图 3 全球硅藻土专利申请趋势

资料来源：中国知识产权局数据库。

对中国专利申请情况进行分析可以发现，吉林省硅藻土专利申请量排在十名以外。截至 2024 年 1 月，专利申请数量较多的有安徽（9994 件）、江苏（9945 件）、广东（7505 件）、山东（7381 件）、北京（6685 件），吉林省排第 18 名，专利申请量为 1324 件，申请数量与资源不相符（见图 4）。

以硅藻土应用于汽车内饰件为例，进行期刊文献及知识产权检索分析，该领域相关专利数量为 226 件，其中，中国专利数量为 179 件，占比 79.2%。在中国专利中，安徽省申请专利 56 件，排名第 1；江苏申请专利 31 件，排名第 2；吉林省申请 4 件，排名第 9。由此可见，吉林省硅藻土产业在汽车内饰件领域并未形成产业集群，虽然硅藻土资源丰富，但主要为原材料开发、矿产深加工等。

分析中国现有的硅藻土应用于汽车内饰件相关专利情况可知，授权专利数量为 44 件，仅占总数的 19.2%，失效专利数为 121 件，占比达到 52.8%（见图 4）。由此可知，该领域知识产权申请情况不容乐观，该类产业发展并未形成规模。

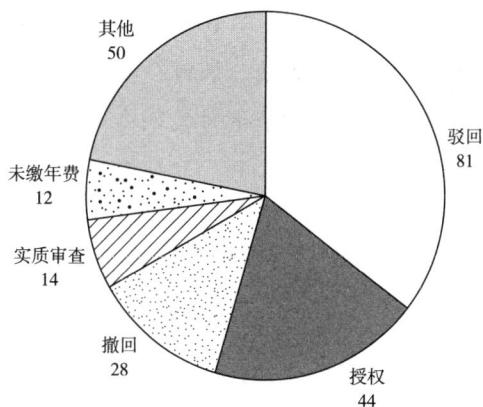

图 4　中国硅藻土应用于汽车内饰件材料专利情况

对 44 件授权专利进行详细分析可知，2000 年以来中国已有多家汽车配件企业开展了相关专利申请，提出根据硅藻土吸附、过滤、阻燃等特性，将硅藻土应用于汽车内饰件，具有代表性的企业及其专利如下。

芜湖众力部件有限公司 2012 年申请的专利将硅藻土作为添加剂融入汽

车内饰件聚丙烯材料中，以实现吸附异味、除菌等效果，还提出了将改性硅藻土添加至汽车内饰件表面复合机织面料的黏结剂中，使其具有黏结度高、耐温性好、复合效果平整、不易起泡等效果。

青岛文晟汽车零部件有限公司 2014 年申请了在汽车内饰件阻燃材料中添加硅藻土的发明专利，使汽车内饰件阻燃材料具有耐氧化性、抗腐蚀性，可应用于各种汽车内饰件。

滁州市光威化工有限公司 2014 年申请了添加硅藻土的汽车内饰件用热熔胶专利，该汽车内饰件用热熔胶具有黏结度高、开放时间长、耐温性好、防水性强等性能。

芜湖长鹏汽车零部件有限公司 2014 年申请了汽车内饰件聚丙烯材料及其制备方法的专利，提出在汽车内饰件聚丙烯材料中添加硅藻土，其制备的材料刚韧平衡，耐划痕性好、成本低并且综合性能优异，可广泛用于本色及其他颜色中高档汽车内外饰件。

苏州新区佳合塑胶有限公司 2015 年申请了汽车内饰件复合材料的专利，硅藻土可作为填充剂的一种。

南京聚隆科技股份有限公司 2015 年研发了一种低 VOC、低气味木纤维增强聚丙烯复合材料及其制备方法，该材料可以应用于汽车内饰件。

汽车配件企业的发明专利中共有 8 件发明专利进行了专利权转让，主要为企业间项目转让，申请人未见高校、科研院所，尚未发现产学研科技成果转化。专利申请量整体较少，产业创新及技术研发活跃度较低。综上，吉林省虽然是硅藻土资源大省，但产业布局多为低端原始资源利用，下游产业发展并不成熟，高科技、高附加值的深加工产业有待进一步发展，科技创新助力产业发展还有待加强。

Research on the Promotion of Jilin Province's Diatomite Industry Development through Technological Innovation

Liu Xiaoxi

Abstract：As a distinctive resource with significant advantages in Jilin Province, diatomite holds immense potential for industrial development. This paper elaborates on the distribution of diatomite resources and the resource advantages within the province. It provides an in-depth analysis of the critical applications of diatomite in strategic emerging industries, with a focus on Linjiang City, a major diatomite production area, for a market development analysis. By examining policy guidance, financial investments, and technological support, this study comprehensively discusses the current development status of Jilin Province's diatomite industry.

Key words：Diatomite；Jilin；Technological Innovation

第十一章　科技创新促进吉林省卫星应用产业发展研究

胡璐璐[*]

摘　要： 2023 年，吉林省政府工作报告明确提出在卫星应用端发力，加速布局以遥感、通信、导航应用为核心的卫星应用产业链，打造全球最大的商业遥感卫星星座系统。经过持续的努力和探索，中国民用遥感卫星星座系统的研制工作已初见成效，逐步构建起了涵盖气象、海洋、陆地资源以及科学试验等领域的遥感卫星星座体系，积累了一定的经验。但是，目前我国的遥感卫星技术水平和商业化程度仍有待提高。本文通过梳理国家和吉林省的相关政策、吉林省卫星应用产业链情况以及专利文献检索情况，提出吉林省卫星应用产业高质量发展相关建议。

关键词： 卫星应用产业；吉林省；卫星

一　引言

卫星应用产业是指基于空间基础设施，将应用卫星等空间资源环境广泛运用于国民经济、社会进步和科学研究等多个领域所衍生的各类技术、产品、服务及相关产业的总称。这包括了卫星应用地面设备的制造以及运营服务。一般来说，卫星应用根据不同的服务对象，可划分为军用和民用

---

* 胡璐璐，吉林省科学技术信息研究所助理研究员，研究方向为科技评估、科技管理。

两大领域。从技术及应用角度来看，卫星应用主要包括卫星通信、卫星导航和卫星遥感等。推动以卫星应用为代表的航天科技与新一代信息技术产业和高端制造业紧密融合，以创新驱动传统产业结构升级，是区域高质量发展的重要抓手。

吉林省在卫星应用产业上已具备技术和生产的基础条件，积累了一定的品牌影响力，但仍面临不少挑战，亟须对卫星应用产业发展进行研判分析。从已有文献来看，针对卫星应用产业，已有学者展开了一些研究。2016 年，栾恩杰等人分析了国内外卫星应用产业的总体情况、关键产品、产业链及产业环境。2020 年，张泽根等人描述了"十三五"期间我国卫星应用产业发展总体情况以及重点行业卫星应用情况，并对"十四五"时期卫星应用产业进行了展望。2022 年，方少亮等人运用专利分析方法分析了广东省卫星应用产业发展情况。2023 年，李铁骊和张政提到了全球卫星产业收入概况以及各领域收入情况。2016 年，祁首冰等人指出吉林省在推进卫星应用产业发展取得明显成效。2021 年，李卓键对加快发展吉林省商业遥感卫星产业的思路途径进行研究。综合以上信息，本文将通过梳理国家和吉林省的相关政策、吉林省卫星应用产业链情况，以及专利文献检索情况，提出吉林省卫星应用产业高质量发展相关建议。

二　国家和吉林省卫星应用产业政策分析

从国家层面来看，多部门相继出台了一系列政策文件和规划纲要，如表 1 所示，内容涉及卫星导航、卫星遥感等领域。早在 2007 年，国家就鼓励社会投资和企业参与卫星应用，2014 年，首次鼓励民间资本进入卫星产业。2023 年发布的《产业结构调整指导目录（2024 年本）》提到，鼓励航空航天产品发展，包括遥感卫星、通信卫星、导航卫星等。国家层面政策逐步推动完善新型测绘地理信息标准体系，加强卫星遥感技术在应急减灾、气象观测等方面的应用。

综合来看，鉴于卫星应用产业范围较为宽泛，国家没有出台专门针对卫星应用产出的发展规划，但是《"十四五"数字经济发展规划》《"十四五"信息通信行业发展规划》等都涉及卫星应用细分领域的内容。通过对相关政策的解读，国家层面卫星应用产业的发展目标是不断增强卫星应用服务能力，支撑经济社会发展。"十四五"时期，将继续完善空间基础设施建设，加强卫星数据产品与服务在多行业多领域深度应用，推动遥感、通信、导航应用产业化发展。

表 1　国家层面部分有关卫星应用产业的政策及重点内容

年份	政策名称	重点内容
2007	《关于促进卫星应用产业发展的若干意见》	鼓励社会投资和企业参与卫星应用
2014	《关于创新重点领域投融资机制鼓励社会投资的指导意见》	鼓励民间资本研制、发射和运营商业遥感卫星
2021	《"十四五"数字经济发展规划》	加快布局卫星通信网络等，推动卫星互联网建设
2021	《"十四五"信息通信行业发展规划》	加强卫星通信顶层设计和统筹布局，推动高轨卫星与中低轨卫星协调发展。鼓励卫星通信应用创新，促进北斗卫星导航系统在信息通信领域规模化应用，在航空、航海、公共安全和应急、交通能源等领域推广应用
2022	《国家民用卫星遥感数据国际合作管理暂行办法》	卫星遥感数据国际合作遵循平等互利、和平利用、包容发展的原则，明确责任主体，加强多方协同，促进国际应用推广，支持卫星遥感数据的开放与共享
2022	《扩大内需战略规划纲要（2022—2035 年）》	推进卫星及应用基础设施建设
2023	《产业结构调整指导目录（2024 年本）》	航空航天用燃气轮机制造，遥感卫星、通信卫星、导航卫星、运载火箭开发制造，先进卫星、运输火箭的单机、部组件、元器件等开发制造，以北斗为时空信息基准的高精度、高可信、低功耗、多源融合的定位导航授时产品开发制造

从吉林省层面来看，省委、省政府高度重视卫星及应用产业发展，先后出台了多项政策，如表 2 所示。2023 年吉林省政府工作报告明确提出加

速布局以卫星遥感、通信、导航应用为核心的卫星应用产业链，打造全球最大的商业遥感卫星星座系统。

表 2 吉林省政府部分有关卫星应用产业的政策及重点内容

年份	发布机关	文件政策	重点内容
2015	吉林省政府办公厅	《吉林省卫星及航天信息产业发展规划（2015—2025年）》	打造卫星遥感和航天信息集成应用两大产业链，构建形成以航天信息产业园、地理信息科技产业园两大产业园为依托的航天信息产业体系
2021	吉林省政府办公厅	《吉林省战略性新兴产业发展"十四五"规划》	推进"吉林一号"卫星星座建设；构建从卫星研制、火箭发射、网络运营到数据开发的全产业链
2023	吉林省政府	吉林省政府工作报告（第十四届人民代表大会第一次会议）	发挥"吉林一号"卫星系统优势，加速布局以卫星遥感、通信、导航应用为核心的卫星应用产业链，打造全球最大的商业遥感卫星星座系统
2023	吉林省政务服务和数字化建设管理局	《吉林省大数据产业发展指导意见》	到2025年，建成具备全球服务能力的卫星遥感基础设施；推广卫星遥感数据在农村土地资源调查、土地利用现状调查、农林病虫害、农作物长势的监测与估产、森林资源的清查和环境监测等方面的应用

在推进吉林省卫星遥感应用高效发展方面，吉林省政府做出了诸多努力。2011年，吉林省成立星载一体化小卫星项目推进工作组，2014年更名为吉林省遥感卫星及应用产业发展推进组，统筹推进卫星遥感应用，2016年成立吉林航天信息产业创新联盟，推进"吉林一号"卫星信息应用产业化。2023年启动建设长光卫星航天信息产业园二期项目，打造海量数据存储、应用基地。

卫星应用产业作为国家战略性新兴产业，无论是国家还是吉林省，都非常重视卫星应用产业的发展。随着卫星技术在多个行业中的应用持续深化和卫星技术的日益成熟，为满足不同行业用户的多样化需求，卫星应用已与其他行业实现了深度的交叉融合。这一趋势推动了卫星应用产业规模的不断扩大，产业结构持续优化，产业影响力显著增强。卫星应用产业已成为推动国民经济高速增长的重要力量。

三 吉林省卫星应用产业链分析

2022年全球卫星应用产业市场规模达到2808亿美元，其中地面设备制造市场规模占比持续提升，卫星服务相关产业市场规模占比下降。2022年我国卫星应用产业市场规模达到5931亿元，同比增长7.3%。

截至2023年6月，依托"星载一体化""机载一体化"等核心关键技术，长光卫星技术股份有限公司（以下简称"长光卫星"）已经构建了集卫星研发制造、运营管理以及遥感信息服务于一体的产业链。该产业链有效促进了机械制造、光学制造、光电传感技术以及遥感信息技术等领域的近700余家企业快速成长。

从行业层面来看，卫星应用产业链上游主要涉及卫星制造、卫星发射及地面基础设施；中游涉及卫星应用及运营，包括卫星数据接收处理、民用遥感系统设计与开发服务等；下游涉及多领域卫星数据创新应用。

如图1所示，吉林省卫星应用产业链以长光卫星"吉林一号"卫星项目为牵引，上游有长光宇航、长光辰芯等为代表的200余家企业为"吉林一号"卫星配套生产关键核心部件；中游通过航天信息产业园的建设，聚集上下游相关企业，基于创客平台，逐步形成卫星研制生产、遥感数据加工、卫星应用的产业集群；下游则由政府、高校、科研院所、企业等近百家单位进行遥感信息开发，将卫星数据与农业、水利、环保、应急等14个领域融合，拓展了150余项应用服务场景。吉林省卫星应用产业还需从卫星遥感数据运营管理、创新数据产品开发应用等方面发力，逐步完善"吉林一号"卫星数据商业化运营模式，推动吉林省卫星应用产业向更深层次和更广领域拓展。

在构建特色应用场景方面，倡导卫星应用与各行业深度融合，从最迫切需要解决的问题出发，在卫星技术和数据基础上，结合物联网、人工智能等新兴技术，积极探索"卫星＋"模式在智慧农业、智慧能源、智慧物流、智慧交通、智慧应急、智慧城市等领域的应用。

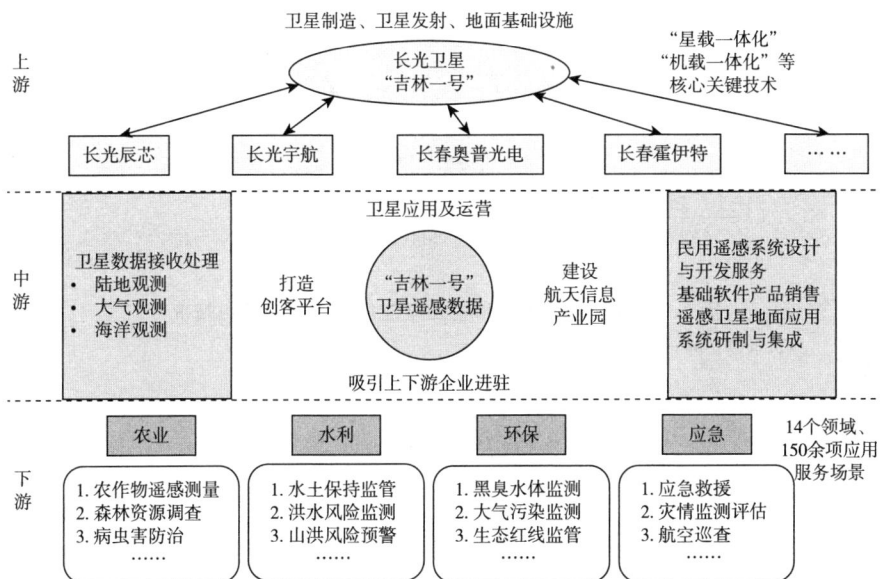

图 1　吉林省卫星应用产业链

四　基于专利的吉林省卫星应用产业发展分析

卫星应用产业范围较广，主要涉及卫星遥感、卫星导航、卫星通信三大领域，按照检索范围从大到小的思路进行限制。基于 incoPat 专利数据库，选取 2000~2022 年吉林省申请的卫星应用技术相关专利，进行专利检索，合并专利族后得到 1477 条数据。

2006~2022 年吉林省卫星应用技术专利数量如图 2 所示，总体呈现上升趋势。需要注意的是，2005 年，吉林省才开始申请卫星应用技术专利。从图 3 吉林省卫星应用技术专利数量排名前十的专利申请人情况来看，排名靠前的有中国科学院长春光学精密机械与物理研究所、长光卫星技术股份有限公司、吉林大学。

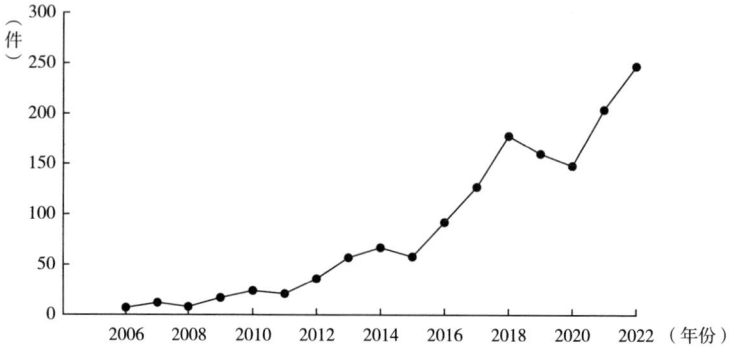

图 2　2006~2022 年吉林省卫星应用技术专利数量情况
数据来源：incoPat 专利数据库。

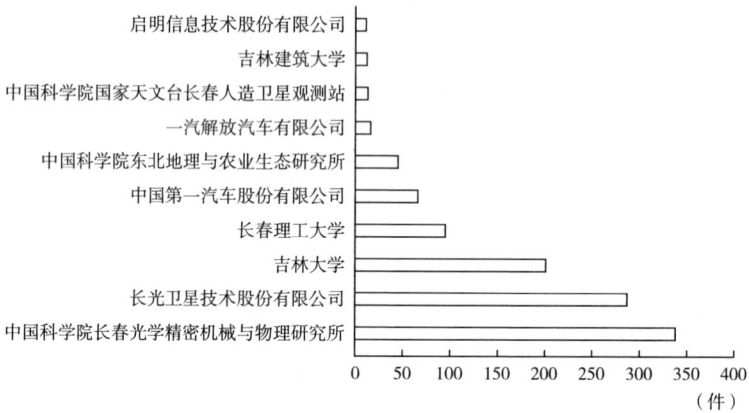

图 3　吉林省卫星应用技术专利数量排名前十专利申请人情况
数据来源：incoPat 专利数据库。

通过统计吉林省卫星应用技术专利 IPC 主分类号，绘制了技术领域雷达分布图，如图 4 所示。吉林省数量较多的技术专利分类分别为 G01（测量；测试）测量装置系统，G06（计算；推算或计数）卫星数据收集、遥感图像处理，H04（电通信技术）卫星网络、卫星传输、资源管理，B64（飞行器；航空；宇宙航行）整星设计和 G02（光学）光学系统、光学相机。

经过聚类后，吉林省卫星应用技术 3D 专利沙盘如图 5 所示。可以看出

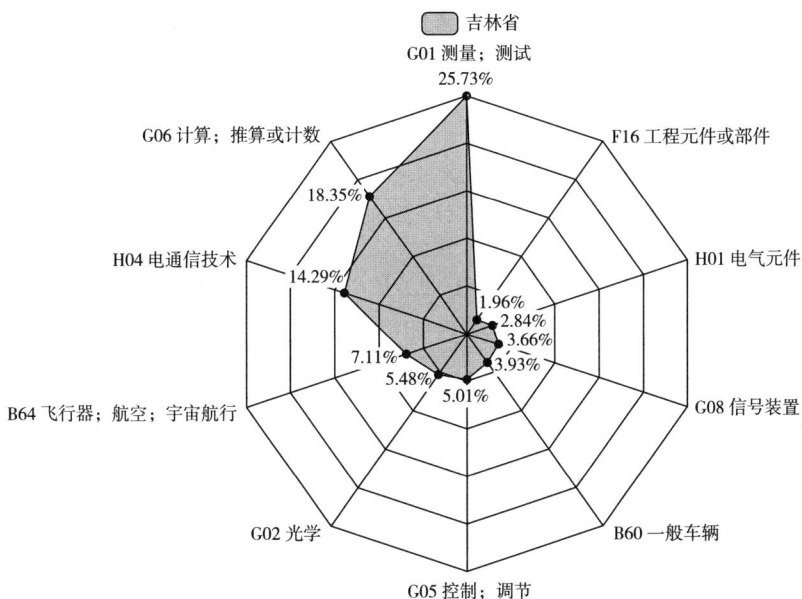

图 4 吉林省卫星应用主要技术领域雷达分布

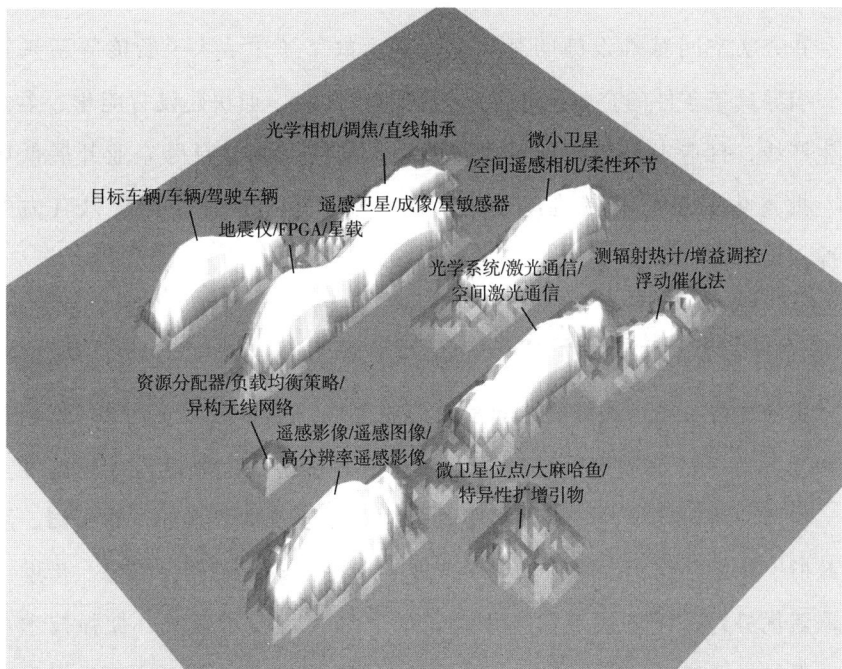

图 5 吉林省卫星应用技术 3D 专利沙盘

吉林省申请的卫星应用技术主要聚焦于地震仪/FPGA/星载、遥感影像/遥感图像/高分辨率遥感影像、目标车辆/车辆/驾驶车辆、遥感卫星/成像/星敏感器、微小卫星/空间遥感相机/柔性环节、光学系统/激光通信/空间激光通信、光学相机/调焦/直线轴承等。

五　吉林省卫星应用产业发展的建议

吉林省卫星应用技术专利数量较少，但呈现增长趋势，发展空间较大。吉林省卫星应用技术专利申请人较为集中，优势领域包括卫星应用测量装置系统，卫星数据收集、遥感图像处理，卫星网络，卫星传输以及整星设计等。本文梳理了国家和吉林省的相关政策、吉林省卫星应用产业链以及专利文献检索情况，对吉林省卫星应用产业发展提出如下建议。

（一）提升产业发展能级

在夯实空间基础设施的基础上，基于数字孪生、人工智能等新兴技术，引导具备条件的企业推进生产线智能化升级，加快建设智能化、柔性化生产线，打造卫星装备制造生产基地，支持长光卫星等企业开展低成本、批量化卫星研发制造，为"吉林一号"卫星加快组网提供有力的支撑。

（二）完善卫星应用产业发展生态

引导优势资源、关键要素向重点产业聚集，逐步推动产业链与创新要素深度融合。广泛吸引、挖掘、培养青年科技创新应用型人才，提供宽松、优厚的科研环境，多措并举用心留才。加强资本要素的供给保障，发挥政府引领激励作用，为卫星应用产业发展提供政策和资金保障。借助产业联盟优势，持续开展卫星应用理论研究和关键技术攻关，加强技术交流，促进行业互动发展与合作。通过高效整合各类要素资源，打造卫星应用产业生态新高地。

（三）卫星遥感数据助力智慧城市建设

持续推进吉林省各行业进一步使用卫星遥感数据，提升吉林省在农业、水利、环保、应急等领域卫星遥感数据统筹应用管理水平。鼓励开发卫星遥感数据产品和技术，基于大范围、高分辨率和多时相的地表观测数据，结合人工智能技术自动分析和处理城市环境、交通流量等信息，全面了解城市发展情况、资源利用情况以及环境变化趋势等关键信息，结合卫星导航、车联网技术，实现车辆行驶轨迹的实时监控和调度，助推智慧城市建设发展。

（四）创新"吉林一号"卫星应用场景

2024 年初，长光卫星参与了基于卫星遥感技术开展大规模产业监测的应用研究项目，与有关单位联合发布了 2023 年"全国新能源汽车产业生态活跃度评价"。"卫星+"也可以应用于人文社科领域的研究，如采用卫星遥感数据分析文化遗产保护中的伦理问题等，未来可以进一步拓宽"吉林一号"卫星遥感数据应用空间，与战略性新兴产业和旅游、交通、养老等产业融合，赋能产业发展。

随着大数据、云计算、物联网等高新技术发展，空间信息技术正在加速变革，"互联网+卫星应用"孕育发展，有望成为新的区域经济增长点，推动传统产业升级。这不仅对我国航天产业产生了显著影响，同时也为吉林省的经济振兴注入了强大的活力。

参考文献

［1］栾恩杰、王崑声、袁建华等：《我国卫星及应用产业发展研究》，《中国工程科学》2016 年第 4 期。

［2］张泽根、张拯宁、李媛等：《面向"十四五"的卫星综合应用产业发展研究》，《卫星应用》2020 年第 9 期。

［3］方少亮、陈钰莹、周俊杰等：《基于专利的广东省卫星应用产业发展分析及建议》，《科技管理研究》2022 年第 22 期。

［4］李铁骊、张政：《2023 年〈卫星产业状况报告〉发布》，《卫星应用》2023 年第 8 期。

［5］祁首冰、张琳琳、黄庆红等：《吉林着力打造"卫星+"产业省》，《卫星应用》2016 年第 10 期。

［6］李卓键：《关于加快发展吉林省商业遥感卫星产业的研究分析与思路途径》，《现代交际》2017 年第 16 期。

Scientific and Technological Innovation Promotes the Development of Satellite Application Industry in Jilin Province

Hu Lulu

Abstract：In 2023, the Jilin Provincial Government's Work Report clearly proposed to exert effort in the field of satellite applications, to accelerate the layout of a satellite application industry chain centered on satellite remote sensing, communication, and navigation applications, and to create the world's largest commercial remote sensing satellite constellation system. Although China's civil remote sensing satellite system development has achieved some results in recent years, gradually forming remote sensing satellite systems for meteorology, oceans, land resources, and scientific experiments, and has a certain application foundation, the technical level of remote sensing satellites and the degree of commercialization are still relatively low. By combing through relevant policies from the national and Jilin Provincial levels, the distribution map of the upstream, midstream, and downstream of the Jilin Province satellite application industry chain, as well as the search status of patent literature, we have put forward suggestions for the high-quality development of the satellite application industry in Jilin Province.

Key words：Satellite Application；Jilin Province；Industrial Chain

第十二章 基于专利导航的吉林省5G无线通信技术产业发展研究

王戴尊[*]

摘 要：5G技术蓬勃发展，已广泛应用于各个领域。吉林省积极响应国家号召，积极推动5G产业快速发展，而专利在技术发展和产业升级中起到了重要的推动作用。本文利用incoPat专利数据库的数据，分析了吉林省5G无线通信技术专利情况、申请趋势、专利申请人、技术类别及应用领域等，5G无线通信技术的发展战略选择，提出对策建议，以期提升吉林省5G技术创新能力，促进吉林省产业升级转型，助力吉林省高质量发展。

关键词：5G；吉林省；无线通信技术

一 吉林省5G无线通信技术产业发展概况

"十三五"期间，吉林省面对错综复杂的发展环境，积极推进通信行业转型发展，行业综合实力持续提升。随着5G等技术的发展与演进，吉林省5G无线通信技术产业获得了更大的发展空间，为吉林省产业转型提供了重要支撑，为建设数字吉林提供了持续的动力。

---

* 王戴尊，吉林省科学技术信息研究所副研究员，研究方向为产业情报。

为推进 5G 无线通信技术产业发展，2023 年吉林省出台了《加快推进吉林省数字经济高质量发展实施方案（2023—2025 年）》，提出强化数字技术创新驱动力、筑牢数字基础设施建设工程、抢抓新一代信息技术新赛道、提升数字化治理水平、强化重点领域数字化转型发展、打造数字经济发展特色区域。

2022 年，吉林省建成 5G 基站 13042 个，累计建成 5G 基站 34092 个，并推进社会公共资源向 5G 基站建设开放，推动社会塔杆与通信塔杆资源共享。截至 2022 年 7 月，共建共享 5G 基站超 7000 个，各市州城区 5G 网络覆盖率达 90% 以上。

5G 无线通信技术已经在吉林省各个领域广泛应用，助力制造、农业、医疗、文旅等传统产业转型升级。多个 5G 联合创新实验室落地吉林，将围绕智能网联汽车、智慧医疗、新媒体传播等领域开展 5G 创新应用实践。5G 无线通信技术被应用于吉林冰雪节、春晚长春分会场、东北亚博览会、长春市国际马拉松赛事等省内重大活动。

二　吉林省 5G 无线通信技术专利演化态势分析

本部分对 incoPat 专利数据库中收录的 5G 无线通信技术专利进行统计分析，分别从申请时间、IPC（International Patent Classification）分类等方面深入分析我国 5G 无线通信技术专利产出情况、重点技术领域、应用领域及主要竞争对手等。检索时间是 2024 年 4 月 12 日。从专利申请到专利公开有 3~18 个月的滞后期，实用新型专利和外观设计专利在申请后 1~15 个月公开，因此大量专利还处于未公开状态，2022 年和 2023 年数据仅供参考。

（一）我国 5G 无线通信技术研发现状

1. 专利数量领跑全球

5G 技术已经成为全球研究热点。各国都在积极制定 5G 发展战略规划，大力推进 5G 相关技术研发。通过检索 incoPat 专利数据库，全球共申请 5G 无线通信技术专利 86715 件，其中中国申请 33803 件。比较 2013～2024 年全球和中国 5G 无线通信技术专利申请数量（见图 1），可以看出中国在 5G 无线通信技术领域的总体发展趋势与全球基本一致。2013 年，由于世界各个国家和地区相继启动一系列 5G 发展规划和政策，各个国家在 5G 技术领域积极抢占市场先机，提升竞争优势。2020 年，我国 5G 无线通信技术领域专利申请数量达到峰值，技术研发达到高峰，之后呈下降趋势。

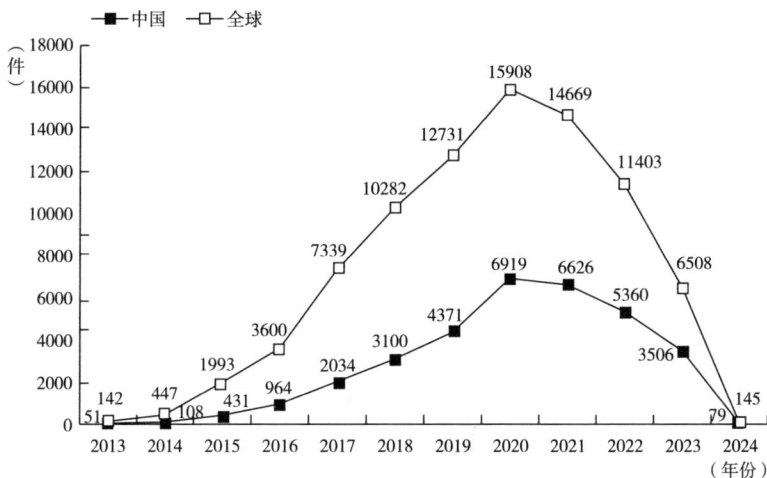

图 1　2013～2024 年全球和中国 5G 无线通信技术专利申请数量
资料来源：incoPat 专利数据库。

2. 技术水平逐渐领先

在技术水平方面，我国 5G 无线通信技术的研发紧跟国际步伐。当前中国 5G 无线通信技术实力较强，已经处于全球第一梯队。由于各国对 5G 技术关注和研究的方向不同，所涉及的技术类别也有所不同，但从技术专利类别看，主要集中在数字信息传输、无线通信网络和数据存储等方面，从表 1 中国 5G 无线通信技术主要方向可以看出，我国技术专利的 IPC 类别主要集中在无线通信网络和数字信息传输，具体分类号为 H04W（无线通信网络）、H04L（数字信息传输）和 H04B（传输），这些方向引领中国 5G 无线通信技术发展。

表 1 中国 5G 无线通信技术主要方向

单位：件

IPC 分类号（小类）	简要含义	专利数量
H04W	无线通信网络	21556
H04L	数字信息传输	12547
H04B	传输	4577
H04N	图像通信	4535
G06F	电数字数据处理	1833
H04Q	选择	1730
G08B	信号装置或呼叫装置；指令发信装置；报警装置	1534
G06Q	信息和通信技术；系统或方法	1369
G08C	传输系统	976
H04M	电话通信	931

资料来源：incoPat 专利数据库。

3. 专利布局有待完善

各国都在积极推进 5G 无线通信技术研发，尤其是美国、日本、韩国等。虽然我国 5G 无线通信技术发展与全球同步，但专利布局有待完善。从图 2 可以看到，韩国、美国比较注重在华专利申请，主要表现为三星、高通和苹果这三家公司在我国申请的专利数量比较多，尤其是三星，专利数量排在第一位。这些公司不仅注重技术研发，还很重视在其他国家的专利布局，通过申请专利对技术进行保护，抢占市场先机。华为、中国联通、中国移动、中国电信和中兴通讯虽然在中国具有较强的技术优势和核心竞争力，并占有一定的市场，但是放眼全球，这几家企业的竞争力仍需加强，与国际上的知名企业还有一定的差距，在全球范围的专利布局有待进一步完善。

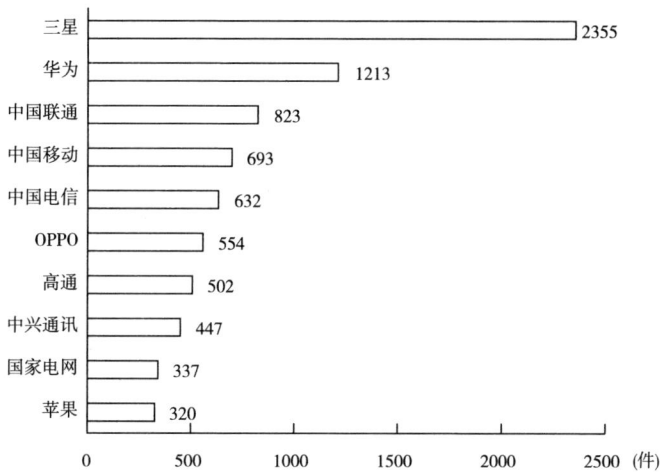

图 2　中国 5G 无线通信技术领域主要竞争对手专利数量情况
资料来源：incoPat 专利数据库。

（二）吉林省 5G 无线通信技术研发现状

1. 专利申请趋势分析

从 incoPat 专利数据库中收录的全国 5G 无线通信技术专利各省分布情况来看，广东、北京、江苏、上海、浙江专利数量位居全国前五，吉林省共申请 5G 无线通信技术专利 131 件，与发达省份相比存在差距，处于全国中下游。

图 3 是 2013~2024 年吉林省 5G 无线通信技术专利申请数量，吉林省从 2016 年才开始申请专利；2018 年开始专利数量呈快速增长趋势，到 2020 年和 2021 年专利申请数量均为 29 件，达到峰值，表明吉林省 5G 无线通信技术逐渐成熟；之后呈下降趋势，技术发展逐渐进入稳定状态。

2. 技术趋势分析

图 4 展示的是吉林省 5G 无线通信技术专利聚类①情况。通过聚类分析可以看出吉林省 5G 无线通信技术专利类别主要集中在 H04W（无线通信

---

① 聚类分析主要是提取专利标题、摘要和权利要求中的关键词，根据语义相关度聚成不同类别的主题，从而进行个性化的技术类别分析。

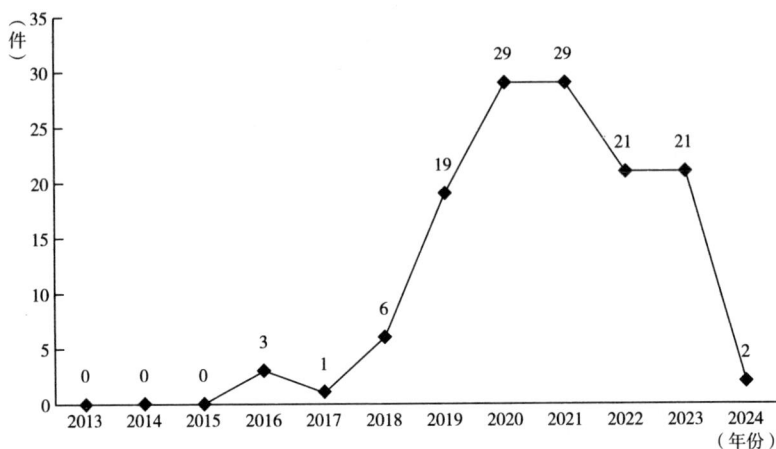

图 3　2013~2014 年吉林省 5G 无线通信技术专利申请数量

资料来源：incoPat 专利数据库。

网络）、H04L（数字信息传输）和 H04N（图像通信）。从技术聚类看，吉林省 5G 无线通信技术专利以警戒系统聚类为主，主要包括基于 5G 技术的监护检测系统、网巡检测系统和控制系统；其次为车联网技术聚类，主要涉及车载网关、数据传输等技术。

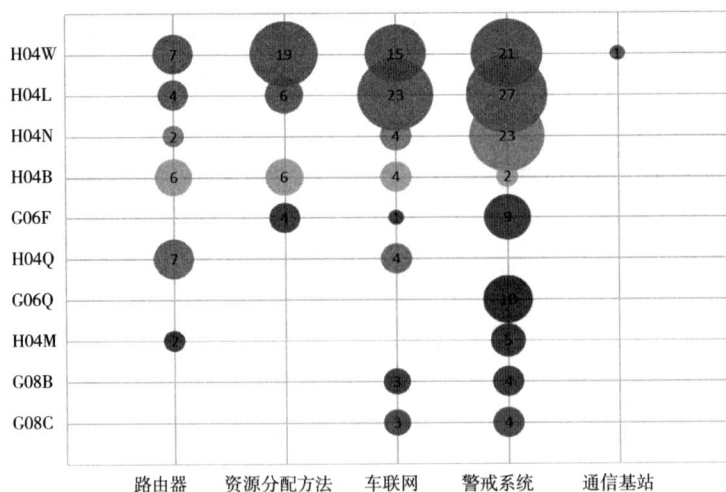

图 4　吉林省 5G 无线通信技术专利聚类

资料来源：incoPat 专利数据库。

　　为了宏观了解 5G 无线通信技术专利的应用价值，对吉林省 5G 无线通信技术的价值分布进行分析，价值度最高为 9，价值度比较高的技术功效主要有安全提高、便利性提高和实时性提高等（见图 5），这符合吉林省 5G 无线通信技术专利聚类以警戒系统聚类为主的特点，体现了吉林省主要研发方向。

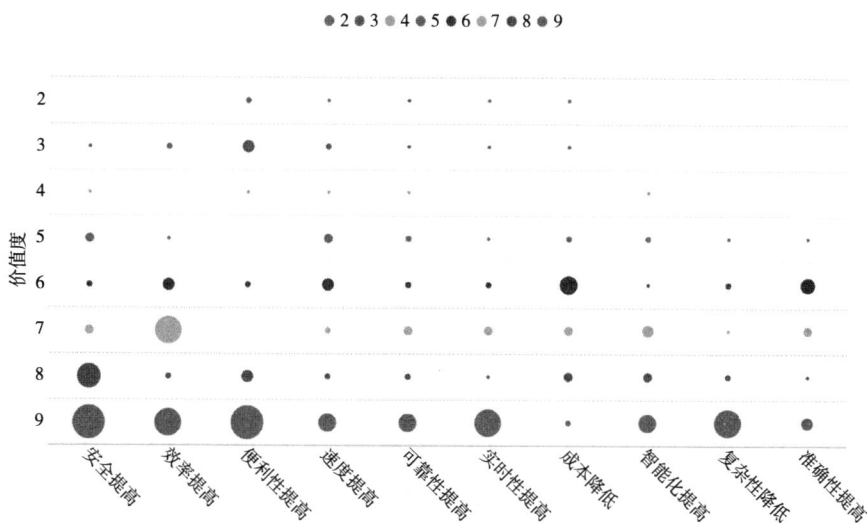

图 5　吉林省 5G 无线通信技术专利应用价值

资料来源：incoPat 专利数据库。

3. 专利申请人

　　从图 6 吉林省 5G 无线通信技术领域主要申请人来看，吉林省的高校是 5G 无线通信技术专利申请的领头羊。吉林大学申请专利最多，共 33 件，其次是吉林吉大通信设计院股份有限公司，申请专利 13 件，再次是中国第一汽车集团有限公司，申请专利 12 件。排在前 15 位的申请人中，有 6 家是高校、科研院所，其余均为企业。

　　从申请专利的技术方向看，吉林大学比较侧重基础研究，包括系统开发、传输等；吉林吉大通信设计院股份有限公司研发的技术类别主要为无线电天线、数字信息传输和无线通信网络；中国第一汽车集团有限公司研发的技术类别为车联网、车载存储；国网吉林省电力有限公司侧重网络安防监护等技术研发。吉林省5G无线通信技术专利申请人为独立申请人，高校、科研院所与企业之间缺少合作。

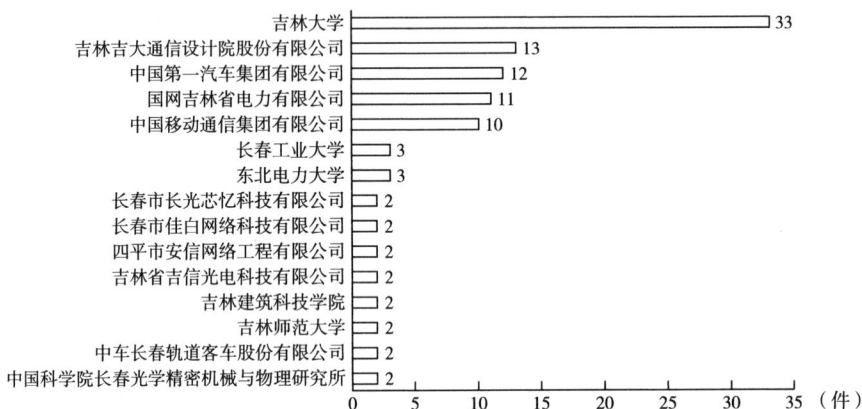

图6 吉林省5G无线通信技术主要专利申请人及专利申请数量
资料来源：incoPat专利数据库。

三 基于专利导航的吉林省5G无线通信技术的发展战略选择

在5G无线通信技术领域，各企业竞争，实际上是各企业专利技术的较量，谁拥有高质量的技术专利，谁就在该领域内具备话语权。对从incoPat专利数据库提取的吉林省5G无线通信技术专利数据进行分析，有助于明确吉林省5G无线通信技术领域未来的研发路径。从图7可以看出，吉林省5G无线通信技术以信息通信为主，此外还涉及测量实验、交通运输、医药医疗和土木建筑；从综合技术功效来看，主要用于安全提高和效率提高。

综上所述，未来吉林省在5G无线通信技术领域应以核心技术研发为主、分支技术为辅，形成辐射圈，增强自主创新能力，提升自身核心竞争力。首先，加强自身优势技术，完善专利布局，尤其是在国外专利申请方面，重视在国外市场申请专利，布局核心专利；其次，将专利技术逐渐与市场需求相融合，加快技术成果转化；再次，畅通高校、科研院所与企业合作研发的通道，建立共享平台，提升专利质量，挖掘科研潜力，通过产

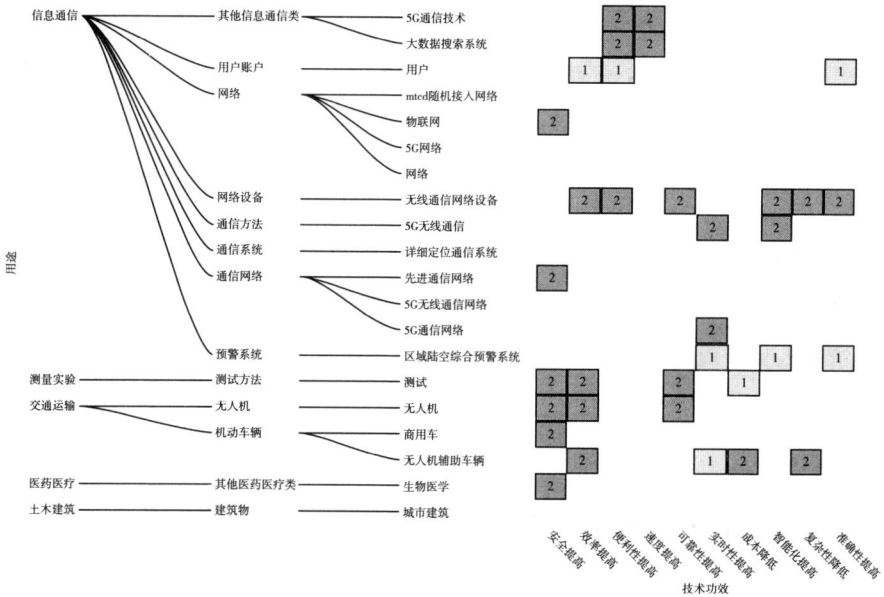

图 7 吉林省 5G 无线通信技术布局

学研合作加快科技成果转化，帮助企业提高创新能力；最后，扩大技术研发范围，进一步壮大 5G 无线通信技术产业整体规模，提升国际竞争力。

四 吉林省 5G 无线通信技术产业发展建议

（一）增强自主创新能力

自主创新能力是形成企业核心竞争力的关键，专利数量能够体现企业技术研发能力。未来，吉林省应持续加大对 5G 无线通信技术研发的投入，促进产业自主创新，攻关重点技术，突破前沿技术，加强知识产权保护，抢占市场先机，提高吉林省 5G 无线通信技术产业核心竞争力。加强吉林省 5G 无线通信技术专利申请、技术研发和市场需求之间的契合度，提高专利质量，形成严密高效的专利保护网。建立专利开放共享机制，让科研人员通过专利平台了解 5G 无线通信技术发展趋势，协助研究人员解决技术研发过程中遇到的各种困难，激发科研人员自主创新能力，提升吉林省

5G 通信产业整体竞争力。

（二）提升研发人员信息获取能力

产业的发展离不开人才，而高端人才是人才群体的引领者、科技创新的推动者、经济发展的生力军。高端人才决定了技术研发水平。吉林省应激发科研人员的创新热情，培养更多高端科技创新人才，注重 5G 无线通信技术研发人员和技术情报人员的培养，提升研发人员信息获取能力。引进情报人员，提升对 5G 无线通信技术信息获取的能力，持续关注 5G 无线通信技术发展动态，掌握国内外前沿技术，积极吸纳其他国家的核心技术，取长补短。

（三）加强技术合作

吉林省应加强产学研合作，形成产学研一体化的创新体系，结合 5G 无线通信技术产业的特点，完善协同机制，挖掘企业人员的潜能，充分利用专利技术，提高科技成果市场化水平，实现企业与高校院所互惠互利。吸收其他机构的优势技术，优化吉林省在 5G 无线通信技术领域的专利布局，提高竞争力。

（四）制定发展战略规划

为了更好地推动吉林省 5G 无线通信技术产业发展，应加强与完善吉林省 5G 无线通信技术产业战略布局与科技力量部署。结合 5G 无线通信技术产业的竞争态势以及吉林省自身实力，制定符合吉林省的知识产权战略，推进技术专利化、专利标准化落地，提升吉林省 5G 无线通信技术国际竞争力。同时，加强对市场的分析和把握，制定合理的技术与市场发展战略，提高吉林省在 5G 无线通信技术领域的综合竞争力。

参考文献

［1］苑朋彬、佟贺丰、赵蕴华等：《全球 5G 技术专利市场研究》，《全球科技经济

瞭望》2019 年第 2 期。

［2］肖翔、赵辉：《基于专利计量的 5G 通信企业竞争态势分析》,《电信工程技术与标准化》2017 年第 10 期。

［3］朱会：《专利引证视角下 5G 技术演化路径分析》, 博士学位论文, 安徽财经大学, 2021。

Research on the industrial development of 5G wireless communication technology in Jilin Province based on patented navigation

Wang Daizun

Abstract：With the vigorous development of 5G technology, it is now widely used in various fields. In recent years, Jilin Province has actively responded to the national call, actively promoted the rapid development of the 5G industry, and patents have played an important role in promoting technology development and industrial upgrading。This paper is based on the incoPat shared patent database, by analyzing the overall patent situation, application trend, main competitors, technology categories and application fields in the field of 5G wireless communication technology at home and abroad and in Jilin Province, layout the development strategy of 5G wireless communication technology industry in Jilin Province from the perspective of patents, Thus, we can put forward the countermeasures and suggestions, enhance the technological innovation capacity of 5G industry in Jilin Province, promote industrial upgrading and transformation in Jilin Province, help the high-quality development of Jilin Province.

Key words：5G；Jilin Province；Wireless Communication Technology Development

第十三章 长春市科技促进生物医药行业发展研究

——以疫苗产业为例

庞嵌文 扈书睿 黄嘉俊[*]

摘 要：随着生物医药行业的快速发展，生物药企业经营能力和服务水平不断提高，生物药产品日益丰富，产品管线不断扩展。目前，生物药产品主要包括抗体药物、细胞治疗药物、重组蛋白、血液制品和疫苗五种。其中，疫苗关系公共安全与生命健康。近年来，世界各国加强了对生物安全治理与疫苗产业的战略支持。本文对全球和中国的疫苗产业以及市场前景进行简要分析，同时结合长春市重要疫苗企业的研发投入情况来探究长春市疫苗产业发展现状和未来发展前景。

关键词：生物药；疫苗市场；生物安全

"十三五"时期，国家将生物医药行业作为国民经济的支柱产业大力发展。《中华人民共和国国民经济和社会发展第十四个五年规划和2035年远景目标纲要》提出强化国家战略科技力量，包含生物医药行业的基因和生物技术。当前，我国大部分省份都把生物医药行业作为未来经济发展的支柱产业，颁布实施了各类措施推动生物医药发展（见表1）。

---

* 庞嵌文，长春市科技信息研究所研究实习员，研究方向为区域创新；扈书睿，长春市科技信息研究所研究实习员，研究方向为区域创新；黄嘉俊，长春市科技信息研究所研究实习员，研究方向为区域创新。

表1 我国生物医药各类政策措施实施地区

政策措施类型	地区
龙头企业招商引资政策措施	北京市、上海市、云南省、成都市、苏州市
重点产业化项目招商引资政策措施	北京市大兴区、上海自贸区临港新片区、广州市、苏州市、成都市
公共服务平台招商引资政策措施	北京市大兴区、苏州市、广州市、武汉市东湖新技术开发区、成都市
采用招商中介进行招商引资政策措施	北京市大兴区、广州、武汉市东湖新技术开发区、云南省、贵州省、浙江省宁波保税区

一 全球五大生物药产品格局

全球生物药市场产品格局已经形成并基本稳定，生物药产品主要包括抗体药物、细胞治疗药物、重组蛋白、血液制品和疫苗。这五类产品占生物药总体市场规模的90%。其中，在抗体药物领域，近年来重磅产品全球销量持续增长，市场规模占比最高；血液制品由于市场较为成熟，近年来保持较高的市场占有率，市场规模占比达到了11%；而在疫苗领域，2022年市场规模占生物药总体市场规模的11%，并在2023年实现高速增长。

从当前生物药各领域技术成熟度与市场价值来看，抗体药物、重组蛋白、血液制品较为成熟，存量市场规模占比和产品竞争格局较为稳定。疫苗技术也较为成熟，预计未来几年，具有较强的HPV疫苗、十三价肺炎疫苗、流脑疫苗等大品种疫苗生产能力的企业将有机会进一步提高竞争力。

二 全球及中国疫苗产业分析

全球及中国疫苗在研管线数量丰富，获批上市数量稳步提升。根据公开信息显示，截至2020年末，全球已批准上市的预防性疫苗品种达75个。2021年，我国疫苗临床试验品种为89个，同比增长147.2%。其中，处于临床 I 期和临床 II 期的疫苗品种占比 24.7% 和 23.6%，处于临床 III 期的疫苗品种最多，有 32 个，占比 36.0%，剩余疫苗品种处于临床 IV 期。疫苗研发在品种选择上难度较高，但单个品种的销售额及销售时间均长于一般药品，故某个疫苗品种一旦获批，对整个产业链的带动作用高于一般药品，对生产设备及耗材的带动作用也非常明显。

我国疫苗行业起步相对较晚，疫苗的发展路径和品种跟随国际步伐，技术从第一代发展至第三代，重磅品种日益增多。随着我国对疫苗尤其是创新型疫苗的支持政策不断出台，政府政策、创新技术与接种需求有望形成共振，我国疫苗行业正迎来黄金发展期。

中国疫苗追赶速度快，研发生产能力已进入世界前列。在技术路线上，中国灭活疫苗、重组蛋白疫苗、腺病毒载体疫苗、核酸疫苗技术路线均处于前列。中国在 20 世纪 50 年代才建立生物制品研究所，目前疫苗自主研发能力处于世界前列。2012 年，全球首个戊型肝炎疫苗在中国上市；2019 年，中国自主研发了全球第四款 HPV 疫苗。

三　长春疫苗产业重要企业研发投入分析

（一）百克生物：创新型生物疫苗企业，持续加大研发投入

长春百克生物科技股份公司（以下简称"百克生物"）作为致力于传染病防治的创新型生物疫苗企业，自设立以来主要从事人用疫苗的研发、生产和销售。百克生物目前拥有水痘减毒活疫苗、人用狂犬病疫苗（Vero 细胞）以及冻干鼻喷流感减毒活疫苗三种已获批的疫苗产品（见表 2）。目前持续加大研发投入，带状疱疹减毒活疫苗已批准上市、鼻喷流感疫苗（液体制剂）获得临床批件并启动临床研究、无细胞百白破（三组分）联合疫苗启动临床研究，同时加速推进全人源抗狂犬病病毒单克隆抗体等重点在研项目研发进展。

表 2 百克生物主要产品

产品名称	产品分类	疫苗类型	规格	产品对象及用途
水痘减毒活疫苗	非免疫规划疫苗	减毒活疫苗	西林瓶（冻干剂型）	适用于12月龄以上的健康水痘易感者。接种后可刺激机体产生抗水痘-带状疱疹病毒的免疫力，从而预防水痘
			预充罐装（冻干剂型）	
人用狂犬病疫苗（Vero细胞）	非免疫规划疫苗	灭活疫苗	西林瓶（液体剂型）	适用于被狂犬或其他疯动物咬伤、抓伤后，依暴露后免疫程序注射疫苗；有接触狂犬病病毒的危险人员，依暴露前免疫程序预防接种。接种后可刺激机体产生抗狂犬病病毒免疫力
冻干鼻喷流感减毒活疫苗	非免疫规划疫苗	减毒活疫苗	西林瓶（冻干剂型）	适用于3~17岁人群。接种后可刺激机体产生抗流感病毒的免疫力，用于预防由疫苗相关型别的流感病毒引起的流行性感冒

百克生物逐步建立了四个疫苗及生物药研发、关键技术开发及应用平台——病毒规模化培养技术平台、制剂及佐剂技术平台、基因工程技术平台及细菌性疫苗技术平台，涵盖了疫苗研发中的抗原制备、制剂及佐剂技术等，覆盖了疫苗前期筹备、后期生产的全过程，为疫苗研发和产业化奠定了技术基础。

水痘减毒活疫苗连续多年市场占有率超30%，处于市场领先地位且竞争格局稳定。百克生物研制的水痘减毒活疫苗选用WHO推荐的水痘-带状疱疹病毒减毒株（Oka株）作为生产用毒株，以MRC-5株人二倍体细胞作为水痘减毒活疫苗生产用细胞制备疫苗，具有产品放行标准病毒滴度不低于4.0lgPFU/剂，有效期内病毒滴度不低于3.3lgPFU/剂，保护性强；不含明胶成分，安全性强；有效期36个月，稳定性更高等优势。

百克生物拥有冻干鼻喷流感减毒活疫苗中国境内独家生产经营权，该疫苗于2020年获批上市，上市首年批签发超150万支，具有生产效率高，有利于应对流感大规模流行；依从性更高，有利于提高流感疫苗接种率；可诱导黏膜免疫、体液免疫和细胞免疫三种免疫应答等优势。

百克生物研发管线丰富，共拥有 11 个在研疫苗和 2 个在研的用于传染病防控的全人源单克隆抗体，主要包括吸附无细胞百白破（三组分）联合疫苗、b 型流感嗜血杆菌结合疫苗、全人源抗狂犬病病毒单克隆抗体、全人源抗破伤风毒素单克隆抗体等。

2023 年百克生物带状疱疹疫苗获批上市，突破国内空白。面对庞大的需求缺口，百克生物作为研发进展最快的带状疱疹疫苗，上市后有望快速放量，满足国内对带状疱疹疫苗的需求。

（二）长春生物：深挖现有产品潜力，全力推进新产品研发

在生物药领域，中国生物技术股份有限公司下辖六个生物制品研究所，其中之一是长春生物制品研究所有限责任公司（以下简称"长春生物"）。作为东北地区微生物学和免疫学的研究中心，长春生物及其带动发展的企业，成了长春市发展生物药产业的助力。长春生物是一个具有悠久历史，集生产、研发、教育、销售于一体的国有独资生物技术企业，是中国医药集团总公司旗下中国生物技术股份有限公司的二级子公司。

长春生物主营产品为病毒性疫苗和基因重组类制品。截至 2024 年 10 月，长春生物上市产品共计 21 个品种，其中预防类生物制品 7 个品种、治疗类生物制品 14 个品种（见表 3），年生产各类疫苗及基因工程产品 1 亿剂次。产品类型主要涵盖疫苗、治疗性产品和诊断试剂三大板块，疫苗包括流感病毒裂解疫苗、冻干人用狂犬病疫苗（Vero 细胞）、冻干甲型肝炎减毒活疫苗、双价肾综合征出血热灭活疫苗（地鼠肾细胞）、森林脑炎灭活疫苗等；治疗性产品主要包括人干扰素系列产品；诊断试剂主要包括宫颈癌甲基化检测试剂盒、多重呼吸道病原体核酸检测试剂盒等。所有产品均为具有自主知识产权的高科技生物制品。

表 3 长春生物主要产品

产品名称	规格	批准文号	产品效期
冻干甲型肝炎减毒活疫苗	复溶后每瓶 0.5ml	国药准字 S20000029	18 个月
流感病毒裂解疫苗	0.25ml/支	国药准字 S20070015	12 个月
流感病毒裂解疫苗	0.5ml/瓶（支）	国药准字 S20040058	12 个月
四价流感病毒裂解疫苗	0.5ml/瓶（支）	国药准字 S20200003	12 个月
双价肾综合征出血热灭活疫苗（地鼠肾细胞）	1.0ml/瓶	国药准字 S20020071	18 个月
森林脑炎灭活疫苗	1.0ml/瓶	国药准字 S20040055	27 个月
冻干人用狂犬病疫苗（Vero 细胞）	复溶后每瓶 0.5ml	国药准字 S20210014	36 个月
人干扰素 α1b 滴眼液	20 万 IU/2.0ml/瓶	国药准字 S10960042	24 个月
人干扰素 α2a 栓	50 万 IU/枚	国药准字 S19991019	36 个月
注射用人干扰素 α2a	100 万 IU/瓶	国药准字 S10960044	30 个月
注射用人干扰素 α2a	500 万 IU/瓶	国药准字 S20010031	30 个月
注射用人干扰素 α2a	300 万 IU/瓶	国药准字 S10960043	30 个月
注射用人干扰素 α2b	500 万 IU/瓶	国药准字 S20010043	30 个月
注射用人干扰素 α2b	100 万 IU/瓶	国药准字 S20010044	30 个月
注射用人干扰素 α2b	300 万 IU/瓶	国药准字 S20000054	30 个月
注射用人白介素-2	20 万 IU/瓶	国药准字 S20063101	30 个月
注射用人白介素-2	50 万 IU/瓶	国药准字 S20063102	30 个月
注射用人白介素-2	100 万 IU/瓶	国药准字 S20063103	30 个月
注射用人白介素-2	10 万 IU/瓶	国药准字 S10970061	30 个月
人干扰素 α2b 栓	50 万 IU/枚	国药准字 S20100006	36 个月
人干扰素 α2a 软膏	2 万 IU/g，5.0g/支	国药准字 S20153008	18 个月

长春生物深挖现有产品潜力，全力推进新产品研发。2020 年，长春生物四价流感病毒裂解疫苗获得生产批件，在流感疫苗最佳接种时间上市，

为接种人群提供了更好的预防效果。2021 年，长春生物冻干人用狂犬病疫苗（Vero 细胞）获得生产批件，在国内外狂犬病疫苗紧缺的情况下，该品种疫苗的上市有效缓解了狂犬病疫苗供应紧张局面。由长春生物自主创新研发的卡式瓶干扰素是治疗带状疱疹、尖锐湿疣等病毒性疾病的特效药，有着良好的市场前景；带状疱疹疫苗、宫颈癌检测试剂盒等研发工作均取得阶段性进展。

长春生物研发投入金额较高。2022 年 3 月到 2023 年 2 月的研发投入达 6557.1 万元，项目内容包括人长效生长激素毒理实验、四价流感病毒裂解疫苗临床试验、IL-1 受体拮抗剂注射液以及干扰素 α2a 软膏工艺等。

四 疫苗产业市场前景分析

随着每年新生人口数量趋于稳定，我国一类疫苗市场已经处于相对饱和阶段。大部分一类疫苗的批签发数量远大于市场需求，未来一类疫苗市场容量的增长动力将主要依靠国家免疫计划扩大。

（一）老年群体主要需求为流感疫苗、带状疱疹疫苗、肺炎疫苗

2020 年，中国 65 周岁及以上老年人有 1.91 亿人，约占总人口的 13.5%，中国社会人口老龄化趋势明显。老年人抵抗力弱，是某些疾病的高发群体，其健康状况越来越成为社会关注的焦点。庞大的老年人口是人用疫苗的重要消费群体。老年人接种的疫苗主要有流感疫苗、带状疱疹疫苗、肺炎疫苗。

（二）狂犬病疫苗需求稳步增长

由于萌宠经济发展和狂犬病高致死率，狂犬病疫苗需求刚性较为明显。近年来，随着国内居民生活水平提高，家养犬猫等宠物越来越普遍。2020 年全国城镇宠物猫狗数量合计约达 10084 万只，全国城镇养宠人数达 6294 万人，较 2019 年增加 174 万人。我国是狂犬病高发国家之一，根据 2021 年国家卫生健康委员会疾病预防控制局发布的《2021 年全国法定传

染病疫情概况》，2021 年我国狂犬病发病数和死亡数分别为 157 例和 150 例，死亡率极高。目前针对狂犬病尚无有效治疗手段，接种狂犬病疫苗是预防和控制狂犬病的唯一有效办法。

（三）HPV 疫苗需求爆发增长，中国适龄接种率远落后于发达国家

宫颈癌是仅次于卵巢癌的第二大女性恶性肿瘤，我国已有宫颈癌患者40 万人，发病率约为 6.6%，是发达国家的 6 倍，死亡率达 7.5%。目前暂无有效治疗药物，接种 HPV 疫苗和定期筛查是最佳方案。2016~2020 年中美两国年均新增宫颈癌确诊病例分别为 114484 人和 12972 人（见图 1），2020 年中美两国宫颈癌死亡人数分别为 59060 人和 5706 人。虽然中国女性 HPV 疫苗接种率逐年上升，但和发达国家相比，仍处于较低水平。中国仍有庞大的适龄女性未能接种 HPV 疫苗，主要原因是 HPV 疫苗供应不足、价格相对较高及部分女性疫苗接种意识不强等。

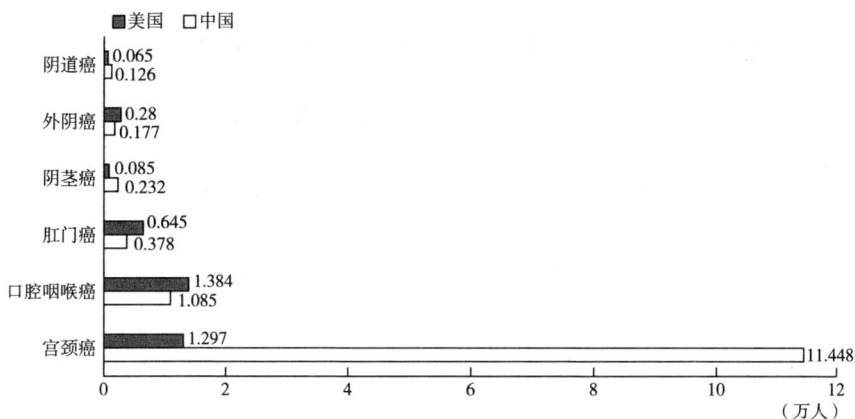

图 1　2016~2020 年中美两国 HPV 感染所致相关癌症每年发病人数均值
资料来源：中金企信国际咨询。

综上所述，一类疫苗市场已经相对饱和，但受中国人口老龄化、宠物经济快速发展影响，流感疫苗、带状疱疹疫苗、肺炎疫苗、狂犬病疫苗仍

有巨大需求，同时 HPV 疫苗市场存在巨大的增长潜力，疫苗生产商应关注国家免疫计划，加大研发力度，开发新的一类疫苗。生物医药企业应积极应对市场变化，采取有效的市场策略和措施，满足不同群体的疫苗需求，促进我国疫苗市场健康发展。

参考文献

［1］聂凤姣：《基于 EVA-BS 模型的生物疫苗企业估值研究》，硕士学位论文，辽宁大学，2023。

［2］时蕊：《长春高新分拆上市的动因和财务绩效研究》，硕士学位论文，中央财经大学，2022。

［3］毛文：《长春高新分拆上市的价值创造效应及影响机理分析》，硕士学位论文，浙江财经大学，2022。

［4］李启辉：《长春高新，延续"好生意"模式》，《经理人》2024 年第 1 期。

［5］郭威：《私募股权融资在科技初创企业的应用》，硕士学位论文，首都经济贸易大学，2016。

Research on Promoting the Development of Biomedical Industry in Changchun CityThrough Science and Technology

—— A Case Study of the Vaccine Industry

Pang Qianwen, *Hu Shurui and Huang Jiajun*

Abstract：With the rapid development of the biopharmaceutical industry, the improvement of the operational capabilities and service levels of biopharmaceutical enterprises, and the increasing richness of biopharmaceutical products, the product pipeline continues to expand. Currently, biopharmaceutical products mainly include five types of drugs：antibody drugs, cell therapy drugs, recombinant proteins, blood products, and vaccines. Among them, vaccines are a strategic industry related to public safety and health. In recent years, countries around the world have strengthened their emphasis on biosafety governance and strategic support for the vaccine industry. The report provides a brief analysis of the global and Chinese vaccine industries and market prospects, while also exploring the current development status of the vaccine industry in Changchun by combining the research and development investment of key vaccine enterprises in Changchun.

Key words：Biological Drug Industry；Vaccine Market；Biosafety

第十四章 科技创新助推吉林市碳纤维产业发展研究

郭　爽　钟　雪　王　娜　林烨楠[*]

摘　要： 本文详细梳理了吉林市政府部门推动吉林经济技术开发区成为国家级碳纤维高新技术产业化基地的发展脉络。在吉林市碳纤维产业从无到有、从企业单独研发到科技部门有序参与引导的过程中，科技创新助推了吉林市碳纤维产业全产业链集聚发展。本文对吉林市科技创新助推碳纤维产业发展的模式进行总结，希望更多产业在发展中重视科技力量和智库引导作用，助推吉林市高质量打造省域副中心城市。

关键词： 国家级碳纤维高新技术产业化基地；中国碳谷；智库引导

目前，我国碳纤维产业主要集中在江苏、吉林和山东等地，培育了中复神鹰碳纤维股份有限公司、威海光威集团有限责任公司、江苏恒神股份有限公司、吉林碳谷碳纤维股份有限公司、吉林国兴碳纤维有限公司、浙江宝旌炭材料有限公司等碳纤维生产龙头企业，以及常州市宏发纵横新材料科技股份有限公司、江苏澳盛复合材料科技股份有限公司、江苏天鸟高

---

* 郭爽，吉林市科技信息研究所副所长，研究员，研究方向为科技信息管理；钟雪，吉林市科技信息研究所创新发展部主任，助理研究员，研究方向为科技信息管理；王娜，吉林市科技信息研究所信息资源部主任，副研究员，研究方向为科技信息管理；林烨楠，吉林市科技信息研究所研究实习员，研究方向为科技信息管理。

新技术股份有限公司、湖南博云新材料股份有限公司等碳纤维应用龙头企业。吉林市是我国最早从事碳纤维技术研发、生产的城市之一。

从2008年开始，吉林市科技局在吉林市委、市政府的支持下，扎实推进科技创新工作，依托吉林化工产业优势，着力整合碳纤维产业链各要素资源，助推吉林市碳纤维产业由项目研发至形成全产业链集群发展。

一 吉林市碳纤维基地的确立

2008年，吉林市科技局在综合分析区域内产业分布之后，确定将化工产业优势突出的吉林经济技术开发区作为碳纤维产业发展的核心区域，申报国家级碳纤维高新技术产业化基地。2010年1月，吉林经济技术开发区成功获批，是当年唯一获得认定的碳纤维基地。

吉林市科技局积极帮助企业争取国家政策，自2008年开始组织碳纤维科技计划项目，扶持吉林市化工企业进行碳纤维技术研发。项目资金的投入激发了广大科研人员的工作热情，吉林化纤集团仅用一年半的时间就获得了项目小试成功，并顺利获得国家发改委专项支持。

通过对2019~2022年的数据进行分析可知，吉林市本级为碳纤维产业提供资金570万元，并积极向吉林省争取重大专项资金1700万元。

根据中国化学纤维工业协会统计，截至2022年6月底，国内碳纤维总产能约74700吨。截至2021年底，吉林市碳纤维产能23250吨，其中大丝束产能19500吨、小丝束产能3750吨。国内主要生产企业碳纤维产能详见表1。

表1 2021年国内主要生产企业碳纤维产能

单位：吨

序号	企业名称	产能
1	中复神鹰碳纤维股份有限公司	14500
2	江苏恒神股份有限公司	4500
3	威海拓展纤维有限公司	5100

序号	企业名称	产能
4	浙江宝旌炭材料有限公司（含吉林宝旌）	8500
5	兰州蓝星纤维有限公司	1800
6	吉林碳谷碳纤维股份有限公司	420
7	吉林国兴碳纤维有限公司	12000*
8	常州市宏发纵横新材料科技股份有限公司	4000
9	中简科技股份有限公司	1150
10	山西钢科碳材料有限公司	1200
11	上海石油化工股份有限公司	2000
12	中安信科技有限公司	2000
13	河南永煤碳纤维有限公司	500

资料来源：中国化学纤维工业协会。

二　碳办与吉林市碳纤维产业的发展

2010 年，吉林经济技术开发区被认定为国家级碳纤维高新技术产业化基地，吉林市委、市政府为助推碳纤维产业高质量发展，成立了碳纤维产业推进领导小组，组长由分管工业的副市长担任，成员单位涵盖了与推进碳纤维产业发展相关的 14 个职能部门，办公室设在吉林市科技局，成立碳纤维产业促进处（以下简称"碳办"），组织协调各部门形成合力，统筹推进吉林市碳纤维产业高质量发展。

碳办成立后，按照"访专家、建智库、定政策"的工作思路，迅速赴上海、北京、杭州、济南等地的国内知名碳纤维研究机构学习经验，认真咨询行业专家，帮助吉林市碳纤维企业解决项目研究中的"卡脖子"技术难题，建立智库，为产业发展提供智库支撑，并积极引进优秀科研人才，进一步强化政策扶持力度。

碳办相继出台《吉林市建设中国国际碳纤维及复合材料产业基地（中国碳谷）三年行动计划（2021—2023 年）》《吉林市推动碳纤维产业高质

量发展若干政策措施》《中国（吉林）碳纤维高新技术产业化基地建设规划（2021—2023）》。

为进一步降低企业用电成本，碳办积极争取省直购电及出台吉林市域内碳纤维企业用电奖励优惠政策。吉林市政府对碳纤维企业给予"1+3"政策支持，对碳纤维企业实行电价补贴，为全国首创，使企业的生产用电价格降低到 0.3 元/千瓦，2019 年核定的电价补贴资金为 2997.9 万元。碳办还积极筹建规模为 3 亿元的碳纤维产业发展基金，培育上市主体。

为了促进吉林市碳纤维产业高质量发展，碳办充分发挥政府职能，积极与国内的碳纤维重点实验室、相关高校专家进行沟通，发挥桥梁作用，在倾听行业专家专业建议、重点企业发展需求并充分调研市场的基础上，提前做好吉林市碳纤维产业规划，制定出台《吉林市碳纤维产业"十二五"发展规划》，并组织国内碳纤维领域专家历时 7 个月于 2020 年完成了吉林市碳纤维产业发展技术路线图编撰，利用产业规划及路线图的精准指引，助推吉林市碳纤维产业高质量发展。

截至 2022 年底，吉林市碳纤维产业产值、产能情况如表 2 所示。

表 2　吉林市碳纤维产业产值、产能情况

年份	产值（亿元）	同比增长（%）	原丝产能（万吨）	同比增长（%）	碳丝产能（万吨）	同比增长（%）
2018	7.6	61.7	0.91	28.7	0.18	377.7
2019	9.07	28.60	1.2	32.40	0.3	119.20
2020	15.7	73.10	2.32	93.33	0.687	129.00
2021	31.3	107.3	3.66	57.76	1.24	80.49
2022	67.3	115.02	6.1	66.67	2.8	125.80

注：2019 年原丝产能和碳丝产能使用的是销量数据。

资料来源：由吉林市碳办碳纤维数据整理所得。

吉林市碳纤维产业原丝产能及碳丝产能整体稳步增长，2021 年增长幅度虽然放缓，但在 2022 年大幅提升。

三 吉林省碳纤维产业链

吉林市碳纤维产业链条趋于完善，并且具备形成产业集群的基础，吸引了吉林石化公司、吉林国兴碳纤维有限公司等一大批企业在吉林落户并发展壮大，这为吉林市碳纤维产业集聚形成了良好的发展氛围，为吉林市碳纤维产业链上下游企业集聚协同和技术创新平台建设提供了充足的发展条件。

吉林石化公司是国内最早从事碳纤维研发、生产的企业之一，并且为国内碳纤维产业输送了大量技术人才。吉林石化公司成功研发了多项国内领先的自主知识产权。2009 年 6 月 14 日，吉林石化公司碳纤维厂正式成立，由此我国第一个碳纤维生产基地建成并投产，生产产品主要包括聚丙烯腈原丝小丝束及高强、中强碳纤维小丝束。

吉林国兴碳纤维有限公司（前身为中钢集团江城碳纤维有限公司）主要产品包括 24K 以下的小丝束全品类和 50K 以下的高性能大丝束碳纤维，具有良好的集束性、展纱性和低毛羽、强度高的优点，并广泛应用于风电叶片、光伏发电、绿电新能源、建筑补强、体育休闲、航空航天等领域。

2008 年 12 月，吉林碳谷碳纤维有限公司成立，并于 2021 年 11 月成为北交所首批上市的 81 家企业之一，也是吉林市首家登陆北交所的企业。公司已发展成集研发、生产、销售碳纤维原丝、预氧丝、碳丝及制品于一体的创新型企业，是目前全国最大的 50K 以下全品类碳纤维原丝生产基地，其中 25K~50K 大丝束产品为全国首创，产品质量稳定在 T400 级水平，部分产品可达 T700 级。吉林碳谷碳纤维股份有限公司碳纤维原丝国内市场占有率在 90% 以上，广泛应用于精密仪器、关键装备、汽车部件、体育休闲、电缆芯、抽油杆等高端工业、民用领域。

碳办持续对国内外碳纤维产业整体发展趋势进行分析，结合基地现有碳纤维企业的产品开发情况和"十四五"发展规划，按照"上游做大，中游做强，下游做广"原则进行产业链延链补链的招商引资工作。截至 2022

年 4 月，基地核心区内已聚集了吉林化纤集团、吉林碳谷碳纤维股份有限公司、吉林宝旌炭材料有限公司、吉林国兴碳纤维有限公司、吉林国兴复合材料有限公司、吉林市吉研高科技纤维有限责任公司、明亮（吉林）碳纤维有限公司等 25 家企业。

经过 16 年的砥砺前行，吉林市碳纤维产业形成了以吉林化纤集团为龙头的"碳纤维原丝—碳纤维—复合材料—终端制品—回收利用"完整产业链。

回顾吉林市碳纤维产业从无到有，并最终形成产业集群的发展历程（见图 1），碳办的作用举足轻重，可见政府主导和科技创新对产业发展的引领是至关重要的。

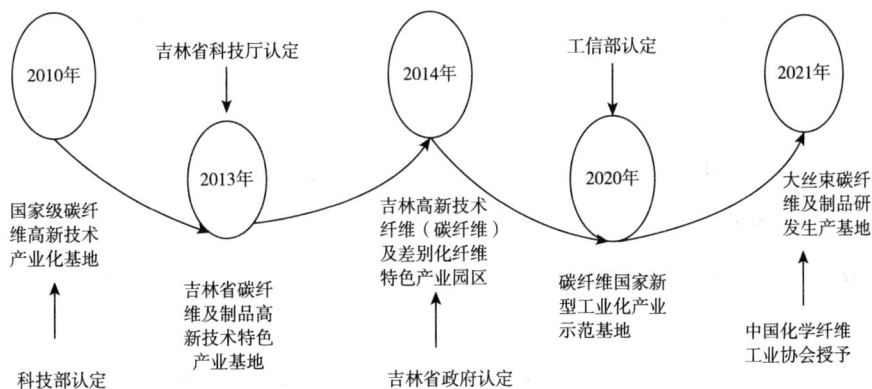

图 1　吉林市碳纤维产业发展脉络

2008 年吉林市科技局积极申报产业基地，2010 年获批成功，2013 年被吉林省科技厅认定为吉林省碳纤维及制品高新技术特色产业基地，2014 年被吉林省政府认定为吉林高新技术纤维（碳纤维）及差别化纤维特色产业园区，2020 年被工信部认定为碳纤维国家新型工业化产业示范基地，2021 年被中国化学纤维工业协会授予大丝束碳纤维及制品研发生产基地。随着吉林市碳纤维产业链不断延展，吉林市碳纤维产业集群发展的步伐不断迈进，"中国碳谷"已具雏形。

四 未来展望

吉林市碳纤维产业迅猛发展拉动经济增长成效明显，2021年吉林省对全省碳纤维产业布局进行综合梳理，出台《关于推动碳纤维及复合材料产业高质量发展若干举措》，集中优势资源支持碳纤维产业高速发展。

2023年7月，经过吉林市政府对碳办工作的综合评定，认为碳办已完成科技促进产业集聚创新推动工作，下一步将促进产业集聚发展，将碳办工作由吉林市科技局主导转移至吉林市工信局推进，推动吉林市碳纤维产业进入高速发展期。

预计在2025年，"十四五"收官之年，基地碳纤维原丝、碳丝产能将得到充分释放，并建成碳纤维产业原创技术策源地，创新体系不断完善，创新能力得到大幅度提升。碳办以行业促进为工作出发点，以应用需求为牵引，助推企业规模不断扩大、数量不断增长和效益快速提升，产品附加值不断提升，集全省之力助推基地按照发展规划有序拓展，以吉林经济技术开发区为核心，逐步向东北方向龙潭区和西南方向舒兰市延伸，形成"一核两翼"的发展格局。多部门合力助推碳纤维龙头企业吉林化纤集团跻身国际一流方阵，带动吉林省碳纤维企业发展壮大，形成碳纤维集群发展生态，并加快培育国家级高性能纤维及复合材料产业集群，将国家级碳纤维高新技术产业化基地建成"中国碳谷"和世界级碳纤维产业园区，为碳纤维产业规模迈向千亿元级、打造"中国碳谷""世界碳都"持续发力。

参考文献

[1] 徐峰：《年产5000吨碳纤维原丝项目投产 吉林化纤为中国"碳谷"奠基》，《纺织服装周刊》2011年第44期。

[2] 陈宇航：《2022年上半年中国碳纤维行业市场情况简析》，中国化学纤维工业协会网站，2022年8月25日，https：//www.ccfa.com.cn/19/202208/3451.html。

[3] 李思玥、吉林市：《加快建设碳纤维产业集群 打造"黑色黄金"产业高地》，人民网，2021年8月19日，http：//jl.people.com.cn/n2/2021/0819/c349771-34874433.html。

［4］吉林市科技局：《柔软的碳丝撑起强力产业》，《经济日报》2021 年 10 月 14 日。

［5］李丹丹、郭爽、王莹：《吉林市科技创新政策研究与发展》，《江苏科技信息》2019 年第 32 期。

［6］光大证券：《政策扶持叠加市场机遇 看好吉林碳纤维产业快速发展——碳纤维行业动态跟踪报告》，2022。

Scientific and technological innovation drives the industrial development research of Jilin City's Carbon Fiber Lndustry

Guo Shuang, Zhong Xue, Wang Na and Lin Yenan

Abstract: The paper provides a detailed review of the development of Jilin Economic and Technological Development Zone as the core area of the national carbon fiber high-tech industrialization base by Jilin City government departments. It also highlights the comprehensive development process of the entire industrial chain agglomeration development mode of Jilin City's carbon fiber industry, from its inception to independent research and development by enterprises to orderly participation and guidance from science and technology departments. The aim is to promote the detailed development process of Jilin City's carbon fiber industry. By summarizing the science and technology innovation boost development mode in Jilin City's carbon fiber industry, it is hoped that more industries will pay attention to the guiding role of science and technology power think tank in order to enhance the quality and efficiency of Jilin City's high-quality construction as a provincial sub-center.

Key words: National Carbon Fiber High-Tech Industrialization Base; Carbon Fiber Lndustry; Guidance from Think Tanks

第十五章 吉林市科技创新促进冰雪产业发展研究

李文蓉　钟　雪　王欣铭[*]

摘　要： 2022 年冬奥会推动冰雪行业迎来新的发展浪潮。吉林省作为我国东北地区的重要省份，雪季漫长，在引领冰雪产业发展方面具有独特潜能，吉林市作为冰雪产业发展的重要区域节点城市，积极响应省市相关发展政策，大力推进科技创新赋能冰雪产业，科技力量对冰雪产业的带动作用日益突出。本文通过分析吉林市冰雪产业发展现状，总结了吉林市科技赋能冰雪产业的发展模式，并对吉林市冰雪产业未来前景进行了展望。

关键词： 吉林市；科技创新；冰雪产业

一　引言

2022 年北京冬奥会结束后的第一个雪季，冰雪运动的消费需求集中释放，冰雪经济明显升温。根据《北京 2022 年冬奥会和冬残奥会遗产报告（赛后）》显示，2015 年中国冰雪产业总规模为 2700 亿元，2020 年增长至 6000 亿元，预计到 2025 年达到 10000 亿元。后冬奥时代，冰雪运动持续升温，各地区紧抓机遇、顺势而为，利用独特的冰雪资源禀赋和已经形

---

* 李文蓉，吉林市科技信息研究所研究实习员，研究方向为科技信息；钟雪，吉林市科技信息研究所助理研究员，研究方向为科技信息；王欣铭，吉林市科技信息研究所助理研究员，研究方向为科技信息。

成的产业基础，进一步培育和壮大冰雪产业。科学技术作为支撑经济社会发展、提升人民生活水平的关键因素，不仅驱动着社会进步和经济繁荣，也为冰雪产业的发展增添了新动力。吉林市拥有独一无二的冰雪资源优势，强化科学技术对冰雪产业的引领和示范作用，能够为吉林市经济发展注入新的活力。吉林市积极响应习近平总书记"带动三亿人参与冰雪运动"的号召①，厚植冰雪资源优势、挖掘冰雪旅游潜力、释放冰雪经济红利，努力把吉林市打造成世界级冰雪旅游目的地、世界级冰雪产业基地。

二　吉林市冰雪产业发展现状

吉林省地处冰雪黄金纬度带、东北亚冰雪资源核心区，冬季多雪，雪质好、雪期长、温度适宜。吉林市坐落于长白山脉区域，与欧洲阿尔卑斯山脉、北美落基山脉同处"世界黄金粉雪带"，雪地资源具有密度与厚度俱佳、气温与气流皆优、落差坡度一流、交通服务并好的复合型核心优势，是2024年冰雪旅游十佳城市之一，被誉为"雾凇之都，滑雪天堂"。每年冬季，大小雾凇岛和北大湖滑雪度假区、万科松花湖度假区两大国内顶级滑雪场都会吸引络绎不绝的游客。吉林市立足自身优势，锚定冷资源带动热经济发展模式，紧抓冰雪产业高质量发展新机遇。在吉林市委、市政府的带领下，冰雪运动及冰雪旅游近年来有效带动经济增长，吉林市冰雪产业发展具有以下几个特点。

（一）冰雪旅游投入力度大，但相关体系建设有待完善

2022~2023年雪季启动之前，吉林市高位统筹、顶格设计，编制完成了《吉林市文化和旅游发展"十四五"规划》《吉林市全面实施旅游文化名城建设行动的总体方案（2023—2027）》，以建设世界级冰雪旅游目的地为发展目标，引领吉林市冰雪产业高质量发展。2022~2023年雪季，

---

① 《习近平会见国际奥委会主席巴赫》，中国政府网，2022年1月25日，https：//www.gov.cn/xinwen/2022-01/25/content_5670388.htm。

省、市两级文旅部门为吉林市万科松花湖度假区等 4 家冰雪企业申请了省级冰雪消费券补贴 575 万元，累计发放 4 万余张消费券并全部核销，直接带动 11 万余人参与冰雪活动，带动收入 3600 万元。吉林市级财政发放冰雪季消费补贴 190 余万元，核销率超 95%，拉动消费超 3000 万元。

2023 年，吉林市文化旅游体育与传媒支出共 3 亿元，用于北山四季越野滑雪场运营维护，举办冰上龙舟赛、动力冲浪板等国家级赛事，冬奥会火炬永久落户北大湖滑雪度假区，打造吉林市冰雪旅游城市品牌。吉林市大幅提升雪场建设力度，推动万科松花湖度假区、北大湖滑雪度假区扩建续建项目和天桥岗滑雪场重点招商项目落地。2022~2023 年雪季，吉林市雪场累计接待游客 137.31 万人次，实现旅游收入 6.45 亿元，同比增长 17.76%。其中吉林市万科松花湖度假区、北大湖滑雪度假区共接待游客 121.3 万人次，同比增长 4.45%；实现旅游收入 6.33 亿元，同比增长 18.54%，两大滑雪场跻身国内滑雪场前列，位列省内前二，成为吉林市文旅产业排头兵。在公共冰雪场所设施建设方面，吉林市连续 8 年浇筑室外公益冰场。吉林市冰雪产业投入力度大，能够有效拉动经济增长，但依然存在相关建设标准体系制度不够完善等问题。

（二）雪场资源丰富但差异不大

吉林市先后建有万科松花湖度假区、北大湖滑雪度假区等国内一流滑雪场。万科松花湖度假区、北大湖滑雪度假区先后获评第一批和第二批国家级滑雪旅游度假地。北大湖滑雪度假区扩建后新投运雪道 17 条，雪道总数达到 64 条，雪道长度 72 公里，雪道面积 240 公顷。2023~2024 年雪季，北大湖滑雪度假区成为亚洲单体接待规模最大的世界级滑雪场，万科松花湖度假区七年蝉联"中国最佳滑雪度假区"称号，开设国内首家户外运动主题酒店，给消费者带来更加时尚的滑雪体验。北山四季越野滑雪场 2023 年 11 月 18 日正式向公众开放，累计接待游客已超 2 万人，是亚洲单体接待规模最大的室内越野滑雪场地。其中建有国内首个室内雾凇实验室，已形成大小雾凇岛等多条雾凇观赏带，每年吸引 500 多万游客慕名前来。室内雾凇实验室的建设解决了观赏雾凇的季节性限制问题，刺激旅游消费增长。从冰雪旅游的角度看，知名冰雪旅游城市大多建有大型滑雪场，如新疆阿勒泰将军山滑雪场、河北崇礼万龙滑雪场、黑龙江亚布力滑雪场等，2022~2023 年中国滑雪场雪道面积按省份排名情况如表 1 所示。吉林市雪场的建设类型横向来看与其他城市的滑雪场差异不大，缺乏类似北京南山滑雪度假村集滑雪、滑冰、滑草、滑道以及滑翔等动感旅游项目于一体的综合性雪场。

表 1　2022~2023 年中国滑雪场雪道面积按省份排名

单位：家，公顷

排名	省份	数量	雪道面积
1	新疆	64	1615
2	吉林	41	907
3	河北	63	771
4	内蒙古	39	338
5	黑龙江	78	312

数据来源：《2022—2023 中国滑雪产业白皮书》。

（三）冰雪运动场地设施完善、人才雄厚，但发展不充分

从《2022—2023 中国滑雪产业白皮书》来看，吉林省的滑雪人数连续两年稳居全国第二位，达到 203 万人次（见表 2）。吉林市发展冰雪产业地理优势强，有着广泛的群众基础，免费开放的各大冰场进一步提高了群众的参与度。在人才队伍方面，吉林市冰雪人才资源雄厚，2023 年全市共计83 名冰雪运动员入选国家队和国家跨界跨项选材队，先后培养输送了武大靖、韩雨桐、苏翊鸣、张楚桐、孙家旭、赵洋、臧汝心、董冰、吴梦 9 名运动员，代表国家参加北京冬奥会短道速滑、单板滑雪、自由式滑雪、跳台滑雪项目比赛，为国家在冬奥会获得 2 金 1 银 1 铜的优异成绩。同时，吉林市选派 87 名教练员、退役运动员服务竞赛，担任嘉宾及裁判工作。吉林市北山四季越野滑雪场投入使用以来，共计接待国家队训练 3963 人次、省队训练 18696 人次，国家级比赛 3 场，省级比赛 4 场。在北京冬奥会、

冬残奥会总结表彰大会上,北山四季越野滑雪场被评为"北京冬奥会、冬残奥会突出贡献集体"。在场地建设方面,依托吉林市北山四季越野雪场、冰上运动中心、雪上竞技中心等场馆,大力推进冰雪场馆各类器材设备、无障碍环境和住宿餐饮接待等配套设施建设,服务国家单板滑雪障碍追逐跨界跨项队、国家跳伞跳台滑雪队来吉训练,保障运动人员、随队人员100余人的食宿及训练需求,冰雪训练专业化场地设备完善。

但是,吉林市依然存在冰雪运动渗透率较低、学校开展冰雪运动活动较少、冰雪相关学科建设力度较弱、冰雪运动发展不充分的问题。

表 2　2022~2023 年滑雪人次省份排名

单位:万人次,%

排名	上年排名	省份	滑雪人次	同比增幅
1	3	河北	254	36. 15
2	2	吉林	203	-6. 67
3	1	北京	180	-25. 31
4	4	新疆	137	-17. 63
5	7	浙江	125	15. 81
6	5	四川	119	-4. 26
7	6	黑龙江	104	-9. 74
8	8	山西	84	-19. 75
9	9	山东	83	-19. 73
10	10	广东	72	-13. 25

数据来源:《2022—2023 中国滑雪产业白皮书》。

(四) 冰雪运动的特色化输出亟待加强

冰上运动场地规模小造价低,地域差异不大,而消费者参与滑雪运动迁移距离要比冰上运动大。所以,消费者对冰上运动的场地选择一般相对包容,但仍需打造出彩的特色冰上运动场地。2023 年 11 月,吉林市"燃冬江城 冰艺抒怀"冰雪主题乐园建设启动仪式在哈达湾老工业基地举行,包括吉林市梦幻冰雪大世界、朱雀山冰雪艺术光影展之山海奇缘、乌拉冰雪奇幻乐园 3 个项目，共同打造全新的吉林市冰雪大世界，更有 11 处冰场免费向市民开放，公共冰雪场地数量逐年增加，推广普及滑冰、冰球等冰上运动项目，与群众共享冰雪发展成果。但是，从冰雪旅游的角度看，黑龙江的哈尔滨冰雪大世界以及俄式风情建筑构成了特色资源壁垒，雪乡、漠河的特色景观也吸引了大批游客慕名前往。在特色文化输出不足的前提下，价格优势也不明朗，制约着吉林市冰雪产业的发展。此外，冰雪场馆缺少利用 VR 技术、仿真技术等提供不同场景滑雪体验、增强地域特色的文化输出项目。

三　科技赋能冰雪产业的发展模式

（一）科技助力冰雪装备器材研发，促进科技成果转化

冰雪产业是科技创新的承载者和受益者，科技创新能够优化冰雪资源配置，提高冰雪资源利用率与转化率，为市场提供物美价廉的冰雪产品和服务，增强市场竞争力。冰雪装备器材包括滑雪服、冰刀鞋等轻型装备，以及架空雪道、魔毯、雪地摩托、造雪机等重型设备。整体而言，我国的冰雪装备器材仍处于起步阶段，自主创新能力较弱，技术水平偏低，品种不够丰富。从 2022~2023 年国内新增压雪车来看，进口新车及二手车合计 60 台，国产压雪车 5 台，依赖进口较为明显。因此，促进科技发展，强化自主创新能力，能够引领冰雪装备器材的迭代升级。

吉林市依托吉林市碳纤维产业化基地，助力碳纤维产业与冰雪装备产业共同进步，融合发展。依托吉林市圣赢碳纤维制品科技有限公司谋划了碳纤维冰雪装备产业化项目，充分发挥碳纤维产业及冰雪产业优势，开发了碳纤维滑雪单板、碳纤维滑雪双板、碳纤维滑雪杖等冰雪装备；吉林化工学院与吉林市金九鼎碳纤维材料加工厂立足于改变吉林市滑雪装备大多依赖进口的现状，合作研发碳纤维短式冰雪滑板，该项目落地后将推动实现滑雪装备本土化生产，降低滑雪装备价格。

（二）科技助力延续冰雪旅游热度

为延续冰雪旅游热度，使雾凇景观四季可赏，吉林市气象科研人员从20世纪70年代就开始研究雾凇生成机理，在吉林市委、市政府的大力支持下，于2018年正式成立雾凇实验室，不间断开展野外观测和指标分析。2023年11月初，基于前期科研数据，于吉林北山四季越野滑雪场建立国内首个室内雾凇实验室，通过比对雾凇的生成方式、掌握室外雾凇形成的温压湿风和雾滴直径大小等数据，利用造雾机等设备，在室内成功模拟出与外界环境中品相、蓬松度基本一致的室内雾凇，其凝结冰晶颗粒大，达到了五星级雾凇标准。科技助力室内雾凇实验室建立，克服了旅游季节性限制，持续提升冰雪旅游热度，助推吉林市旅游业发展。

（三）整合校企资源促进冰雪科研攻关

一是依托吉林市北华大学成立智慧冰雪研究院，为区域冰雪发展提供科技创新支撑，为企业提供技术服务、培养人才，打造一流冰雪产业人才培养基地；依托北华大学冰雪装备产业创新中心，开展冰雪装备器材检验检测及评价研究，促进冰雪装备器材升级换代，解决冰雪装备测试技术存在的问题；依托政府、高校、科研院所、企业和投资方多元主体，整合冰雪产业链、技术链、资金链。二是在重点行业与产业科技创新计划中设立冰雪产业科技创新专项，结合国内外冰雪运动与科学技术融合发展的先进经验，扶持有发展前景的科研成果快速应用转化。2023年，东北电力大学的"VR滑雪全景立体视频实时采集处理系统研制"、北华大学的"系列仿生螳螂冰车研发"和"基于机器学习的滑雪进阶智能穿戴系统研发"成功立项，有助于冰雪产业的蓬勃发展；2023年北华大学吉林市智慧冰雪研究院项目获批，将探索冰雪产业复合型人才培养模式，建立基于物联网技术的冰雪产业大数据中心。

（四）打造冰雪高质量发展先行区，创新发展新思路

吉林市冰雪经济高质量发展试验区是全国唯一的省级冰雪经济高质量

发展平台，于 2021 年 11 月正式挂牌成立。试验区整合吉林市冰雪旅游核心资源，形成规模化、集聚化、品牌化发展格局，以丰富冰雪旅游产品供给为基础，积极创新"冰雪+"模式，聚焦冰雪体育、冰雪旅游、冰雪文化等，促进冰雪产业和关联产业融合发展，形成吉林市全面振兴的重要增长极和高质量发展的新引擎，更好满足人民群众日益增长的冰雪消费需求，更好地示范推动冰雪产业向统筹化、精品化、融合化、生态化和国际化发展。

（五）借鉴先进的冰雪运动发展理念

国内外经验显示，发展体育运动离不开创新精神，要提高冰雪软实力，打造冰雪体育运动之都，吸引和承办各类国际国内顶级冰雪赛事，打造强有力的国际国内精品赛事品牌。依托冰雪装备制造产业链，实现冰雪装备的升级换代。落实人才培养计划，打造冰雪人才培训基地。完善冰雪相关监督运维制度。2024 年吉林市两大滑雪场在冬季先后举办了 XGAMES CHINA 2023-2024 滑雪巡回赛、亚洲滑雪登山锦标赛、亚洲青少年高山滑雪锦标赛、吉林国际高山/单板滑雪挑战赛、首届中国滑雪协会全国滑雪俱乐部精英联赛（吉林站）、首届全国青少年滑雪巡回赛总决赛、第 10 届全国大学生滑雪挑战赛总决赛等一系列国际国内赛事。吉林市出台了《关于为冰雪旅游产业高质量发展提供司法服务和保障的实施意见》等一系列政策措施，进一步完善了传统冰雪运动项目的竞赛规则，场地、设施与设备的质量标准和运动技术标准，推动了吉林市冰雪运动大众化、国际化，使更多游客感受到中华优秀冰雪运动的独特文化魅力。

四　吉林市冰雪产业未来前景

新常态下，冰雪经济的发展应注重由高速增长向高质量发展转变，深入贯彻落实习近平总书记视察吉林重要讲话重要指示精神以及关于新质生产力的重要论述，充分发挥区位优势，立足本土特色文化，依托科技创新为冰雪产业赋能。未来，吉林市冰雪产业将利用大数据、移动互联网、人工智能等技术手段，打造高端化、智能化的冰雪产品。充分发挥冰雪资源优势，做到整体推进、重点突破，全力建设吉林市冰雪经济高质量发展试验区，积极构建特色鲜明的冰雪产业链，持续深化科教融合，强化冰雪人才供给，激发活力，形成合力，打出"科技+冰雪"组合拳，加快构建现代化冰雪经济体系，推动冰雪产业规模尽快突破千亿元。

五 结语

综上所述，冰雪产业属于绿色环保产业，拥有良好的发展前景、广阔的市场空间，能够发挥强大的产业链辐射带动作用。依托科技创新引领吉林市冰雪经济高质量发展是推动吉林市经济发展的必然要求，也是未来带动吉林市经济转型升级的必要举措。围绕省、市冰雪产业布局，统筹区域创新，打造吉林市冰雪城市特色品牌，做好全省"冰雪丝路""冰雪强省"的重要节点城市，为建设形神兼备的智慧江城贡献独一无二的科技力量。

参考文献

［1］刘子玉、刘宇烜：《后冬奥时代背景下吉林省冰雪产业发展对策研究》，《文体用品与科技》2023年第21期。

［2］赵琴琴：《IIGF观点｜我国冰雪产业发展的现状分析和政策建议》，中央财经大学绿色金融国际研究院网站，2022年12月1日，https：//iigf.cufe.edu.cn/info/1012/6053.htm。

［3］王韬毓桓、范尧：《冰雪体育产业高质量发展的内涵逻辑、动力机制与推进策略》，《天津体育学院学报》2023年第6期。

［4］张敏、李梅、张红：《"科技冬奥"技术赋能冰雪产业高质量发展——基于冰雪装备器材视角》，《科技智囊》2022年第5期。

Research on Promoting the Development of Ice and Snow Industry through Technological Innovation in Jilin City

Li Wenrong, Zhong Xue and Wang Xinming

Abstract: After the end of the Winter Olympics, the ice and snow industry ushered in a wave of development. As an important province in northeast China, Jilin province has four distinct seasons and a long snow season, the provincial government has always attached great importance to and made great efforts to develop the ice and snow related industries. Jilin City is an important regional node city for the development of the ice and snow industry, actively respond to the relevant development policies, vigorously promote scientific and technological innovation for our city's ice and snow industry, scientific and technological force for the ice and snow industry increasingly prominent role in the development. This study explored the development of the ice and snow industry in Jilin City, which is facilitated by scientific and technological innovation.

Key words: Jilin City; Technological Innovation; Ice and Snow Industry

第十六章　吉林市现代农业创新发展问题与对策研究

林烨楠　李文蓉　郭　爽*

摘　要：全面推进乡村振兴需要科技创新支撑现代农业产业发展。吉林市充分利用本地资源环境优势，在积极的产业政策引领下，坚持发展现代特色农业。本文结合农业创新发展案例对吉林市现代农业创新发展的现状、问题与对策进行了研究。

关键词：现代农业；创新发展；吉林市

一　吉林市现代农业发展现状

（一）产业基本情况

吉林省是农业大省、粮食大省和畜牧业大省，山水林田等自然资源丰富，是重要的商品粮基地和畜牧产品供应地。吉林市位于吉林省中部偏东，处在长白山脉向松嫩平原过渡地带，拥有东北黑土地和长白山区的自然地理优势，境内水系发达，现有各类耕地面积918272.95公顷。

2022年吉林市粮食总产量为455.45万吨。其中，水稻总产量99.9万吨，大豆总产量7.5万吨，玉米总产量345.8万吨。2022年完成农林牧渔

---

* 林烨楠，吉林市科技信息研究所研究实习员，研究方向为科技信息；李文蓉，吉林市科技信息研究所研究实习员，研究方向为科技信息；郭爽，吉林市科技信息研究所副研究员，研究方向为科技信息。

业总产值 406.7 亿元，其中，农业产值 159.3 亿元，林业产值 11.8 亿元，牧业产值 209.8 亿元，渔业产值 11.8 亿元，农林牧渔服务业产值 13.9 亿元。2022 年粮食作物播种面积 66.8 万公顷，其中，大豆播种面积 3.1 万公顷，水稻播种面积 2.7 万公顷，玉米播种面积 50.4 万公顷。农业机械总动力达到 517.5 万千瓦。

截至 2023 年，在公布的国家现代农业产业园中，吉林省有 3 个（集安市现代农业产业园、东辽县现代农业产业园、吉林市昌邑区现代农业产业园）。吉林省已建成 38 个省级现代农业产业园，其中吉林市有 8 个（永吉县万昌现代农业产业园、蛟河市木耳现代农业产业园、舒兰市霍伦河水稻现代农业产业园、吉林市昌邑区东福集团现代农业产业园、磐石市食用菌现代农业产业园、中新食品区紫苏-水稻-玉米现代农业产业园、吉林市丰满区果蔬现代农业产业园、蛟河市黏玉米），占全省总数的 21%，与长春市并列第一。

吉林市现代农业产业园主要有三种创建模式，一是企业带动模式，这类现代农业产业园内有国家级龙头企业，建设农产品生产大基地，带动一群中小企业、众多新型主体和农户共同发展，形成互为依托、相生相融的发展格局，如永吉县万昌现代农业产业园、吉林市昌邑区东福集团现代农业产业园等；二是产业带动模式，这类产业园内资源优势明显，依托优势资源，建设农产品生产大基地，发展农产品加工业，形成产业集聚格局，如舒兰市霍伦河水稻现代农业产业园、蛟河市木耳现代农业产业园、吉林市丰满区果蔬现代农业产业园等；三是加工园区带动模式，这类产业园在农产品生产基地的基础上，同步建设农业产品加工园区，通过产业化龙头企业在园区内形成集群效应，形成上下游产业链，如中新食品区紫苏-水稻-玉米现代农业产业园、磐石市食用菌现代农业产业园等。

（二）产业扶持政策

吉林市委、市政府先后出台了《关于吉林市多渠道增加农民财产性收入的实施意见》《吉林市人民政府关于鼓励和支持社会资本投向农村建设若干政策的实施意见》《吉林市人民政府办公厅关于加快发展棚膜经济促进农民增收的实施意见》等扶持政策，分别从用地保障、财税扶持、金融服务、科技创新、人才支撑、品牌培育和基础设施等方面为吉林市现代农业发展提供保障；制定下发了《关于推进吉林市现代农业产业园建设的指导意见》《关于开展吉林市现代农业产业园创建工作的通知》《吉林市现代农业产业园创建和认定管理办法》，明确了现代农业产业园创建、认定工作的思路、原则、标准、建设目标和任务。

二　吉林市现代农业创新发展存在的问题

（一）现代农业产业体系不完善

吉林市玉米种植面积占比较大，农产品加工企业主要原料为玉米、水稻，现代农业产业链条不完整，缺乏特色。现代农业生产体系压力大，土地退化及耕地污染问题严重，耕地负载大。现代农业产业体系不健全，一是近几年人口下降且人口老龄化加速，优质劳动力流失；二是农村劳动力普遍文化程度较低，迫切需要培育新型职业农民；三是新型农业经营主体规模小、总量少，缺乏完善的社会化服务配套。

（二）农业技术推广体系不健全

吉林市农业科技成果转化率较低，科学研究与产业需求缺乏有效衔接。科技推广体系不健全导致一些优秀农业科技成果没能得到有效推广和应用，也使本地科技成果转化受到限制。

（三）农业科技创新投入不够，科技创新体系不完善

在人才方面，吉林市现代农业高层次人才不足，自主创新能力不强。专业人才主要集中在传统农业，尤其是种植业领域，缺乏农产品加工、农业信息化、农业创意等方面的专业人才。

（四）品牌影响力不强

品牌是产业园发展建设水平的重要标志，目前认定的国家现代农业产

业园基本上都拥有耳熟能详的品牌，如东坡泡菜、五常大米、潜江龙虾、洛川苹果等。吉林市目前尚没有真正能在全国叫得响的农产品品牌。

三　吉林市现代农业创新发展对策

（一）强化现代农业产业体系建设，优化农业产业布局

针对市场需求，充分发挥本地优势，把水稻产业做优做强，使农业向区域化、规模化方向发展；注重现代农业生产体系建设，全面实现生产方式现代化。在农业生产上推广应用先进技术，不断提高农业生产的机械化水平和农业服务的社会化水平，建设高水平科技创新平台和示范基地，着力提高农业劳动生产率、土地产出率；注重现代农业经营体系建设，打造具有吉林市特色的淘宝村镇。着力打造具有吉林市特色的农产品品牌。按照"一园一特色""一园一名片"的发展思路，加强园区品牌建设。围绕"吉林大米"品牌打造，提升"万昌大米""舒兰大米""大荒地大米"品牌价值，不断提高品牌的知名度和影响力，增加产品的附加值。

（二）健全农业科技推广体系，促进科技成果转化

农业产业化是农业现代化的必然选择。实现农业产业化需要建立高校、科研院所与政府联合的农业科技推广体系，加强农业科技园区等科技创新服务平台与基地建设，组织技术专家、科技特派员在农村开展针对性的技术推广服务，实现人才、技术、资本、管理等优势资源的高效配置和有效供给。

（三）提升科技创新能力，健全农业科技创新体系

聚焦省、市现代农业产业发展重点领域，找准市场需求，在确定农业科技研发方向和突破产业关键技术上下功夫。构建政府、高校、科研院所、社会力量广泛参与的农业科技创新体系，促进科研人员协同攻关。提

高农业科技创新投入，兼顾精准性和指向性，为支撑农业发展的基础性科研提供保障。借助社会力量拓展农业科技创新服务融资渠道。

（四）着力培育和发展现代农业新业态

发展可视农业，重点建设万昌大米、舒兰大米、孤店子大米、黄松甸黑木耳4个"可视+物联网"推广基地，推进园区数字化，推广"一村一品一电商"模式。围绕主导产业发展休闲农业和乡村旅游，推进园区内一、二、三产业深度融合。建设新平台、新载体，通过产业园区发展，带动丰满温德河四季生态等15个田园综合体、蛟河华兰德冰酒小镇等30个特色小镇建设。

四 吉林市现代农业创新发展案例分析

2018年，在阿里巴巴集团主办的第六届中国淘宝村高峰论坛上，吉林市龙潭区棋盘村、蛟河市黄松甸村、磐石市取柴河镇王家村和昌邑区孤店子镇大荒地村4个村被授予"中国淘宝村"，占东北三省"中国淘宝村"总数的30%，吉林省的4个"中国淘宝村"全部在吉林市。吉林市入选"电子商务促进乡村振兴十佳案例"。近年来，吉林市委、市政府把推进农村电商发展摆上重要日程，先后出台《吉林市电子商务发展行动计划（2017—2019年）》《吉林市"十三五"电子商务产业发展计划》和《2018年电商扶贫工作计划》，组织全市农村电商发展情况大调研，起草了《吉林市推动农村电子商务高质量发展实施意见》等指导性文件，取得了一系列成果。蛟河市、桦甸市被评为全国首批电子商务进农村综合示范县；磐石市、舒兰市、永吉县被评为省级电子商务进农村示范县，截至2019年，全市建成省级电商镇4个、电商村49个。

（一）吉林市建设"中国淘宝村"的主要做法

1. 高度重视、快速推进

在成功打造两个"中国淘宝村"的基础上，吉林市商务局及时总结经验，提高工作效率，紧密结合乡村振兴战略和"数字吉林"建设，在后续的淘宝村建设上不仅重视店铺数量和销售额的建设要求，更着力突出本地特色商品的上行销售和品牌培育，推动产业链信息化和数字化，增强辐射带动效应，使淘宝村产业结构更优化、内生动力更足，成功完成了淘宝村建设由 1.0 版本向 2.0 版本升级。

2. 因地制宜，立足特色，结合当地资源建设淘宝村

黄松甸村作为黑木耳和灵芝产品的大型集散基地，充分利用黄松甸黑木耳和黄松甸灵芝两个国家地理标志产品的品牌效应，成功打造了黄松甸村电子商务一条街，依托产业优势实现线上线下融合发展，同时带动了周边贫困村脱贫致富。

3. 利用网络优势，发挥"中国淘宝村"作用，助力脱贫攻坚

淘宝村的价值体现在带动周边贫困村脱贫致富上。吉林市委、市政府把淘宝村建设作为电商扶贫的重要内容。已经建成的 4 个"中国淘宝村"，在吉林市的脱贫攻坚中切实发挥了巨大作用。棋盘村成为"中国淘宝村"之后，与磐石市永丰村结成了帮扶对子。经过多方调研论证，决定发展芦笋线上线下融合销售。永丰村很快就发展成远近闻名的芦笋种植专业村。年轻人学技术种植芦笋，年纪大的人在家看网店，帮着接单发货，户均年收入超过 5 万元。

（二）吉林市"中国淘宝村"发展中存在的问题

一是同质化。吉林市淘宝村大部分以当地特色农产品为主要商品在网上销售，如黄松甸村的黑木耳、大荒地村的大米等，产品同质化。

二是产业规模较小。吉林市淘宝村以小规模网商为主，龙头企业数量少。仅有黄松甸森百味食品有限公司、大荒地东福米业等少数品牌企业。

三是专业人才稀缺。村民的经营模式主要靠模仿，缺少既懂电商经营、又了解本地特色农产品的专业人才。

四是缺乏配套的物流设施。吉林市农村电商物流配套设施建设相对滞后。

（三）吉林市"中国淘宝村"未来展望

1. 实施品牌经营战略

着力打造吉林特色产品品牌，同时构建区域品牌体系，提升产品的辨识度和消费者忠诚度。深耕品牌建设及宣传推广，采取差异化竞争策略。针对东北大米、乌拉草、无公害牛羊肉、人参、黑木耳、蜂蜜等特色产品，打造质量过硬的名优品牌，使品牌形象与消费者期望相契合。

2. 优化物流体系建设

进一步通过基础设施的完善和公共服务投入的增加来缓解小规模电商的仓储压力。同时，通过建立仓储中心实现配送资源整合，为电子商务配送服务业务的高效开展提供有力支撑。

3. 强化人才队伍建设

把人才建设作为淘宝村发展的重中之重，重点关注本地人才和回流的原籍人才。为愿意回到家乡开展创新创业的大学生提供政策优惠，吸引高水平电商设计和营销人才返乡创业或加入各企业开展相关工作，为淘宝村的持续发展注入新的动力。

4. 发展第三方电子服务行业

引进资质及口碑良好的专业化第三方服务提供商，开展智能配送、营销运营、数据分析咨询以及系统设计等有助于提升电商经营水平和竞争力的业务，为现代农业和农村电子商务的有效结合、推进乡村振兴提供有力支撑。

5. 全面开展"中国淘宝村"建设

全力发展电子商务助推乡村振兴。选取、扶植那些带动力强、产业链长的产业，鼓励龙头企业、互助合作组织、经纪人和农户通过网络销售渠道，把其他地区附加值高的特色优势产品纳入当地网销。

（四）成功经验总结

1. 政府的支持与政策引导

吉林省领导高度重视，成立了由吉林市主要领导担任组长的吉林市淘宝村建设工作领导小组，多次召开专题会议，设立了专项支持资金，大力支持推进淘宝村建设工作，取得显著成效。

2. 当地产业基础支撑

建设"中国淘宝村"需要有一定的产业基础。在淘宝平台上销售产品可以打破时间空间的限制，但没有改变商业的基本逻辑，卖的东西总得有人生产，有人运送。吉林市黑木耳产业基础为农村低成本开店提供了支撑，使黄松甸村成功建成"中国淘宝村"，带动全村实现脱贫。

3. 选择重点产业，结合地域特色，引导集群发展

发动全村力量建设"中国淘宝村"，不仅节约了劳动力成本，也提高了产品产量与生产效率。

4. 充分利用网络优势

电子商务在很大程度上改善了农村的生产生活，淘宝村的变化尤其明显。食用菌养殖大户蒋恩龙前几年经验不足，缺乏网络销路，创业失败。从头再来之后，在淘宝上开设店铺，同时在政府的扶持下，成为重新创业的典型，带动全村发展建设。从吉林市"中国淘宝村"的建设过程可以看到，现代农业与电子商务的结合使一部分农民的创业潜能得到释放，也为当地特色农产品赢得了市场。

参考文献

［1］朱琳、尹进、张睿：《科技创新驱动辽宁现代农业产业体系建设问题研究》，《农业经济》2022 年第 7 期。

［2］蔡来臣、赵庆丽、杨俊锋：《加快推进吉林市特色的现代农业发展的思考》，《中国农业信息》2015 年第 24 期。

［3］杨丽莎、杨莉：《淘宝村发展现状、问题与对策研究——基于宁波余姚芦城村的调研分析》，《经济论坛》2016 年第 9 期。

［4］李丹丹、郭爽、王莹：《吉林市科技创新政策研究与发展》，《江苏科技信息》2019 年第 32 期。

［5］孙建群：《在江城绘就创新创业画卷——吉林省吉林市多措并举合力推进"双创"工作》，《中国就业》2018 年第 9 期。

［6］任华：《吉林省农村电商可持续发展问题研究——以黄松甸淘宝村为例》，

《现代经济信息》2019 年第 7 期。

　　［7］翟续程、潘玥：《吉林市现代农业产业园数字农业发展建设研究》，《农村实用技术》2021 年第 2 期。

Research on the Problems and Countermeasures of the Scientific and Technological Innovation and Development of Modern Agricultural Industry in Jilin City

Lin Yenan，Li Wenrong and Guo Shuang

Abstract：In the context of comprehensively promoting rural revitalization，technological innovation is needed to support the development of modern agricultural industry. Based on local resources advantages and proactive industrial policies，Jilin City adhere to the development of modern characteristic agriculture. The article combines the case of agricultural technology innovation and development to study the problems and countermeasures of modern agricultural industry development.

Key words：Modern Agricultural Industry；Innovative Development；Jilin City

第十七章　长白山人参产业科技创新发展研究

王意峰　刘贞珍　董　惠[*]

摘　要： 我国人参产业近几十年来得到了快速发展，长白山是人参的主要产区，有最适合人参生长的自然环境，截至2024年，长白山人参龙头企业和各类科研机构成果丰硕，人参精深加工产品达300余种，还有大量以人参皂苷入药的药品和保健品。本文以长白山区域人参产业为主要研究对象，研究内容包括长白山人参产业发展现状、技术创新、面临的困境及发展前景等。

关键词： 长白山；人参产业；技术创新

人参被誉为"百草之王"，是东北三宝之冠，在我国中医药界一直是备受推崇的药材品种。古往今来，人参被认为是名贵的中药材，也是滋补佳品。随着现代药学的发展，对人参的科学研究不断深入，人参的药理作用机理也得到了进一步的阐明，开发和研究创新人参药物的工作也突飞猛进。长白山人参作为我国最具代表性的人参产业集群，已然成为吉林省特色"名片"，人参产业技术不断创新，未来发展方向逐步明朗。

---

* 王意峰，白山市科学技术信息研究所工程师，研究方向为计算机科学与技术、计算机网络；刘贞珍，白山市科学技术信息研究所研究员，研究方向为科技情报研究；董惠，白山市高新技术产业促进中心工程师，研究方向为环境工程。

一 长白山人参产业发展现状

（一）长白山人参区域优势

长白山是目前全国唯一的人参道地产区，具有得天独厚的资源优势，长白山人参产量占全国总产量的 80% 以上，经济效益显著。长白山区域的气候、土壤、生态环境都非常适合人参的生长，因此这里的人参品质非常高。人参是一种怕晒、怕热、怕旱的植物，对生长环境要求较高，主要生长在海拔 1500~2500 米的高山森林中，而且人参生长速度较慢，20 年左右的林下人参，其根部重量仅十几克至几十克。但是，长白山属于温带大陆性气候，这里的山林是参天大树的家园，土质肥沃，落叶层很厚，常年不化的积雪使地表含水率较高，给人参提供了适宜的生长环境，人参长势优良。

（二）人参产业标准化体系建设

围绕优化人参种植生产、规范人参产业市场、扩大人参出口贸易等构建人参标准化体系是长白山人参产业持续健康发展的必然要求。近年来，我国相关部门对于人参产业标准的制定工作非常重视，积极会同医药、林业、发改、环保等多个部门加快长白山地区人参标准的制定。全国标准备案可查的相关参评产品已达到 28 个以上，严格审查应用高效低残留农药、全面铺开测土施肥质量检测等标准的参评参检率达到 95% 以上。

吉林省按照长白山人参产业集聚区建设规划和实施方案，严格落实集聚区建设，建立健全项目动态考核机制，对规划实施情况进行全面监测和分析评估，研究规划实施过程中出现的新情况和新问题，成立了由省农办、省财政厅共同组成的领导小组。适时开展调研视察，发现建设中的疑难问题，帮助项目单位解决问题。经过几年来的积极建设，人参产业标准化体系建设新态势已经形成。

（三）打造"长白山人参"品牌

吉林省政府重视品牌建设，重金打造区域公共品牌"长白山人参"。吉林省先后开发了五个系列涵盖 1000 多个品种的人参相关产品，包括食品、药品、保健品、化妆品和生物制品等，有些增值甚至高达几十上百倍。2024 年，预计有 44 家企业生产"长白山人参"品牌产品，共 152 个品种，每年可提供 5000 多吨人参原料，"长白山人参"品牌估值达 190.48 亿元。"长白山人参"品牌经过多年的努力，知名度不断提升，影响力日益扩大，已经成为公认的优质品牌。在市场竞争机制的驱动下，参茸产业开始吸引越来越多的生产者和投资者，人参产业的发展后劲非常强劲。

二　长白山人参产业技术创新

（一）药理创新

人参中的营养成分和功用成分以人参皂苷为主。目前已分离出约 300 种人参皂苷，而在创新药物开发领域具有良好临床应用前景的人参皂苷（元）和结构修饰人参皂苷（元）有 200 多种。目前围绕人参皂苷创新药物开发开展了大量研究，取得了许多重大科研成果。

人参皂苷根据母核的不同可以分为达玛烷型、齐墩果酸型、奥克梯隆型三大类。其中，达玛烷型人参皂苷的母核是四环三鳟类化合物，根据是否有 C-6bit 的替代基分为人参二醇组皂苷和人参三醇组皂苷。齐墩果酸人参皂苷是一种五环三酰胺皂苷类化合物，以齐墩果酸为母核而得名。奥克梯隆型人参皂苷是西洋参特有的人参皂苷，其侧链中含有三酰皂苷。

随着对人参皂苷成分及衍生物合成的深入研究和现代药理学的进步，人参皂苷被广泛用于增强体质、延缓衰老、抗癌、抗炎、抗肥胖、调节代谢障碍、改善记忆力等，尤其在防癌治疗领域，临床效果显著。随着人参皂苷技术开发方案的实施，人参皂苷相关的研究将更具连续性、系统性，人参皂苷的功能效用也将得到进一步挖掘，为进一步设计具有不同结构且效果更为明显的活性人参皂苷及其衍生物提供理论支持，为开发出更多临床疗效确切、剂型选择科学的创新药物提供科学思路。相信随着人参皂苷研究持续突破，未来一定会涌现一批治疗癌症和心脑血管疾病、促进细胞再生的创新型药物，助推大健康产业，弘扬中医药精华，让"长白山人参"品牌持续绽放光辉。

（二）种植创新

人参的种植环境相对苛刻，对土壤、温度、湿度、光照等都有较高的要求。长期以来，很多科研团队将研究重心放在人参种植上，对人参的生长环境进行人工干预，以求高产，但是种出的人参品质不高。

2022~2024 年我国科研团队结合人参种植实践，采取自主研发与先进技术引进相结合的方法，研发了一套符合中国国情、针对性强、轻便高效的全过程机械化人参种植设备，包括手摇床步机、气吸式人参精准播种机、人参苗移栽挖坑一体机等。这些设备较好地解决了"适配不足"的技术障碍，消除了中国推广人参种植机械化、标准化模式的壁垒。

（三）精深加工创新

人参产业链分为上游、中游、下游三个环节，上游是种植和流通环节；中游是人参药品加工制造环节、人参保健品加工制造环节、人参化妆品加工制造环节、人参提取物加工制造环节、相关副产品加工制造环节；下游是医疗机构、电子商务零售等流通环节，以及人参产品的销售。吉林省白山市经过多年努力，不断发展人参深加工，已拥有人参制品 300 余个种类，800 余种产品。近年来，通过实施一系列扶持政策，采取招商引资等措施，白山市通过产学研相结合，研发了人参皂苷、人参肽、人参多糖等一系列极具核心竞争力的精深加工产品，在人参领域成功培育壮大了几家龙头企业，带动作用明显，集中优势力量打造长白山优质人参深加工产业集群。

（四）"长白山人参"品牌创新

吉林省不断开拓创新，通过各种渠道助力品牌建设，使"长白山人参"的美名在中国家喻户晓，品牌知名度和影响力也在世界范围内不断提升。

为规范品牌营销管理，吉林省先后制定了《关于加快推进全省人参产业高质量发展的实施意见》《吉林省人参产业条例》《吉林省人参管理办法》等政策法规，以建立"以参代补"的品牌经营模式为目标，在全省范围内推行综合性方案。成立了长白山人参品牌管理委员会，制定了《长白山人参品牌和产品管理实施条例》，形成了品牌企业标准、品牌原料供应标准、品牌产品认证标准、品牌产品专卖标准以及连锁销售模式和由企业主体运作、政府积极推动的品牌运作模式。

吉林省不断优化营销管理机制，提升品牌运作水平，不断开发品牌产品，推陈出新，产品已涉及医药、食品、保健、美容、化妆等多个领域，成功研发生产长白山人参品牌系列产品，如模压红参、人参片、人参香皂、人参茶、人参挂面、人参大米等，满足消费者的多样化需求。

截至 2024 年 7 月，吉林省已认证长白山地区 173 个"长白山人参"品牌原料生产基地，每年将 3000 吨优质人参提供给该品牌生产企业；这些生产基地已办证土地面积近 4.8 万亩，参检率达 95%以上，能满足企业生产需求。

品牌的塑造不是一蹴而就的，涉及多个部门多个环节，更需要品牌运营商持之以恒，长期付出与努力。从品牌注册到标准制定，从产品加工到全程监管，从田间地头到市场营销，从传统销售模式到"互联网＋"新零售模式的超前布局，横向沟通与纵向协调，"长白山人参"品牌已经在世界人参领域留下深深的印记。

三　人参产业发展面临的困境

（一）传统林地种参面临挑战

国家实施天然林禁采政策，大幅削减人工采伐迹地指标，吉林省从

2015 年起停止批准使用天然林地种植人参，人参种植面积锐减。

2021 年，国家明文规定禁止国有林区的采伐活动，传统林地中的参类植物种植优势被削弱。传统人参品种资源保护面临一系列挑战，种植技术和技艺传承也面临一系列挑战。

（二）人参精深加工仍处于探索阶段

人参精深加工企业较少，实力不强，加工工艺层次不高。多数企业只提供原材料和加工服务，产销模式相对粗放，产业链不健全，产品附加值不高。中国出口人参约占产量的 35%，以原始形式销售的人参占产量的 40%~50%，深加工人参仅占 1/4。人参深加工水平亟须提升，人参精深加工产品虽然有较高的知名度、较好的质量和信誉，但比较稀缺，市场占有率也比较低。

（三）人参管理体系不够完善

众所周知，人参具有药品、食品、土特产品、农副产品的多重属性，其管理较为复杂，而 GMP 车间认证对人参食品、中药饮片等限制条件较多，导致许多人参产品无法取得食品生产许可证，产品的各种认证工作开展起来相当艰难。根据《传统食品药材目录管理办法》，人参所属的系列提取物及人参的茎、叶、花和果等，不能作为食品生产。另外，林下参不仅是一种高档的健康产品，也是一种有机食品，但不能作为保健食品销售，一定程度上导致下游保健食品的发展受到了限制。

四 长白山人参产业发展前景

（一）无公害农田人参栽培技术的开发

农田种参将逐步成为人参主流种植方向，具有无公害生产、农药残留低等优势，不仅解决了人参与林地的矛盾问题，还有利于人参产业机械化生产，集群化发展。

深入建设长白山"参谷"，重视发展人参产业园区，做好农资供应、农械应用、知识普及等统一服务，积极开展人参种植区域测土，通过人参无公害农田栽培技术、农田土壤修复技术、病虫害综合防治管理系统，培育优产、高产、抗逆人参，实现人参栽培技术转型升级。

（二）人参在药食领域的发展方向

长白山人参药用价值和营养价值极高，用于营养保健效果非常好。加强中药材产业创新引领，推动精深加工人参产业发展，推进数字化人参建设，对促进人参产业可持续发展具有十分重要的意义。

我国人民的健康理念日益进步，"修身食补"理念日渐盛行，为人参产业发展提供了重要条件，因此，在食品领域可将人参广泛用于泡茶、酿酒、药膳等。人参在一般食品领域也极具发展潜力，如休闲食品，开发含人参成分的蜜饯、果干、糖果等，吉林省作为全国乃至世界的人参主产地，借助科研院所、企事业单位等研发了含人参成分的休闲食品、饮料、酒等，产品在全国销售，并通过人参产业集群化发展，打造以"长白山人参"品牌为依托的食品产业链。

药理研究结果显示，人参功效很多，补益元气，提神益智，对泌尿生殖系统的益处也十分显著。我国人参产业多为初加工，精深加工占比不高，中成药的开发滞后，截至 2024 年，人参相关的中成药约 1000 种，主要以人参鹿茸丸、人参补丸、人参首乌精等为代表。

（三）"长白山人参"品牌发展方向

打造"长白山人参"品牌已成为吉林省战略重点，吉林省力争将"长白山人参"品牌的知名度和市场认同度提升到一个全新的高度，充分利用"长白山采参习俗"这一国家级非物质文化遗产，通过放山采参的方式举办了各类活动。在海内外开展了一系列宣传推广活动，如"长白山人参"品牌推介会、参王拍卖会、品牌发布会、国际人参大会等，取得了很好的成效。致力于推广人参美食文化，自 2021 年起，成功举办第六届、第七届澳门"长白山人参"美食大赛，并举办了一系列吉林人参推广活动，全面普及吉林人参文化。

通过中央媒体和地方媒体、门户网站等进行独家专题宣传，播放人参宣传片；在多家报纸杂志上连续刊文宣传推广"长白山人参"。

迎合时代潮流，采用短视频形式发布人参相关视频，在快手、抖音等短视频平台制作并发布了54集科普视频，累计播放量250.4万次。短视频是未来主流宣传模式，吉林人参产业的品牌建设和市场销售都离不开短视频的带动。

（四）人参销售发展方向

吉林省积极抢抓大健康产业发展机遇，以产业优势和经济优势转化为抓手，充分利用资源优势，促进人参产业向千亿元级产业迈进。人参产业的关键环节始终是销售，人参是地方经济的重要推动力。根据《关于加快推进全省人参产业高质量发展的实施意见》，人参产业发展目标为到2025年，全省人参产业总产值有望达到800亿元，并致力于在2030年前突破1000亿元。

随着"互联网+"销售模式不断更新，直播带货、视频带货等新兴方式逐步引领市场，取代了原先传统的营销结构。基于"长白山人参"品牌推广力度，促进人参产业销售转型升级，助力推动人参产业资源整合、扩大"长白山人参"品牌线上销售规模，同时利用跨境电商开拓国外销售渠道，深入推进人参产业数字化发展。

参考文献

[1] 张恺新、陈晓林、高宇光等：《吉林省人参产业发展情况的调研与思考》，《吉林农业》2019年第9期。

[2] 韩红祥、樊美玲、鲍成胜：《吉林省人参产业科技创新现状及发展趋势分析》，《特产研究》2011年第3期。

[3] 郑策、全颖、凌立莹等：《基于SWOT分析法的吉林省人参品牌战略研究》，吉林省第七届科学技术学术年会论文，长春，2012。

Research on the Technological Innovation and Development Direction of Ginseng Industry in Changbai Mountain in 2024

Wang Yifeng, Liu Zhenzhen and Dong Hui

Abstract: In recent decades, China's ginseng industry has experienced rapid development. The Changbai Mountains region is the main production area of ginseng and is the most suitable natural environment for its growth. As of 2024, leading ginseng enterprises and various scientific research institutions have achieved fruitful results, with more than 300 types of ginsengdeeply processed products. There are few drugs and health products that use ginsenosides as medicine. This article takes the ginseng industry in the Changbai Mountain region as the main research object, and the research content includes the regional advantages of Changbai Mountain ginseng, the standardization system of ginseng industry, the brand construction of "Changbai Mountain ginseng", technological innovation of ginseng industry, and future development prospects.

Key words: Changbai Mountain; Ginseng Industry; Technological Innovation and Development

第十八章　科技创新促进发挥饲用油菜优势，加快畜牧业发展

苗春瑞　郭艳芹　陈智勇　于庭浩　陈希铷

倪志阳　衣艳秋　罗颖辉　李淑娟　许立军[*]

摘　要：饲用油菜是由传统油菜经过不断改良培育而成的新品种，具有抗寒性、耐盐碱、生产快等优势，已在我国各地区大面积种植。饲用油菜不仅可以食用还可以饲用，其多功能性受到农户的一致好评。本文对饲用油菜的功能、优势、品种选育和种植技术以及在畜牧业中的应用进行了综述。

关键词：饲用油菜；多功能利用；种植技术

我国东北地区天然草场退化严重，饲料尤其是优质的青贮饲料需求量日益增长，但供给严重不足，冬季尤为短缺。牧草作为反刍动物的主要营养物质来源，其供应量直接影响牧民收入以及畜牧业的可持续发展。

---

[*] 苗春瑞，吉林省白城市畜牧科学研究院畜牧师，主要从事动物营养和饲料研究工作；郭艳芹，吉林省白城市畜牧科学研究院高级畜牧师，主要从事动物繁殖技术研究工作；陈智勇，吉林省白城市畜牧科学研究院高级畜牧师，主要从事动物疾病防治研究工作；于庭浩，吉林农业科技学院动物科技学院在读硕士研究生，主要研究动物生长与发育；陈希铷，吉林省白城市畜牧科学研究院畜牧师，主要从事动物遗传育种工作；倪志阳，吉林省白城市畜牧科学研究院畜牧师，主要研究动物生长与发育；衣艳秋，吉林省白城市畜牧科学研究院高级畜牧师，主要从事动物遗传育种工作；罗颖辉，吉林省白城市畜牧科学研究院高级畜牧师，主要从事动物繁殖技术研究工作；李淑娟，吉林省白城市畜牧科学研究院高级畜牧师，主要从事动物繁殖技术研究工作；许立军，吉林省白城市畜牧科学研究院高级畜牧师，主要从事动物疾病防治研究工作。

　　油菜是十字花科植物，原产于中国，是一种重要的油料作物，世界排名仅次于玉米和油棕榈。饲用油菜是一种新型油饲品种，由传统油菜培育而成。饲用油菜现已是一种新型饲草，其功能得到不断开发利用，经济价值逐步提升，加速了油菜产业的转型，推进了油菜产业发展，也为畜牧业发展提供了更多保障。

一　饲用油菜发展历程

　　饲用油菜最早种植于欧洲，因为区域气候不同，油菜种植分为春季播种和冬季栽培两种方式。苏联学者曾研究了饲用油菜的种植及价值，认为欧洲和亚洲大部分地区适合在冬季或半冬季栽培饲用油菜，西伯利亚、加拿大、澳大利亚等地的气候条件适合春季播种。加拿大植物学家研究发现油菜种子中的抗营养成分直接影响人和动物的食用安全，于是采用传统的植物育种技术将其去除，这是对油菜最早的改造，西方国家对饲用油菜的用途研究直到第二次世界大战结束才完成。

　　我国最早的关于油菜秸秆应用的研究报道出现在 1977 年，研究表明，油菜饲料可以饲喂猪。但当时的油菜中含有大量硫代葡萄糖苷和芥酸等抗营养成分，作为饲料被大量食用会对动物产生有害影响，例如，甲状腺肿大、中毒、消化不良、器官功能紊乱，严重时致死。20 世纪 80 年代中期至 20 世纪 90 年代，我国先后经历了饲用油菜的种植试验以及双低油菜育种试验，并取得了较好成果。饲用油菜种植试验由傅廷栋院士团队完成，双低油菜育种试验的成功让饲用油菜又回到人们的视野。现如今，饲用油菜在我国南部大面积种植，并极大地提高了经济价值，前期作为旅游观光景点，后期作为饲料饲养畜禽，集生产、加工、销售、旅游观光于一体。我国东北地区陆续尝试种植饲用油菜，部分地区取得良好成效，为畜牧业发展提供了新的饲草。

二 饲用油菜的功能

（一）油用

我国食用油种类丰富，油菜作为重要的油料作物之一含有较高的营养成分，其中双低菜籽油油酸含量达47%左右。双低菜籽油含有丰富的脂肪酸、维生素等多种营养物质，其饱和脂肪酸含量较低，单不饱和脂肪酸含量较高，多不饱和脂肪酸含量占比均衡，是极其健康的植物油。胆固醇指标与单不饱和脂肪酸油酸含量相关，油酸含量越高，胆固醇越低，低胆固醇可以有效预防心血管疾病。双低菜籽油含有其他植物油没有的亚麻酸，亚麻酸对未成年人智力和视力发育有一定的积极作用，此外还含有大量的维生素E和多酚等抗氧化物质。双低菜籽油深受消费者喜爱，相比其他植物油更加健康，价格低廉，适合多种烹饪方式，是消费者首选的优质食用油。

（二）饲用

饲用油菜具有生产迅速、产量较高、营养物质丰富、抗寒性较强等优势，适合在农闲时期种植，缓解了冬春季节饲料供应不足的问题，深受农户认可。饲用油菜可以作为鲜饲料饲喂，还可以作为干草饲料饲喂以及青贮饲料，是优良的青饲料，已经在我国大面积推广种植，具有较高的经济价值和生态效益。

（三）绿肥用

盛花期的油菜作为绿肥效果最好，与传统的肥用作物相比，饲用油菜具有生物量高、成本低、营养物质含量高等优势。盛花期的油菜压青过深或过浅都会影响发酵进度和肥效，压青深度控制在20cm左右最为适宜，能够有效地腐解并释放营养物质，促进磷吸收，提升土壤肥力，改良土壤化学结构。

（四）菜用

油菜薹为改良后双低油菜的主要食用部分，口感爽滑、香味独特，含有丰富的维生素、矿物质等营养成分，同时还能降低胆固醇、预防心血管疾病，对身体健康大有帮助，受到消费者一致好评。种植油菜需要严格把控农药，因此油菜是健康的绿色蔬菜。油菜薹除了可以新鲜食用还可以制作成饮品或腌制品，以方便长时间储存。官春云的研究表明，采摘油菜薹对菜籽产量无任何影响，对油菜产业多方位发展、提高经济效益有着重要意义。[①]

（五）观赏用

油菜花颜色艳丽，目前已经有 20 多个品种，盛花期长达 30 天，极具观赏价值。观光油菜已在我国大面积种植，分布广泛，部分地区已将油菜观赏发展成为生态旅游项目，丰富了农业旅游产品，促进区域经济可持续发展。油菜花观赏成了近年来高热度旅游项目，部分城市举办了油菜花观光节，推动乡村生态旅游与油菜种植相结合，提高农民收益，促进经济可持续发展。

三　饲用油菜的优势

（一）饲用油菜适合在东北地区种植

我国东北地区自然条件决定了农作物以一年一熟作物为主，主要有玉米、大豆、水稻等。农作物秸秆是反刍动物重要的饲料来源，由于季节原因，农作物产出秸秆与动物饲养并不匹配。秋收时期秸秆大量产出，饲料资源丰富，冬春时期青饲料供不应求，严重短缺，直接影响养殖业经济效益，制约畜牧业发展。农作物在收割后会进入很长的农闲期，农闲期过长导致大量的自然资源浪费，土壤长时间裸露，风化严重，化学结构遭到破坏，土壤肥力下降，有效利用率也大大降低。在农闲期种植饲用油菜可以

---

① 官春云：《优质油菜生理生态和现代栽培技术》，中国农业出版社，2013。

很好地解决这些问题。饲用油菜生长能力强、周期短、产量高、对盐碱地有一定的耐受性，在一定程度上对土壤改良有积极作用。在东北地区种植饲用油菜，对改良土壤、优化种植结构、增加农户收益、促进农牧结合以及畜牧业可持续发展有重要的意义。

（二）饲用油菜生长迅速，产量较高

饲用油菜有较强的抗寒性，在低温环境下仍然有较高产量并且生长迅速，形成较大的营养体只需要 2~3 个月，生长量明显高于其他青饲料。饲用油菜在南方冬闲时种植，在东北、西北地区麦后种植，较大地提高了土壤有效利用率。

（三）饲用油菜营养丰富，品质好

饲用油菜主要含有粗蛋白、粗纤维、粗脂肪、无氮浸出物、钙、磷等营养成分。饲草品质与粗蛋白含量有关，粗蛋白含量越高品质越好。植物细胞壁的主要成分是粗纤维，粗纤维含量直接影响饲草动物的采食量和消化率，研究表明，粗纤维含量越低，饲草动物的采食量和消化率越高。脂肪作为供给反刍动物能量的重要原料之一，有着较高的能量。在相同条件下，脂肪能量远远高于蛋白质和碳水化合物。因此，饲草中粗脂肪含量越高，品质越好。无氮浸出物主要是由碳水化合物组成，而碳水化合物的高低直接影响饲草营养价值高低。因此，饲草品质与无氮浸出物含量有关。反刍动物的健康与饲草中钙、磷含量息息相关，饲草中钙、磷含量低时，可引起反刍动物骨质疏松、佝偻病等。饲用油菜的品质与饲用油菜中的营养成分含量有关，有研究表明，饲用油菜品质好是因为含有较高的粗蛋白和粗脂肪以及较低的粗纤维，较高含量的无氮浸出物和钙、磷提升了适口性。饲用油菜为反刍动物提供了高品质的饲草来源，达到了饲草的营养标准，有效缓解了饲料短缺问题，进一步提升了饲用油菜的社会效益、生态效益，促进了畜牧业可持续发展。

（四）饲用油菜提升土壤利用率，效益好

饲用油菜种植成本低、易栽培、好管理、生长周期短、产量较高，收

益可观，受到农户一致好评，适合大范围种植。我国南北方地区都存在农闲期，南方地区大部分是在水稻收割后，北方地区大部分是在小麦收割后，种植饲用油菜可以很好地利用农闲期。南北方复种饲用油菜在一定程度上解决了冬春饲料供不应求的问题，增加了饲料的多样性以及产量，降低畜牧业饲养成本，也有助于预防雪灾。农闲期种植饲用油菜可以提升土壤利用率，充分利用自然资源和剩余劳动力，增加就业岗位，提升农民收益，增加粮食产量，缓解饲草饲料压力，增加土壤农作物覆盖面积，减少风化，缓解牧草生产压力，进一步促进畜牧业发展。

（五）饲用油菜耐盐碱，生态价值高

饲用油菜根系发达，能产生较多的有机酸，分解土壤中的磷，植株体内含有大量碳水化合物以及氨基酸，可以通过渗透作用从盐碱土壤中汲取营养成分，对盐碱地有较强的耐受性，可以在盐碱地广泛种植。饲用油菜能够活化土壤中的氮、磷、钾等营养成分并提高其含量，有效改善盐碱土壤化学结构，收割后的饲用油菜根系、剩余茎叶入土腐烂后可促进土壤中有机物质转化，提升土壤肥力和生产力，实现了用地养地二合一。复种饲用油菜可以延长土壤绿色作物覆盖时间，缩短土地暴露时长，减少风化、侵蚀，降低损失，提升土地种植能力，对改良土壤、保护水土资源，提升生态效益有积极作用。

四 饲用油菜的品种选育及种植技术

（一）饲用油菜的品种选育

华协 1 号、66 号和 22 号含有较高的粗蛋白和粗脂肪，营养物质丰富，适口性好，是优良的饲料品种。华油杂 62 含有较高的有机物并且有较强的耐寒能力，丰产性高，综合性较好，适合在寒冷的东北地区种植。饲油 1 号和 2 号是甘蓝型双低油菜杂交品种，产量高，品质高，具有较强的耐盐碱性，收割后残留油菜根系和茎叶入土腐烂后可作为肥料，适

合大面积推广种植。

（二）饲用油菜的种植技术

1. 麦后复种

小麦收割后，将秸秆处理干净，整理好土地使其平整利于播种。饲用油菜种植一般在 7 月中下旬左右开始，最好选择雨前或雨后播种，节约水资源的同时，降低播种成本并且效果较好。播种时种子大小要均匀，行距在 13cm 左右，播种量为 $14.5 \sim 22kg/hm^2$，在抽薹期进行施肥，可以使用尿素和氯化钾。饲用油菜出苗后，及时清除田间杂草，并合理间苗，控制苗数；幼苗生长期间，喷洒防治蚜虫和菜青虫的药剂，病虫防治喷剂需稀释 $1000 \sim 3000$ 倍，连喷 3 次，不可使用有毒、有害或高残留农药。

2. 两季种植

播种土壤应选择上一年没有被农药污染的，第一季播种时间可以选择在 5 月中旬左右，温度稳定在 7℃ 左右，播种前一周适量喷洒除草剂，种子播种深度为 $2 \sim 3cm$，幼苗生长期可使用氰戊菊酯乳油和高效氯氰菊酯，防治杂草、菜青虫等害虫。第二季播种时间可以选择 7 月中下旬左右，免耕播种，与第一季播种方式相同。

五　饲用油菜在畜牧业中的应用

（一）饲用油菜作为鲜饲料，直接饲喂

饲用油菜生长周期短且速度较快，可以随刈割随饲喂，种植规模小的还可以采用放牧的形式进行饲喂。经研究表明，饲用油菜在不同生长时期其营养物质含量不同，且差异较为明显。作为优质的饲料资源综合评定，饲用油菜的盛花期含有较高的粗蛋白和粗脂肪，是最佳鲜饲草刈割时期，饲喂家畜效果较好，经济效益较高。饲用油菜作为新型的鲜饲草饲料，增加了牧草饲料的多样性，同时也缓解了冬春饲料供不应求的问题。

（二）饲用油菜制作成干草饲料

饲用油菜在初花期刈割适合制作成干草，制作过程中要严格把控水分含量。刈割前对油菜的初花率和天气做好判断，油菜初花率达到 80% 左右，连续晴天 2~3 天时进行刈割，刈割后经过晾晒水分低于 50% 后打捆，打捆后放置干燥室内阴干。饲用油菜作为干草其营养物质含量不低于羊草，是较优的牧草。

（三）饲用油菜制作成青贮饲料

青贮工艺可较好保留饲用油菜的营养物质，延长存放时间，改善适口性，饲喂效果更好，还可以促进家畜胃肠蠕动，增强消化功能，提升饲料转化率，在饲料加工业被广泛使用。选取抽薹现蕾期的饲用油菜进行青贮，刈割后去除泥沙、根系、烂叶等杂质，保证水分在 70% 左右，水分过高或过低可适当采取晾晒或加水等方法，确保水分适宜再进行切碎，切碎长度控制在 5cm 左右。青贮可以选择窖贮和袋贮两种方式。窖贮需要根据饲养畜禽的数量、场地面积来确定构建形状。一般选用石头或砖块与水泥结合的材质，需要容量较大时构建长方形，容量较小时构建圆柱形。填装窖之前，将塑料膜铺在窖底，饲料随铺随压实，装满后用塑料膜包严，塑料膜上覆盖一层湿土保证密闭性。袋贮选取无毒塑料膜，大小适宜可容纳 50kg 左右的饲料，随装饲料随压实，装满后封口，发现漏气及时补救。饲用油菜青贮饲料填补了冬季牧草饲料短缺问题，缓解了草场压力，对畜牧业健康、稳定发展有重要的现实意义。

（四）饲用油菜的放牧利用

饲用油菜有较强的抗寒性，在低温环境下有较高的产量，油菜田可供放牧牛、羊、鸡等畜禽，放牧时间控制在 1~2 小时且无露水。放牧可降低饲养成本，减少劳动力，提升土地利用率。同时，饲用油菜种植可增加地表植被覆盖时长，防治水土流失。

参考文献

［1］杨寒珺、黄星宇、贾春英等：《饲用油菜在我国畜牧业中的应用》，《当代畜牧》2022年第4期。

［2］汪波、宋丽君、王宗凯等：《我国饲料油菜种植及应用技术研究进展》，《中国油料作物学报》2018年第5期。

［3］李纯、傅廷栋、孙小牛：《春播油菜绿肥试验简报》，《湖北农业科学》1987年第1期。

［4］张哲、殷艳、刘芳等：《我国油菜多功能开发利用现状及发展对策》，《中国油料作物学报》2018年第5期。

［5］贺才明、谷云松：《油菜规模生产经营》，中国农业科学技术出版社，2017。

［6］刘丽莉、杨协立、张仲欣：《低胆固醇发酵肉制品的研究与开发》，《食品科学》2005年第9期。

［7］姚琳、孙璇、咸拴狮等：《油菜多功能利用及发展前景》，《粮食与油脂》2020年第11期。

［8］范倩玉、李晋、刘振华等：《饲用油菜对盐碱地土壤改良效果探究》，《河南农业科学》2020年第11期。

［9］官春云：《优质油菜生理生态和现代栽培技术》，中国农业出版社，2013。

［10］金光忠、周顺成：《麦后复种饲料油菜的种植利用及效益分析》，《畜牧与饲料科学》2008年第6期。

［11］杨雪海、张巍、赵娜等：《油菜华油杂62不同生长期氨基酸组成及营养价值评价》，《中国油料作物学报》2017年第2期。

［12］乌兰、马伟杰、义如格勒图等：《油菜秸秆饲用价值分析及其开发利用》，《内蒙古草业》2007年第1期。

［13］王志坤、顾海滨、邵立刚等：《黑龙江省西部高寒区春小麦复种饲料油菜技术》，《黑龙江农业科学》2014年第5期。

［14］岳永华、杨瑞吉、牛俊义等：《复种饲料油菜对麦茬耕层土壤酶活性的影响》，《草业学报》2007年第6期。

［15］黎咏蜀：《饲用油菜栽培技术及营养价值研究》，西南大学，硕士学位论文，2014。

［16］赵娜、杨学海、魏金涛等：《不同生长期饲用油菜的营养价值和青贮发酵品质》，《草业科学》2020年第5期。

［17］刘晓伟、郭天文、张平良等：《旱地复种油菜高产栽培技术规程》，《甘肃农业科技》2021年第3期。

［18］毕影东、樊超、周广生等：《北方寒区饲肥兼用型油菜综合利用研究进展》，《中国油料作物学报》2023年第3期。

［19］郭丛阳、王天河：《饲用油菜青贮技术规程》，《草业科学》2008年第4期。

Scientific and Technological Innovation Promotes the Full Play of the Advantages of Forage Rape and Accelerates the Development of Animal Husbandry

Miao Chunrui, Guo Yanqin, Chen Zhiyong, Yu Tinghao, Chen Xiru

Ni Zhiyang, Yi Yanqiu, Luo Yinghui, Li Shujuan and Xu Lijun

Abstract：Forage rape is a new variety developed from traditional rape through continuous improvement. It has many advantages, such as cold resistance, salt tolerance and fast production. Not only can feed rape edible can also be used as feed, its multi-functional by farmers praise. In this paper, the function, advantage, planting technology and application in animal husbandry of forage rape were summarized.

Key words：Forage Rape；Multi-functional Utilization；Planting Techniques

案例篇

第十九章　数字金融时代科技创新型企业融资问题研究

生洪宇[*]

摘　要：科技创新型企业是经济发展的引擎，具有高风险和轻资产的特点，在传统金融环境中面临融资困难、成本高昂问题。数字金融具有降低成本、扩展服务范围和覆盖更多客户的优势，能够为科技创新型企业开辟新的融资路径。利用大数据和智能化技术，推动数字金融服务模式改革，可以大幅改善科技创新型企业的融资状况。本文主张通过搭建数字共享平台、构建数字金融体系、加强信用体系建设、优化担保机制、加大政府扶持力度和采用数字监管等方式，形成合力，以帮助科技创新型企业解决融资难题，实现健康发展。

关键词：数字金融；科技创新型企业；企业融资

2023年10月，中央金融工作会议提出，加强对新科技、新赛道、新市场的金融支持，加快培育新动能新优势。科技创新型企业因研发投入大、成长速度快以及轻资产运营模式，扮演着科技创新活动主力军的角色。在驱动新经济发展、助推产业结构优化升级、提振战略性新兴产业乃至激活地区经济活力等方面起着关键支撑作用。

科技创新型企业由于高风险及轻资产运营，长期受困于高融资成本和

---

* 生洪宇，长春金融高等专科学校财务管理学院院长，教授，研究方向为财务管理。

担保难题，尤其缺乏实物资产抵押，难以从传统金融机构获得贷款。近年来，国家对此高度关注并采取行动。2020年，工信部推出了《中小企业数字化赋能专项行动方案》，旨在通过数字化、网络化和智能化手段，赋能科技创新型企业，促进其可持续发展。2022年，工信部进一步优化企业"321"工作体系，深化数字化赋能计划，根据企业实际需求制定数字化转型指南。通过运用大数据、移动互联、云计算等先进技术，改革传统金融模式，缓解科技创新型企业融资难的问题，并为其创新发展提供强大支持。数字金融如何有效帮助科技创新型企业突破融资瓶颈、创新融资方式，是我国当前亟待解决的重要议题。

一 数字金融与科技创新型企业

（一）数字金融含义及特点

数字金融是由传统金融机构与金融科技企业运用数字技术提供金融服务的新形态，经过多年发展已经上升为国家战略。它融合了数字技术与传统金融的特点，是一种全新的金融服务形式。数字金融的核心特点如下。

1. 服务成本低

运用数字技术替代实体网点，减少人力投入，显著降低了服务成本，尤其是为新客户提供服务的边际成本。同时，利用大数据等技术优化信息处理和风险管理，提高金融服务效率，降低获取新客户的成本，增强商业模式的可持续性。

2. 覆盖面广

不同于依赖实体网点的传统金融，数字金融依托互联网和移动信息技术，突破了地域限制，使金融服务无差别地覆盖至偏远和欠发达地区，全面深入扩展了基层服务。

3. 服务对象更多

数字金融不仅追求普惠金融，服务于更广泛的用户群体，而且通过灵活运用大数据等技术，使以往难以满足条件的低收入人群和科技创新型企业也能便捷获取信贷、投资和融资等服务。同时，线上信用平台和众筹平台等新业务形态也拓宽了大众参与金融活动的渠道，丰富了金融服务的多样性。

（二）我国数字金融发展现状

我国数字金融始于 2004 年底支付宝的创立，2013 年余额宝的推出则标志着我国数字金融步入快速发展阶段，当前数字金融蓬勃发展。数字金融的兴起与中小微企业长期存在的融资难问题密切相关。随着市场主体的快速增加，中小微企业数量从 2008 年的不足 3900 万户猛增至 2022 年上半年的逾 1.6 亿户，成为市场的重要力量。传统金融体系难以满足此类企业小额分散的个性化融资需求，导致金融服务难度大且成本高。

在这种背景下，基于现代信息技术的数字金融能够有效获取并分析企业经营状况和信用信息，大幅提高信贷审批的速度和准确性，弥补了传统金融服务的不足，获得了广阔的市场空间和政策支持。2021 年，《"十四五"数字经济发展规划》明确提出要大力推进产业数字化转型，加快金融领域数字化转型，鼓励银行金融机构创新产品与服务。2022 年，针对银行业和保险业的数字化转型，中国银保监会发布了《关于银行业保险业数字化转型的指导意见》，要求银行保险机构加快数字化转型，服务实体经济和满足人民群众需要，进而推动产业升级和经济高质量发展。

（三）科技创新型企业含义

科技创新型企业是指那些以创新为驱动力，紧密结合市场需求，主动进行技术研发并取得自主知识产权成果，以此为基础打造独具特色、具备市场竞争力的产品或服务的企业。这类企业注重研发体系的建立和完善，在科学技术层面持续探索与突破，在管理模式、市场营销策略、企业文化等多个维度实现创新。科技创新型企业通常活跃在高新技术产业领域，科技人员占比较高，拥有强大的技术研发能力，能在行业内占据领先地位，具有快速响应市场变化的能力、具有高成长性，能够可持续发展。同时，这类企业致力于推动产业升级、经济增长和社会进步，是国家发展战略中的重要组成部分，备受政策鼓励和支持。

二　科技创新型企业融资面临的问题

（一）　缺少融资平台

科技创新型企业受限于自身规模和综合实力不够强大，往往难以达到资本市场的上市要求，因而无法采取直接融资的方式从资本市场获取资金。与此同时，由于信用状况相对较弱和市场竞争地位不高，科技创新型企业通过债券融资亦面临较大挑战。因此，科技创新型企业融资主要依赖银行贷款的方式。但银行和其他金融机构为了确保信贷资金的安全性和回报稳定性，通常会对放贷业务设定较高的准入门槛和诸多条件，倾向于将资金优先配置给那些实力雄厚、规模较大的企业。加上银行本身信贷资金总量的局限性，科技创新型企业在争取银行等金融机构的融资支持时，面临着很大的困难。

（二）　资本规模受到限制

科技创新型企业在筹集资金时遭遇资本规模瓶颈，阻碍其发展。传统金融体系在支持科技创新型企业扩充资本方面具有局限性：一是科技创新型企业规模较小，经营范围有限，往往难以达到传统金融机构严格的风险控制标准；二是许多科技创新型企业缺乏足额的抵押品和担保，金融机构在大额融资上持谨慎态度；三是部分科技创新型企业的财务基础薄弱，盈利不稳定或者偿债能力较弱，这限制了它们吸收大规模资金的能力。

数字金融催生了多种新型融资方式，有利于解决科技创新型企业融资难、资本规模受限的问题。但在具体实践中，要切实提升科技创新型企业的融资规模，仍需寻求更为全面且灵活的解决机制，以有效应对并克服现存的各种制约因素。

（三）　信用体系建设有待完善

科技创新型企业在我国经济体系中具有重要地位，然而，由于其规模相对较小，企业内部管理看待完善、操作流程有待标准化，加上部分科技创新型企业主对信用管理不够重视，对企业信用评级的重要性认识不足，一定程度上增加了企业的经营风险。

在实际经营中，部分科技创新型企业过于追求短期利润，而对企业长远发展考虑相对不足。当企业发展到一定阶段，过度依赖短期盈利的经营模式可能使企业面临现金流压力，甚至引发资金链断裂，增加企业的经营风险。因此，科技创新型企业在追求短期收益的同时，也应注重企业的长远发展，强化内部管理和信用建设，以规避潜在风险。

（四）银行与企业信息不对称

传统金融机构与科技创新型企业之间存在信息不对称的问题。由于科技创新型企业在管理制度上不够健全，导致金融机构在审核此类企业贷款申请时，难以获取详细的财务、偿债能力以及企业信用等级等关键信息。当银行等金融机构审批科技创新型企业的贷款申请时，通常需要企业提供一系列经营状况证明，以证明企业具备未来可持续经营的能力。同时，企业还需要办理贷款卡、准备抵押物等手续，过程往往耗时较长，环节较为烦琐。而科技创新型企业通常需要的是短期、小规模的融资。面对正规金融机构的高额手续费和复杂的申请流程，科技创新型企业往往会选择非正规金融机构。信息不对称在一定程度上限制了科技创新型企业从正规渠道获得融资，增加了其融资的不确定性。

（五）政府保障支持力度不足

科技创新型企业是经济发展的引擎，但在融资议题上，政府支持力度不足。现有的政府融资政策措施在精准度和灵活适应性上存在短板。科技创新型企业因不同的经营规模、行业属性以及所处发展阶段不一，对融资有着多元化的诉求，但现有的融资政策框架往往通用性较强，难以细腻贴切地满足每一家企业的个性化需求。并且，政策的制定与执行往往周期较长，对市场动态和科技创新型企业突发的资金需求反应不够敏捷。除此之外，政策信息传递不到位也是一个不容忽视的问题。政府在推行各种融资支持政策的过程中，可能会因为传播渠道有限、宣传手法不够丰富多样，造成一部分科技创新型企业对政策的具体内容、申请步骤以及可利用的融资政策了解得不够充分，致使符合政策资助条件的企业错过了宝贵的融资时机。

三 数字金融发展对科技创新型企业融资的影响

（一） 拓宽融资渠道，提高融资效率

科技创新型企业融资金额较小、融资周期较短、融资风险较高，许多大型金融机构对其持保守态度。随着金融行业的创新和发展，众多小型金融机构纷纷涌现，在一定程度上缓解了科技创新型企业的融资压力，但仍未能使科技创新型企业彻底摆脱融资困境。金融科技的兴起，为科技创新型企业提供了更多的融资渠道，并显著提高了融资效率。通过金融科技的应用，金融机构能够更精准地匹配资金供需双方，一方面，开发风险更低的金融产品，吸引更多投资者，从而汇聚更多的社会资金，增加科技创新型企业的融资额度；另一方面，完善金融服务，缩短贷款审批周期，提高企业融资的成功率，降低金融机构的运营成本。因此，金融科技的应用为科技创新型企业拓宽了融资渠道，提高了融资效率，为企业的稳健发展注入了新的活力。

（二） 提高金融服务的普惠性，促进投融资信息匹配

数字金融的发展有力推动了企业信息不对称问题的有效解决，并在很大程度上增强了金融服务的普惠性和投融资信息的匹配度。区块链、大数据和云计算等先进科技，拓宽了获取信息的途径，科技创新型企业能够高效筛选关键信息，减少信息不对称的现象。数字金融信息服务除了提供基础的宏观环境、行业态势和企业详情等信息，还通过融合另类数据与基本面数据等多种信息资源，构建服务框架与工具，极大地助力科技创新型企业在投资战略规划、交易执行以及风险管控等重要环节实施更为精准的判

断和决策。随着信息不对称情况的逐步减少，国有商业银行能够更加精确地捕捉科技创新型企业的融资需求，了解其信用状况，从而在提升金融服务普惠性的基础上，极大增强银行的投资精准性，实现投融资信息的高度适配。

（三）推动传统金融数字化转型，降低融资门槛

推动传统金融数字化转型能够有效降低科技创新型企业的融资门槛，从而减轻科技创新型企业的融资负担。在传统金融体系中，由于科技创新型企业信息披露不足，金融机构为了控制风险，需投入大量成本进行信息搜寻和审核，这导致融资过程中的搜寻成本、监督成本和交易成本较高。这些成本最终会转嫁到企业身上，增加融资成本，限制其融资能力。

随着数字金融的兴起，传统金融迎来数字化转型的机遇。通过运用大数据、云计算等先进技术，金融机构能够更高效地收集和分析信息，降低搜寻成本。利用互联网平台展示金融产品和服务，也减少了企业搜寻与之匹配的金融机构的成本。数字化转型不仅有助于降低金融机构的运营成本，还能够降低科技创新型企业的融资成本，缓解其融资难问题。通过数字化转型，传统金融机构能够更好地适应科技创新型企业的融资需求，降低融资门槛，为更多科技创新型企业提供便捷、高效的金融服务。

四　数字金融时代科技创新型企业融资路径

（一）搭建数字共享平台，形成融资合力

一方面，政府需要着力构建多元化融资服务体系，积极推动金融机构与科技企业携手共建一系列覆盖广阔领域的线上金融平台，以此拓宽科技创新型企业融资路径，满足各类市场主体的差异化资金需求。另一方面，银行应强化金融科技创新驱动力，积极推动区块链、人工智能等前沿科技深度应用，以求简化融资程序、加快融资审批速度，并有效降低融资成本。银行可以与科技企业展开紧密合作，协力推进金融科技产品的研发与

应用，共同推动金融服务的创新升级。通过搭建数字共享平台，各方力量得以有效聚合，形成融资协同效应。

（二）构建数字金融体系，消除融资约束

为了消除融资约束，金融机构要全力构建数字金融体系，为科技创新型企业提供特色、高效的金融服务。在产品层面，通过深度梳理适合这类企业的金融产品并结合企业反馈，创新研发贷、优质科技型小企业信用贷、在线贴现、跨境直贷等多元化金融产品，以拓宽企业的融资渠道，满足其多样化的融资需求。同时简化审批流程，利用科技金融特色产品为优质科技型中小企业开辟绿色通道，提高审批效率，坚决做到不抽贷、不断贷、不压贷。此外，结合线上线下服务渠道，加速提升金融科技的应用能力，全方位开展"线上化、无接触"金融服务，实现服务渠道的优化升级，为企业提供更加便捷、安全的融资服务。

（三）加强信用体系建设，完善担保机制

借鉴发达国家的成功经验，不断创新担保机构的业务模式，以更好地适应科技创新型企业的融资需求。鼓励担保机构主动拓宽业务范围，开发符合科技创新型企业特点的保险产品，以提高担保能力，降低企业的融资风险。同时，引导企业加强信用信息的收集和共享，建立健全信用评价体系，为金融机构提供准确、全面的企业信用信息，提高融资效率。

（四）加大政府扶持力度，降低企业融资成本

为了降低企业融资成本，政府需要加大宏观调控力度，强化政策协调能力。一方面，政府可以积极借鉴发达国家的成功经验，提升科技金融政策的协同效应，加强企业融资政策及措施的协调。时机成熟时，依法颁布相关金融政策，并设立监督机制确保政策发挥实效。另一方面，政府需发挥宏观调控职能，对金融资源进行整合与调整，解决金融政策分布零散、财政资金无法统筹等问题，确保资源均衡分布。关注符合产业发展趋势、具有巨大潜力的企业，给予适当的政策倾斜，从而充分发挥政府金融扶持

政策的宏观作用。通过这些举措，政府可以有效推动企业融资成本的降低，助力企业健康发展

（五）运用数字监管模式，提高风险防范能力

完善科技创新型企业的财务体系，确保信息源头的真实性与可靠性。企业应建立以财务管理为核心的管理机制，优化财务管理信息系统。通过量化财务指标，企业能够提前预测和评估经营风险，及时采取措施减少损失和降低风险。借助财务信息提升企业在金融机构中的信用评级，简化融资流程，提高对经营过程中资金链断裂的应对能力。

五　结语

面对数字金融的时代浪潮，我国科技创新型企业迎来了前所未有的机遇与挑战。面对融资难题，我们必须充分利用数字金融的优势，打破传统金融壁垒，构建服务科技创新型企业的多元、高效、普惠的融资生态系统。通过政策引导、技术创新、平台搭建、信用建设、风险防控等多管齐下的综合措施，不仅可以有效解决科技创新型企业融资难的问题，还可以推动整个金融行业数字化、智能化转型，为我国经济高质量发展注入强劲动力。同时，政府、金融机构、科技企业三方需携手共进，形成合力，共同塑造更具包容性和创新性的金融市场环境，助力科技创新型企业突破发展瓶颈，实现可持续增长，从而在全球竞争中抢占先机。

参考文献

［1］李瑶：《数字普惠金融缓解中小企业融资约束研究》，《国际商务财会》2022年第 10 期。

［2］倪志兴：《数字金融发展对我国中小企业融资约束的逻辑路径》，《全国流通经济》2022 年第 9 期。

［3］王珺：《数字普惠金融视角下中小企业融资约束问题研究》，《营销界》2023第 7 期。

[4] 王瑶慧、史小坤：《数字金融缓解中小企业融资约束的机制与路径研究》，《企业科技与发展》2021 年第 10 期。

[5] 周泽炯、王国庆：《数字普惠金融对中小企业融资的影响研究》，《长春师范大学学报》2020 年第 11 期。

[6] 张磊、吴晓明：《数字化金融缓解中小企业融资约束的机制、困境与对策分析》，《理论探讨》2020 年第 5 期。

[7] 汪亚楠、叶欣、许林：《数字金融能提振实体经济吗》，《财经科学》2020 年第 3 期。

Research on Financing Issues of Sci-techInnovation Oriented Enterprises in the Digital Financial Era

Sheng Hongyu

Abstract：This paper discusses the role ofsci-tech innovation oriented enterprises as the engine of new economic development. Due to its high-risk and asset-light characteristics, it is difficult and costly in the traditional financial environment. The emergence of digital finance has opened up a new financing path for such enterprises with the advantages of reducing costs, expanding the scope of services and covering more customers. Through big data and intelligent technology, digital finance reforms the service mode to greatly improve the financing situation of sci-tech innovation oriented enterprises. The article advocates strengthening financial technology, building sharing platform, establishing digital financial system, strengthening credit system, optimizing guarantee mechanism, increasing government support and adopting digital supervision, to support sci-tech innovation oriented enterprises to overcome financing difficulties and achieve healthy development.

Key words：Digital Finance；Sci-tech Inovation Oriented Enterprises；Corporate Financing

第二十章 基于协同理论的科技期刊助力吉林省科技智库建设研究*

马　卓　杨丰侨　郭沫含　王　婷　魏忠宝**

摘　要：科技期刊是展示学术成果的重要载体和促进学术交流的重要平台，为汇聚创新成果、策源创新思想提供了重要阵地。培育世界一流科技期刊，发挥和提升科技期刊的智库功能，对实现科技期刊与智库的功能融合、促进两者互动发展具有重要意义。本文通过梳理科技期刊和智库的功能及发展现状，分析了科技期刊发挥智库功能的可行性，以及在人才资源、决策支持、成果转化和运营方式等方面的瓶颈问题。通过将科技期刊功能和智库功能融合，提出了科技期刊通过人才队伍组建、打造智库品牌、坚持问题导向、促进资源融合等有效路径助力区域科技创新发展，并以吉林省科技期刊为例，充分阐释科技期刊助力区域科技创新发展的智库作用。

关键词：科技期刊；智库；科技创新

---

* 基金项目：吉林省科学技术信息研究所基本科研经费"吉林省科技期刊与科技智库协同发展研究经费"（项目编号：JX-JBKY-2024-02）

** 马卓，博士，吉林省科学技术信息研究所副研究员，研究方向为科技信息传播，信息资源管理；杨丰侨，吉林省科学技术信息研究所研究实习员，研究方向为信息资源管理；郭沫含，吉林省科学技术信息研究所助理研究员，研究方向为信息资源管理；王婷，吉林省科学技术信息研究所研究实习员，研究方向为编辑出版；魏忠宝，博士，吉林省科学技术信息研究所副研究员，研究方向为科技信息，信息资源管理。

"思想库"一词最早出现在党的十八大报告中。从 2013 年起，国家开始高度重视智库建设。习近平总书记指出，智库是国家软实力的重要组成部分，随着形势的发展，智库的作用会越来越大，要高度重视、积极探索中国特色新型智库的组织形式和管理形式。[①]"中国特色新型智库"的概念由此在学界引发了热烈讨论。2013 年，"智库"一词正式出现在中共中央文件中，党的十八届三中全会通过了《中共中央关于全面深化改革若干重大问题的决定》，明确指出需加强中国特色新型智库建设，建立健全决策咨询制度。智库建设在国防、外交、科技、教育、经济等诸多方面发挥着重要的作用。

科技期刊具有传播学术成果、汇聚前沿思想、交流学术观点等多种功能，为智库发展提供了宝贵资源，搭建了理想的平台，契合了高端智库"一体两翼"（智库建设是一体，研究功能和传播功能是两翼）建设的内在需求。因此，在建设中国特色新型智库的战略背景下，发挥科技期刊的智库功能，赋予科技期刊智库角色，是提升科技期刊社会影响力，促进科技期刊国际化发展的重要路径，同时也是促进智库发挥决策咨询作用，汇聚专家、人才，建设世界一流智库的必然要求。

一 文献回顾

（一）科技期刊

1991 年发布的《科学技术期刊管理办法》第二条规定科学技术期刊是指具有固定刊名、刊期、年卷或年月顺序编号、印刷成册、以报道科学技术为主要内容的连续出版物。2005 年颁布的《期刊出版管理规定》定义的期刊是指有固定名称，用卷、期或者年、季、月顺序编号，按照一定周期出版的成册连续出版物。2014 年颁布的《关于规范学术期刊出版秩序促进学术期刊健康发展的通知》指出，学术期刊是经国家新闻出版行政主管部

---

① 《习近平谈建设新型智库：改革发展任务越重越需要智力支持》，中国共产党新闻网，2015 年 1 月 21 日，http://cpc.people.com.cn/xuexi/n/2015/0121/c385475-26422432.html。

门批准，持有国内统一连续出版物号，领取期刊出版许可证，以刊载研究发现和创新成果的学术论文、文献为主的定期连续出版物。综合上述定义，本文参考《期刊出版管理规定》，将科技期刊定义为有固定名称，用卷、期或者年、季、月顺序编号，按照一定周期出版的，报道科学内容、宣传科技思想、传播科技成果的成册连续出版物。同时，根据《科学技术期刊管理办法》第五条，将科技期刊分为综合性、学术性、技术性、检索性、科普性 5 类。

科技期刊是科技信息传播的重要媒介，在传播科技成果、共享发展中发挥着极为重要的作用。经过阅读、分析、整理相关文献，本文认为科技期刊的作用有以下三个方面。第一，科技期刊能够提供人才队伍支撑。迟玉华认为科技期刊适应创新人才的需要，从管理角度而言，科技期刊有高学术水平的专家团队、经营者，以编委会、理事会、编辑部等组织形式展现出来，为科技发展积累了大量优秀人才资源；从学术角度而言，科技期刊审稿机制严格，审校内容多样，要求期刊编辑了解最前沿的科技思想、科研话题，并定期参与编辑培训、专业培训，提升审稿能力和学术涵养，为储备科技人才提供了契机和平台。第二，科技期刊能够提供知识资源。蒋崇玲提出，科技期刊是学术交流的重要平台，刊载了各个领域具有强科学性和指向性的科学信息，影响力大，知名度高，能够及时传播最前沿的科技信息；同时，科技期刊可以推动学术交流和发展，为各领域人才搭建学术交流平台，为科技决策、政策咨询等提供"智慧大脑"，助力学术引领和科技创新。第三，科技期刊能够呈现有价值的科技成果，促进成果转化。科技期刊有高学术水平的科研团队，能够实现与智库的有机连接，促进科技成果转化为智库成果，用以支持决策制定，使科研成果转化为现实生产力。

（二）智库

智库，也称思想库，指智囊机构，又称思想工厂、外脑、脑库、智囊团、政策研究机构、情报研究中心等，是储备和提供思想的"仓库"。近年来，国内外学者对于"智库"一词，从多个方面，以不同角度探究其定义。国外学者认为智库是独立的政策利益相关者。Weaver 和 McGann 认为，智库是具有自主性的政策研究机构，能够自主开展分析，参与公共决策，提供咨询服务；日本智库研究专家认为智库是主要政策的利益相关者，独立且不以利益为基础，不以营利为目的。与国外学者以管理结构划分和是否盈利为判断标准来定义"智库"不同的是，国内专家学者以战略问题和公共政策研究为首要目标来定义智库。薛澜和朱旭峰认为，智库是一种相对稳定的政策研究机构，能够提供决策咨询，以有效的沟通方式影响公共决策；穆占劳在国外智库概念研究的基础上进行了概括，认为智库以支撑公共政策制定和影响决策为首要目标，服务于国家机关和社会团体，具有非营利性；孙哲认为，智库是由多学科专家团队组成，聚焦国内外政策议题，提供决策建议和支撑的机构。本文中的智库特指科技智库。综合上述国内外学者研究得出的有关智库的概念，将其定义为通过运用专业知识和科学工具，为公共政策和决策研究提供咨询服务，主要解决科技自身发展决策问题和以科技为基础的经济社会决策问题的研究机构。

智库的作用因时间、地点、国别（地区）、环境等而不尽相同，各国（地区）智库在不同历史背景、政策制度和社会环境的影响下具有不同的功能。李伟认为，智库的功能大致分为以下四个方面：提供决策咨询；服务、教育公众；建设人才队伍；平衡各种分歧。王莉丽认为，向上，智库能够向政府传递及时、有效的决策信息，培育和输送专业人才，解决现实问题与诉求；向下，智库能够及时向公众传播政策动态，解读政策；向内，智库能够以自身合理化运行来维持智库整体协调发展。国外对智库功能的认识主要聚焦于智库知识和政府权力之间的关系。Weaver 和 McGann 认为，智库是权力和知识的桥梁，也是知识和政策的桥梁，智库分析政策难题，提供解决办法，便于公众理解。综上所述，本文认为智库的功能主要有以下四个：培养人才，建设人才队伍；提高决策影响力，提供决策支撑；促进科技成果转化为现实生产力；整合决策信息，汇聚决策资源。

（三）科技期刊与智库的关系

科技期刊为科技智库提供知识和信息，是探究专业理论、传播科技信息的重要平台。随着多媒体技术的发展，科技期刊的作用已不局限于传统的学术信息展示和传播平台搭建，而是拓展至为智库建设提供信息资源和成果积累，为决策支撑、政策咨询培育各领域的人才。科技期刊传承人类文明，荟萃科学发现，引领科技发展，直接体现国家科技竞争力和文化软实力。科技期刊在区域创新发展过程中发挥智库功能，能够使科技成果在更高层次、更宽领域助推社会发展。已有许多学者针对科技期刊与智库的关系展开研究，讨论主要从科技期刊对智库建设的作用和智库对科技期刊发展的作用两个方面展开。从科技期刊对智库建设的作用来看，杨柳春和文彦杰分析了科技期刊作为智库传播核心的作用机制，认为具有高影响力的科技期刊能更好地促进科技成果的传播与转化，从而更好地发挥智库功能；江波对科技期刊的智库功能与定位进行了探讨，提出科技期刊在对智库成果的发布、为智库建设提供人才支持以及引领智库建设方面发挥着重要的作用；李二斌和周献对科技期刊服务新型智库建设的可能限度及现实路径进行了讨论，认为科技期刊可以通过坚持正确的政治方向、转变思想、服务大局、搭建平台、召集多元主体参与、汇聚思想、设置焦点议题、开展深度研究、协同攻关、聚焦重点议题等路径来发挥智库功能。从智库对科技期刊发展的作用来看，王军峰总结归纳了科技期刊智库化转型的发展现状、路径与意义，认为智库为科技期刊发展提供了方向，让科技期刊在加强自身队伍建设的同时，从出版机构转向科研机构，从知识生产转向知识服务，从服务学术转向服务全产业链，以促进自身高质量发展；温优华和曾荣平探究了科技期刊与智库互动发展的机理与路径，认为智库建设有助于科技期刊在发展过程中提升学术质量，帮助科技期刊提升社会影响力，塑造科技期刊品牌。上述学者已基本达成共识，认为科技期刊在智库建设中以发挥间接作用为主，虽然不直接作用于政府决策，但能够参与智库咨询服务体系构建，为决策优化提供科学保障。还有一些学者根据智库和期刊评价指标体系，或根据期刊学科特征，提出了各自服务智库建设的可行路径。

尽管智库研究持续升温，但与发达国家（地区）相比，我国智库的发展水平及其在国家科技创新战略布局中的贡献仍有待提升，智库对我国科技创新的支撑和推动作用尚未充分展现。因此，本文将从人才资源转换、适应决策需求、促进成果转化以及完善运营方式等多个角度出发，深入探究科技期刊发挥智库功能助力区域科技创新发展的瓶颈，为推动科技期刊的进一步发展和提升其在国家科技创新战略中的贡献提供新的思路。

二　科技期刊发挥智库功能存在的问题

随着新的科技力量不断涌现，科技期刊通过传达科技热点、展现人才优势，助力新质生产力发展。但科技期刊的智库功能尚未充分发挥，要"转知为智、建库汇智"，还有人才资源、决策支持、成果转化和运营方式等诸多问题亟待破解。

（一）科技期刊人才资源与智库人才建设目标不匹配

智库的核心力量是由专家学者组成的高素质人才队伍，能够助力科技决策，使智库发挥决策影响力。然而，目前科技期刊的人才资源与智库人才需求不匹配。在人才队伍构建层面，智库对人才在跨学科知识储备、学术水平、社会影响和合作交流等方面具有较高的要求。而科技期刊人才队伍主要是围绕出版活动构建，这在本质上与智库人才建设目标不匹配。期刊作者往往仅专注于自己研究的学术领域，缺乏泛在式的跨学科交叉研究，且多以发表论文为目的，未充分考虑其科技成果能否转化为智库所需。期刊编委会是提供出版服务的专家团队，而非为智库贡献力量的专业团队。并且大多数编委不仅是期刊的成员，还兼任高校教师、科研专家等，期刊缺乏对编委队伍的必要约束。此外，许多期刊编辑尚未意识到需要自我提升以支持智库的建设和发展，普遍存在意识不足、时间有限和能力不足的问题。

（二）科技期刊在决策影响力上与智库有差距

智库作为问题驱动型的决策支持机构，其核心职能是通过信息传递、分析评估，并结合专家团队的综合判断，为政府和社会提供有意义的决策支撑。智库通常通过承接政府课题项目、定向报送研究成果以及内部专家交流等多种方式，发挥其在政策决策中的影响力。然而，与智库相比，科技期刊的规模通常较小，其信息承载能力也远不如现有的科技智库。因此，科技期刊工作重心是学术成果发表以及参与部分科研课题。尽管科技期刊在引领科技创新和传播科技成果方面发挥了积极作用，但产出的研究成果往往未能有效地为国家战略制定或地方经济发展政策制定提供决策建议和理论支持。科技期刊的这一局限性使其难以充分发挥智库服务功能。

（三）科技期刊成果转化与现实情况脱节

科技期刊所呈现的大部分科研成果以论文发表为主，未能真正转化为应用实践，很多科技期刊缺乏对热点话题的敏锐度，无法及时地将最新的科研成果与热点问题进行有机关联，无法为政府提供有用的决策建议。学术论文想要转化为智库成果，达到为决策提供信息支撑、为政府建言献策的目的，需要经过信息提炼、成果加工、实地调研等诸多环节。但期刊编辑由于缺乏时间、能力不足等，无法有效地将学术论文转化为智库产品。另外，期刊与政府决策部门之间缺乏有效的沟通交流渠道，尚未形成成果报送机制，导致期刊论文及科技成果无法及时到达决策层并发挥作用。

（四）科技期刊尚未达到智库运营标准

智库运营要"遵守国家法律、相对稳定、运作规范"，而科技期刊的经营相对分散，缺乏学科融合、协同互通，发展动力不足，尚未达到智库运营标准。我国科技期刊的运营，从稿件征集、审校编辑到出版发行，整个过程涉及学术资源整合、编辑出版、市场经营三大关键环节。根据当前科技期刊经营现状，这三个环节之间存在分工不明确、契合度低的问题。期刊工作者主要专注于其核心职责，往往缺乏足够的能力和资源去适应智库型工作，这限制了优质期刊资源发挥作用。这种结构性缺陷长期以来制约了科技期刊发挥智库功能的潜力。

三 科技期刊发挥智库功能助力区域科技创新发展的路径

（一）盘活人才资源，组建人才队伍

科技期刊是发现人才和培养人才的平台，在聚合人才资源、组建人才队伍中发挥重要作用。科技期刊的编辑、作者、审稿专家、编委会组成了庞大的人才队伍，可为智库建设提供强有力的人力资源。科技期刊需要不断吸引优秀科研人才，建设高层次、多元化的人才队伍，开启人才流转"旋转门"，使其成为智库人才，让科技期刊在区域创新发展中有效发挥智库作用。

1. 发挥编委会核心作用，强化编辑能力

科技期刊想要在人才方面有效发挥智库作用，应从深挖编辑、编委这两大核心人才资源入手，不断聚合产学研用等更广泛领域的人才，组建"小核心、大外围"人才队伍。科技期刊编委在出版活动中处于核心地位，在期刊专题策划、论文质量把关、提升期刊影响力等方面发挥着重要作用，也是高端智库重要的人才资源。科技期刊编辑在出版活动中具有重要作用，是科技期刊发挥智库功能的主要人才资源。科技期刊发挥智库功能，助力区域创新发展，应注重发挥编委会的核心作用，整合人才资源，打造人才队伍，认识到科技期刊的资源优势以及智库转型的必要性、可行性，明确智库与科技期刊发展的协同效应。以吉林省科技领域的核心刊物《现代情报》为例，该刊在 2023 年成立了新一届编委会，汇集了 30 位国内外信息资源管理领域的专家学者，不仅涵盖了资深专家和权威学者，还包括了一批杰出且富有成就的青年才俊，多层次构筑人才梯队有助于《现代情报》提升出版服务水平、实现数字化转型，为区域创新发展提供丰富的建设性意见和建议。此外，《现代情报》编辑部高度重视编辑人员的业务及科研能力提升，定期安排编辑人员参与图书情报相关的学术会议，并每周举办小型研讨会，专门探讨编校工作中遇到的问题。这不仅充分发挥

了编委会的核心作用，也显著提升了编辑团队的专业能力，促进了期刊的整体发展。同时，通过这种方式推动科技期刊发挥智库功能，为吉林省智库建设贡献了强大的人才支撑，构建了高素质的人才队伍。这充分表明，科技期刊在促进学术交流和科技创新的同时，也能通过提升自身能力、加强人才培养，有效发挥智库功能。

2. 借鉴国外机制，促进人才流转

国际顶尖智库的决策影响力较大，原因之一就是政府部门与智库间的人才流转顺畅。智库与外界形成有机的人才互通机制有助于各领域科研人才良好沟通，也有助于智库成果落地。科技期刊可吸收外籍专家担任智库咨询专家，有助于期刊国际化，同时吸收更多国外智库建设智慧，更好发挥智库功能，助力区域科技创新发展。以《中国光学》为例，该刊于 2022 年暨期刊创刊十周年之际，在德国德累斯顿召开了首届国际编委会会议，对期刊建设、组稿约稿、选题策划等进行探讨。该刊聆听了来自国际的多种声音，为建设国际一流高质量期刊探寻了方向。编委团队国际化将推动稿源国际化，进而提升期刊的学术质量，扩展作者资源，提升期刊的跨文化资源整合能力，从而为智库建设提供全方位、多角度的决策咨询意见，拓宽智库的国际化视野，使科技期刊在区域科技创新发展过程中更好地发挥智库功能。

（二）对接决策供需，打造智库平台

科技期刊具有得天独厚的学术资源优势，能够为智库建设提供智力支撑，通过整理、分析、评估已有的科技成果资料，为决策者提供精简、有效的决策信息。因此，在科技期刊助力区域创新发展过程中，应根据不同的决策目标，整合信息和资源，为社会大众、政府决策组织和智库专家搭建有效的沟通和交流平台，不断听取政策利益相关者的意见，以优化决策流程，提升决策质量。

1. 开设智库专栏，优化决策咨询

为了更有效地发挥科技期刊助力区域科技创新发展的智库功能，关键在于从期刊内容入手。建议设立智库研究专栏，这不仅能够体现期刊对智库建设的重视，也能成为期刊特色亮点。相较于散见的单篇文章，设立专栏能够更加系统地展示智库成果，强化科技期刊的智库功能。专栏中的文章通常由具有较高学术水平的专家及其研究团队在经过深入的选题策划、团队讨论及实践探索后撰写而成，质量和实用价值均有保证。例如，吉林省科技期刊《工业技术经济》针对不同时期的国家战略需求和社会热点问题，开设了"高质量发展"和"新质生产力"等专栏。这些专栏依托专题研究，聚焦当前国家战略和经济社会的具体问题，提出了具有战略性、前瞻性、导向性和建设性的研究成果。通过这种方式，期刊能够紧贴时事热点，专注于新型智库研究的关键领域，为科学决策提供智力支持，并推动社会经济发展。这种策略不仅能够提升期刊的学术质量和影响力，还能有效扩展其智库功能。

2. 打造传播平台，形成智库品牌

在媒体深度融合背景下，科技期刊要重视加强智库传播平台建设，形成智库品牌，利用不同媒体的优势，面向学术界、社会大众和决策层传播最新科技信息。构建立体化智库传播体系，实现全面开花，打造具有影响力的智库品牌，"单点突破"营造社会舆论场，吸引决策层关注。大力实施品牌化战略，将打造高端化、精准化科技决策智库品牌作为重要任务，围绕有深度、有高度的主题进行针对性挖掘和分发，形成由论坛、内部报送平台、官方网站、微信公众号、邮件推送系统等组成的传播矩阵。建立期刊读者数据库，向相关决策层和高影响力读者群精准推送，提高智库的决策影响力。例如，吉林省于 2022 年、2023 年连续两年开展了"科技期刊助力创新发展论坛"活动，并举办了吉林省科技信息智库专家聘用仪式。目前，吉林省科技信息智库共聘任 100 名专家，开启新思维，研究新业态，碰撞新思想，为吉林省科技创新发展贡献智慧力量。

（三）坚持问题导向，促进成果转化

《关于加强中国特色新型智库建设的意见》明确指出，智库应当紧密围绕党和政府亟待解决的重大课题，以全面建成小康社会、全面深化改革和全面推进依法治国为核心任务，进行前瞻性、针对性和储备性的研究。

当前世界快速变革，需要科学而精准地回应"中国之问、世界之问、人民之问、时代之问"。因此，在科技期刊的出版管理策略中，应当坚守办刊宗旨，以拓展和强化智库功能为目标。这要求期刊编辑部主动挑选与国家政策导向和战略需求紧密相连的研究议题，并从提交的稿件中精心筛选与这些主题高度契合的优质文章。采取这种策略可以确保每一篇发表的文章不仅在学术质量上符合高标准，而且在提高期刊社会价值和影响力方面发挥最大效用，实现文章内容与期刊整体定位和目标的相互促进。通过聚焦对国家（地区）和社会发展具有指导意义的议题，科技期刊不仅能够提升自身的学术价值和社会影响力，也能为国家决策和社会进步提供重要的智库支持。

1. 选题贴近现实，聚焦科技前沿

为了提升科技期刊的核心竞争力并塑造鲜明的品牌形象，必须将科技期刊打造为展现科技前沿成果的平台，深度调整办刊策略。调整的核心在于将传统的"学科综合"模式转变为"问题综合"模式。这种转变意味着科技期刊将不再仅围绕特定学科领域进行内容策划和文章征集，而是依据当下科技与社会面临的关键问题和挑战来组织和推动学术交流与讨论。"问题导向"模式促进了智库与科技期刊之间的协同创新，明确了共同需要解决的问题后，两者能够朝着相同的目标集思广益，协同攻关，并明确需要协同的资源。"问题导向"模式能够使科技期刊更有效地响应社会需求和科技进步，提供解决复杂问题的多角度视野，同时增强科技期刊在学术界及社会大众中的影响力，提升其品牌形象和市场地位。为此，科技期刊可设立"热点关注"和"专题探讨"等专栏，邀请相关领域的权威人士撰写稿件，举办针对科技重大问题的专家研讨会。擅长应用研究和战略决策研究的智库应积极参与此类活动并给予支持，整合双方资源，开展协同创新，为国家的科技规划、科学政策和科技决策提供建设性建议。吉林省一些优秀的科技期刊，如《吉林大学学报》（工学版）、《中国兽医学报》和《东北师大学报》等，已经通过开辟专栏等方式，为智库建设提供服务，为政府和行业解决现实问题、优化政策提供理论支持。

2. 促进成果转化，助推成果普及

"理论有独到见解、实践有广泛应用、文化有深远价值"是衡量科学成果的标准。科技期刊作为连接智库建设与学术研究的桥梁，不仅能够为智库提供多样化且高质量的学术资源和智慧产品，还在提升智库影响力以及推动智库成果有效转化方面发挥着积极的作用。科技期刊通过向社会公众发布智库研究成果，利用数字化技术推动学术交流平台的构建，并结合线上线下以及多媒体交互等方式，建立现代化、立体化的全媒体传播体系，进一步促进研究成果的普及。同时，借助数字化手段打造可视化知识产品，如视频期刊、数字期刊等，以更加直观的方式展现各领域的前沿成果、研究价值及未来前景。这不仅有助于降低期刊读者的门槛，方便他们获取相关知识，还有助于将智库成果转化为现实生产力，从而推动我国学术研究水平提升。以《吉林农业大学学报》为例，该刊围绕吉林省特色农业资源，科学合理地解读农学知识，展示农业科研成果，发布最新农业科学技术成果应用案例，充分展现了科技期刊为智库建设服务的功能。

（四）开展协同创新，推进资源融合

有效的组织管理是确保智库顺畅高效运行的关键。在龙头出版机构的引领下，科技期刊整合资源，与高校智库或地方智库形成对接，实现优势互补，共同构建灵活高效的柔性智库。

1. 建立合作机制，加强合作交流

以学科或地域为基础，整合分散的学术资源，促进科技期刊资源共享。为了增强科技期刊在学术和政策制定领域的作用，除了加强期刊之间的合作，还应建立科技期刊与高端智库及政府部门的常态化合作机制。科技期刊与智库集结了大量专家学者，该群体具有卓越的研究能力和深厚的专业知识。通过构建稳定而持久的合作关系，不仅可以实现资源共享和经验交流，还可以达到优势互补的效果。吉林省组建了科学技术期刊工作者协会。该协会自组建以来，参与举办了吉林省科技期刊助力创新发展高峰论坛、吉林省科学技术期刊工作者第六次会员代表大会，开办了吉林省学术期刊高质量发展培训班，召开了第一次常务理事会，协会工作人员赴延

边开展调研交流活动，为智库建设提供丰富的知识资源和人力资源，传播智库的科研成果。此类常态化合作机制的建立，有助于更好地整合科研与政策制定之间的联系，发挥专家的核心作用，从而推动政策制定与实施，加强科技期刊在国家（地区）和社会发展中的影响力。

2. 整合多刊资源，促进智库融通

为了更有效地传播科学知识并提升学术影响力，科技期刊不仅应当加强期刊间的合作，更需深化与高校和智库的交流与合作。科技期刊、高校和智库分别是知识传播的重要平台、人才培养和科学研究的重要基地，拥有丰富的学术资源和深厚的研究底蕴。与高校和智库建立密切的合作关系，科技期刊可以获取更多高质量的研究成果信息，同时为高校和智库提供更广阔的学术交流平台。科技期刊可助力解决高校和智库成果宣传的短板，共享编委会的人才资源；同时，高校和智库有助于弥补科技期刊在转型过程中可能存在的管理体制不足。科技期刊在与高校和智库的合作中可发挥"外脑"作用，为智库提供权威专业的第三方评价、选题参考，并共享研究资源和传播平台。吉林省通过组建吉林省高校科技期刊研究会，探索科技期刊高质量发展之路，打造强有力的科技期刊工作者合作团队。高校科技期刊研究会通过召开研究会、学术讨论会、常务理事会等，集合专家资源，逐步构建了包括平台、内容、研究、活动、咨询等在内的智库体系，实现了多刊资源融合。值得注意的是，科技期刊与高校和智库合作包括但不限于联合举办学术研讨会、共同发布研究报告以及互访学者计划。合作不仅促进了科研成果的共享和传播，还有助于形成跨学科研究网络，提升科技期刊在学术和实际应用中的权威性和影响力。

四　结语

科技助力新质生产力发展在体制机制方面仍然存在亟待解决的问题，一些重大战略性、全局性、关键性体制机制需要改革创新，迫切需要决策咨询机构或智库进行系统深入研究，并提出意见建议和解决方案。科技期刊作为科技成果传播的重要载体，是传播最新科技信息、刊载热点科技话题的重要平台，有助于完善科学普及和科技创新体制机制，在区域科技创新发展中发挥智库功能，为智库建设培育人才，提供决策咨询，促进成果转化，推进资源融合，为完善智库创新政策体系建设，增强决策咨询机制系统性、连贯性、协同性，推进期刊高质量发展提供了可持续发展动力，以此推进智库建设，培育世界一流期刊。

参考文献

［1］《科学技术期刊管理办法》，苏州科技大学学报网站，https：//xb. usts. edu. cn/info/1014/1294. htm。

［2］迟玉华：《科技期刊在知识创新体系中的功能特征》，《中国科技期刊研究》2000 年第 1 期。

［3］蒋崇玲：《科技期刊功能的演化及其可持续发展》，《中国科技期刊研究》2003 年第 3 期。

［4］栗琳、初景利等：《情报与智库》，科学技术文献出版社，2022。

［5］Weaver, R. K., McGann, J. G., *Think Tanks and Civil Societies：Catalysts for Ideas and Action*, New York, NY：Routledge, 2017.

［6］薛澜、朱旭峰：《"中国思想库"：涵义、分类与研究展望》，《科学学研究》2006 年第 3 期。

［7］穆占劳：《美国思想库与美中关系研究》，博士学位论文，中共中央党校，2004。

［8］孙哲：《中国外交思想库：参与决策的角色分析》，《复旦学报》（社会科学版）2004 年第 4 期。

［9］王桂侠、万劲波、赵兰香：《科技智库与影响对象的界面关系研究》，《中国科技论坛》2014 年第 12 期。

［10］李伟：《建设中国特色新型智库，推进国家治理现代化——在"国研智库论坛 2014"年会上的主题演讲》，《中国发展观察》2014 年第 10 期。

［11］王莉丽：《美国公共外交中智库的功能与角色》，《现代国际关系》2012 年第 1 期。

［12］顾艳：《科技期刊的智库服务功能拓展：问题与对策》，《科技与出版》2023 年第 4 期。

［13］杨柳春、文彦杰：《科技期刊作为智库传播核心的作用机制》，《中国科技期刊研究》2020 年第 10 期。

［14］江波：《学术期刊的智库功能与定位》，《河南大学学报》（社会科学版）2017 年第 4 期。

［15］李二斌、周献：《学术期刊服务新型智库建设的可能限度及现实路径》，《中国出版》2018年第18期。

［16］王军峰：《我国学术期刊智库化转型的优势、路径与意义》，《中国编辑》2019年第11期。

［17］温优华、曾荣平：《科技期刊与科技智库互动发展的机理与路径研究》，《中国科技期刊研究》2015年第11期。

［18］姜春林、王丽呈、张光耀等：《智库期刊发展现状及其提升路径》，《中国科技期刊研究》2021年第12期。

［19］文少保：《科技期刊促进国家科技决策优化的策略选择——基于利益相关者的视角》，《中国科技期刊研究》2014年第2期。

［20］刘平：《学术期刊服务智库建设的路径探析》，《科技与出版》2019年第7期。

［21］敏春芳、宋珊：《语言学期刊服务新型智库建设路径研究》，《科技与出版》2021年第10期。

［22］崔尚公、李雪、王少朋等：《学术期刊参与智库决策服务功能建设的可行路径——以海洋学期刊为例》，《中国科技期刊研究》2022年第8期。

［23］王万钢：《充分发挥编委队伍作用提高科技期刊办刊质量》，《天津科技》2021年第9期。

［24］谢武双、全元、孙红梅等：《充分发挥编委会在办高品质学术期刊中的作用——以〈生态学报〉为例》，《编辑学报》2023年第3期。

Research on the Think Tank Role of Science and Technology Journals in Supporting Regional Science and Technology Innovation and Development

——Taking Jilin Province Science and Technology Journals as an Example

Ma Zhuo，Yang Fengqiao，Guo Mohan，Wang Ting and Wei Zhongbao

Abstract：As the important carrier of academic achievements and the important platform of academic exchange，scientific journals are the important battlefield for gathering innovative achievements and promoting innovative ideas. Under the background of cultivating world-class scientific journals, it is necessary to focus on fully leveraging and enhancing the think tank function of scientific journals, achieving the integration of functions between scientific journals and think tank, and promoting their interactive development. The study analyzed the problems ofscientific journals from 4 aspectsabout talent resources, decision support, achievement transformation, and operation methods in playing the role of think tank by combing the development of scientific journals and think tank. And starting from these four aspects, targeted suggestions were proposed to promote the role of scientific journals as think tank in the process of innovation and development. The study explores scientific journal's functions and values of think tank, and combines the functions of journals and think tank. It provides an effective path for scientific journalsin playing the role of think tank in talent team building, building think tank brands, adhering to problem orientation, and promoting resource integration in the process of innovation and development.

Key words: Scientific Journals; Think Tank; Innovation

第二十一章 基层林业科研单位科技创新项目管理研究

孙　勇　吕伟伟　王丽丽*

摘　要： 基层林业科研单位是区域林业科学研究的重要组成部分，担负着本地基础研究和实用研究的一线工作，同时还承担着林业科技推广与示范以及科学普及等工作。现阶段，由于客观因素的影响，基层林业科研单位项目管理受到一定限制，自身科技创新与可持续发展受到影响。持续开展科技创新项目是科技成果转化的必要前提，也是科技服务林农的基础，应加强林业科研项目管理，提高科技创新项目在科研项目中的比重，并形成新的科研成果促进发展。本文针对科研项目管理工作中存在的问题，从科研项目管理、项目申报、人才储备等方面提出了建议。

关键词： 林业科研；科技创新；项目管理

一　引言

新时期，生态文明建设是中国特色社会主义事业的重要内容。习近平

---

* 孙勇，吉林市林业科学研究院高级工程师，研究方向为城市林业、林业科技管理；吕伟伟，吉林市林业科学研究院高级工程师，研究方向为森林培育；王丽丽，吉林市林业科学研究院高级工程师，研究方向为森林生态方向。

总书记指出："人的命脉在田，田的命脉在水，水的命脉在山，山的命脉在土，土的命脉在树。"[①] 林业是生态文明建设的主阵地。20 世纪 90 年代至今，从中央到地方，各级部门对林业发展给予了高度重视，推动林业高质量发展，并取得了一定成效，建设了"三北"防护林等一系列林业生态工程。"两山"理念的提出开启了林业建设与发展的新阶段。林业的可持续发展，对生态环境资源的优化配置，改善生态环境空间，有助于为社会经济发展提供重要的保障。

我国现代林业建设与发展离不开科技创新。科学研究是林业成果转化的前提，是促进林业科研技术普及和推广的基础，只有不断加大对林业科学研究的投入力度，才能从根本上满足现代林业发展对科技创新的需求，从而推动林业高质量发展。

基层林业科研单位主要以服务本地林业发展为主要目标，主要内容包括基础研究、实用研究和科技推广。其中，基础研究和实用研究开展较少，主要为收集和储存区域内森林植物的种质资源、研究单一树种的实用性等；科技推广研究开展较多，以完成各级推广为主，包括宣传和推广林业科研成果、营造和栽种示范样板林、为区域性林业科学研究和大型长期科研项目提供基层实验基地等。在开展科技推广活动的过程中，基层林业科研单位发挥了非常重要的作用。

随着"两山"理念的深入实践，各地退耕还林不断推进，生态环境逐步改善，生物多样性逐步提高。在各级政府部门的重视下，林业科学研究经费投入不断加大，科学研究项目的数量日益增长。因此，加强林业科研项目的管理，对加大科技创新项目投入、增强林业科技创新动力、促进林业科技成果转化、以实践服务林农具有十分重要的意义。

---

① 《习近平关于全面深化改革若干重大问题的决定的说明》，中国政府网，2013 年 11 月 15 日，https://www.gov.cn/ldhd/2013-11/15/content_2528186.htm。

二　科研项目管理工作中存在的问题

（一）项目申报限制因素较多

林业科研项目属于大农业项目，周期相对较长，在申报过程中，限制因素较多。首先，受资金、场所的限制，基层林业科研单位科研基础设施、仪器设备等硬件条件较为薄弱，科研配套能力有限。因此，在申报项目时基层林业科研单位多选择调查、收集、保存等与野外实验相关的方向。其次，在基层林业科研单位的日常工作中，林业科技推广活动是主要内容。最后，申报渠道也存在局限性，近年来林业科研市级项目逐年减少，省级项目因基层林业科研单位条件受限而难以入围，制约了基层林业科研单位对于林业科技创新的投入。

（二）项目申报质量有待提高

部分科研人员内驱动力不足，申报项目的积极性不高。在学科知识拓展和学科建设方面，部分科研人员存在得过且过的思想。在申报过程中，申报人员缺少紧迫感，往往申报临近截止日期，才匆匆填报申报书，导致申报材料的完整性、严谨性等大打折扣；基层科研单位科研业务缺少指标考核，申报人员缺少压力，存在"上不上无所谓""写了也评不上"的思想，对材料不够重视，未能完全展示自身优势，缺少创新点且同质化严重，尤其是近期没有职称晋升需求的科研人员积极性更低。

（三）项目资金使用受限

地方科研单位在资金的拨付和使用上面临一系列限制。在科研项目资金的拨付方面，有些科研项目资金实行一次性拨付，而有些项目资金则分批次拨付，具体由各级政府部门逐级审批、逐级拨付，拨付的时间长短不一。

林业科研项目在时间上要契合植物生长，购买苗木、施肥、育苗、清林等活动的最佳实施时间为 4～10 月，资金拨付时间会影响整个项目的推进，经费拨付不及时、不到位的情况制约了科研课题的开展。此外，由于林业科研项目中苗木市场的不确定性，资金无法灵活使用加大了项目实施的难度。

在林业科研项目的实施过程中，林业科研的实施多在户外山地、林地、苗圃等场所，资金成本核算面临困难。此外，在实际工作中，直接费用和间接费用也需要平衡和考虑。例如，在野外调查、山地踏查、林地栽植的工作中，科研项目经费要充分考虑劳务人员的劳务、食宿、交通等相关费用。同时，还要考虑恶劣天气、自然环境恶劣等的影响；还要考虑机械设备在山地林间的运输不便、故障等问题。上述情况所产生的费用，都需要全面考虑。

（四）项目管理不够规范

林业科研项目周期长且多在户外实施，受其他因素影响较大，项目管理是一项重要工作。在项目实施的过程中减少自然地理环境因素的不利影响，保障项目顺利推进，是项目管理的重点。现阶段项目主要实行项目主持人负责制，存在项目全过程的指导与监管不足，项目资金预算编制与项目实施中资金使用不同步，缺乏灵活性和实用性等问题，最终影响项目的执行。

（五）项目人员专业化有待提高

基层林业科研单位对人才的吸引力不强。对比沿海地市、省会城市在经济条件、人才政策、福利待遇等方面都存在较大差距，基层林业科研单位很难吸引高层次人才。基层林业科研单位现有科研人员存在年龄结构不合理的问题，同一年龄段人员聚集，易出现人员断层，导致内驱力不足。在科研人员的潜力发掘上，没有建立实际有效的激励机制，缺少对内部人员在交流、进修、培训方面的支持。

三　对基层林业科研单位科研项目管理的建议

（一）加强项目管理

深化科技改革需要从科研项目创新管理着手，增加科研项目的数量，增强科研项目管理的垂直度，进一步深化"放管服"改革，打破项目申报限制，精准对接申报。

基层林业科研单位应以市场需求为导向设置自主创新项目，拓展科技创新研究范围，深化传统优势学科研究，支持林业、园林、生态、环保等学科智能化和数字化，调动青年科研人员积极性，提前准备与布局，积极开展科研创新工作，最终产出独具一格的实用成果，并在市场中实现转化。

此外，在项目实施过程中，基层林业科研单位应依据项目年度计划对项目进行全过程跟踪监督，实时掌握项目进度与资金使用，了解项目中遇到的各类问题并积极解决，不断完善项目计划，推进项目按计划实施。对项目组做到多提醒、勤督促、保后勤，在年中报告、年终考核以及结题报告的撰写中做好指导，在资金使用上做好规范，在项目结束后进行持续跟踪，及时整理研究成果并向科技部门登记，为下一步科技成果推广奠定基础。

（二）重视项目申报

基层林业科研单位在申报科研项目时，应统筹推进，整合优势，推进学科交叉与融合，建立产学研合作机制和创新交流平台，强化后期推广延伸，将项目申报工作转变成集预研、合作、交流、推广于一体的系统化申报体系，提高各级项目申报中标率。

每年各类科技项目申报指南发布后，基层林业科研单位应立即组织科研人员召开申报动员会，开展讨论，对当年的新政策、新变化、新要求进行解读与学习，力求充分理解政策，结合单位实际情况进行申报。通过制定激励措施，调动科研人员申报积极性，引导科研人员主动申报，以保证基层林业科研单位的项目数量稳定增长。同时针对申请书形式审查和预算编制等方面的问题，由财务部门会同科技部门对科研人员进行单独培训。有条件的单位可以邀请业内知名学者就申报书的撰写开设专题讲座、开展交流，对科研人员进行专门指导，引导申报人结合自身研究特点提出科学申报方向，提升科研选题和项目申报质量，使研究内容更具科学性、原创性和前瞻性。

（三）优化项目管理体系

基层林业科研单位应建立科研人员诚信档案，完善科研诚信管理体系。科研人员必须秉承严谨务实、诚信客观的态度进行科技创新，这是科研的内在要求，也是前提，更是营造良好科研氛围、激发创新活力的重要基础。因此，在日常科研活动中，科研人员要坚持实事求是的精神，树立正确的科学价值观，严谨对待科研事实，真实记录数据和研究结果，不伪造科研成果。

在遵循各级主管部门规定的同时，从自身特点出发，设立项目管理、资金使用、绩效实施等内部方案，明确各方职责。完善基层林业科研单位内部科技管理部门工作流程，根据科研活动规律和特点，内部科技管理部门要及时收集、整理、传达各类申报指南、政策分析和资料信息，将项目全过程（申报、立项、调整、评价等）纳入信息化管理，通过信息化管理对项目执行进度与状态进行跟踪和记录，全程留痕，实现可查询、可申诉、可追溯。

在项目执行期，增强项目整体管理意识，建立清晰的工作流程，提升可操作性，健全项目资金使用制度，严格审批程序，实行分段查验制，接受课题组内、外监管，签署科研承诺书，确保严谨、诚信、廉洁、守时的科研作风直至项目结束。在跟踪监督管理的过程中，将年初、年中、年末的工作精细化、动态化，实现计划、检查、总结的一体化管理。

（四）增强人才储备

加大人才引进与培养力度，坚持"专业的事专业人做"。在单位内部孵化培育重点学科，合理搭配其他学科，完善人才结构，合理组建学科团队，着重培养后备力量，在项目中培养、在科研中锻炼，培养一批既懂科研技术，又懂科研管理的复合型人才。支持现有人员开展继续教育，进行技术理论革新，进一步提升政治理论水平。组织科研人员开展学术交流、学术考察，学习发达地区先进管理经验，增强创新与适应能力。

（五）强化交流

利用学会资源，搭建活动平台，鼓励科研人员走出去、沉下去，深入乡间林地，与广大林农交流，及时掌握市场需求与乡土知识；支持和鼓励科研人员主动对接大专院校、相关单位，共同申报各类课题，资源共享，形成技术与成果互惠共赢的创新局面；加强不同学科基层科研单位的互通交流，通过不同领域的碰撞，产生更多合作点，形成新的理论与实践创新。

参考文献

［1］高向宝：《林业科研单位项目经费管理的问题与对策》，《中外企业家》2015年第 30 期。

［2］陈琳：《基层林业科研单位人才困境及其化解对策研究——以中国林科院亚林中心为例》，硕士学位论文，江西财经大学，2020。

［3］王守军：《从"放管服"改革看我国科研经费管理政策变化》，《中国高校科技》2019 年第 5 期。

［4］江涛、王晓鹏、代继平等：《简析西南林业大学国家自然科学基金项目管理》，《云南科技管理》2001 年第 6 期。

［5］仇群仁、施振佺：《新时期下进一步加强高校科研诚信建设的路径探析》，《内江科技》2024 年第 2 期。

［6］刘萌、赵蔚：《科研项目绩效评价中存在的问题与对策研究》，《农业科技管理》2018 年第 6 期。

Management Research on the Technological Innovation Projects in Grassroots Forestry Research Units

Sun Yong, Lyu Weiwei and Wang Lili

Abstract: The grass-roots forestry scientific research units are an important part of regional forestry scientific research, which is responsible for the front-line work of local basic research and practical research, as well as the promotion and demonstration of forestry science and technology and the popularization of science. At the present stage, due to the influence of objective factors, the management of scientific research projects has been limited to a certain extent, which affects its own scientific and technological innovation and sustainable development. The continuous investment and development of scientific and technological innovation projects is the necessary prerequisite for the transformation of scientific and technological achievements, and is the basis for serving forest farmers. How to strengthen the management of forestry scientific research projects, improve the proportion of scientific and technological innovation projects in the overall scientific research projects, so as to constantly form new scientific research achievements and promote their continuous development has become a particularly important direction of scientific research management research. Under the existing conditions, it is of great significance to analyze and make suggestions from the aspects of scientific research project management, fund use, talent level, management system and so on.

Key words: Forestry Scientific Research; Scientific and Technological Innovation; Project Management

第二十二章　从专利视角看长春市产业科技创新研究

黄嘉俊　庞嵌文　扈书睿*

摘　要： 习近平总书记在中央政治局第二十五次集体学习时指出："创新是引领发展的第一动力，保护知识产权就是保护创新。"① 长春市作为全国的科教大市，集聚了大量技术型高端人才和先进科研设备，在推动产业创新发展方面具有较大优势。本文通过对比分析 15 个副省级城市企业专利情况，总结归纳长春市在科技创新方面的优势与不足，为更好推进长春市产业发展提供参考。

关键词： 专利；科技成果；战略性新兴产业

专利是创新主体对某项技术在一定时间、一定区域享有的独占权利，是一种重要的无形财产，是科技型企业发展的重要创新资源，在企业科技创新和提高市场占有率方面扮演着重要的角色。

一　专利数量是企业梯次培育的重要指标

申请专利不仅可以保护企业创新产出的合法权利，还能帮助企业了解

---

* 黄嘉俊，长春市科技信息研究所研究实习员，研究方向为区域创新；庞嵌文，长春市科技信息研究所研究实习员，研究方向为区域创新；扈书睿，长春市科技信息研究所研究实习员，研究方向为区域创新。

① 《习近平主持中央政治局第二十五次集体学习并讲话》，中国政府网，2020 年 12 月 1 日，https://www.gov.cn/xinwen/2020-12/01/content_5566183.htm。

竞争对手的技术布局、创新动态和未来发展趋势。换句话说，企业的专利越多，越能在市场中占领先机。也正因如此，在创新主体培育政策中，专利情况往往是衡量企业创新能力的重要评审指标。例如，企业申报国家高新技术企业需要 1 件发明或 6 件实用新型专利；申报国家级"专精特新"小巨人企业需要至少 5 件发明专利或 15 件实用新型或外观专利；申报吉林省"专精特新"中小企业则要求拥有有效发明专利 1 件或近 2 年授权的实用新型专利、外观设计专利、软件著作权 5 件以上。由此可见，专利作为企业创新能力的评价标准，对促进科技型企业梯次成长、高质量发展具有重要意义。

截至 2022 年末，长春市共有国家级高新技术企业 2286 家，其中 1245 家拥有专利，占高新技术企业总数的 54.5%，这些企业共拥有专利 31691 件，占全社会企业专利总量的 67.1%；国家级"专精特新"小巨人企业 40 家，其中 39 家拥有专利，专利总量为 1792 件；吉林省"专精特新"中小企业 244 家，其中 209 家拥有专利，占比 85.7%，专利总量为 4892 件，占企业专利总量的 10.4%。长春市各类科技型企业拥有的专利数量占全市专利总量比重超过 50%，表明科技型企业的创新能力不断增强。

二 高价值专利是企业成功上市的关键要素

2020 年 3 月 20 日，证监会公布了《科创属性评价指引（试行）》（以下简称《指引》），明确将专利纳入拟上市企业科创属性评价指标体系，《指引》规定企业科创属性评价指标包括企业拥有 5 件以上与主营业务收入相关的发明专利；如果企业拥有 50 件以上可以构成核心技术和主营业务收入的专利，则可以不考虑研发投入和营业收入等，直接认定该企业具有科创属性。

截至 2022 年上半年，科创板 428 家上市企业共拥有专利 7.7 万余件，其中发明专利 4 万余件，平均每家企业拥有发明专利 95 件，企业拥有发明专利的中位数为 31 件。北交所 100 家上市企业拥有发明专利 1300 余件，平均每家企业拥有发明专利 13 件。企业拥有发明专利的中位数为 7

件。从长春市拥有发明专利的企业来看，拥有有效发明专利 31 件以上的未上市企业有 7 家（见表 1），拥有有效发明专利 7 件以上的未上市企业不足 90 家。

虽然近年来长春市创新主体培育工作取得了长足的进步，创新主体数量与整体质量得到了大幅提升，但企业的创新能力与知识产权布局意识与科创上市公司要求仍有较大差距。引导与培育高新技术企业不断发展壮大是长春市未来的重要课题。

表 1　长春市拥有发明专利 31 件以上的未上市企业

单位：件

企业名称	发明专利数量
长光卫星技术股份有限公司	144
长春海谱润斯科技股份有限公司	100
吉林中粮生化有限公司	58
长春希达电子技术有限公司	53
吉林修正药业新药开发有限公司	49
长春海悦药业股份有限公司	46
长春孔辉汽车科技股份有限公司	33

三　15 个副省级城市专利授权情况分析

专利情况是衡量地区科技创新综合实力的重要指标，一个地区的企业专利数量越多，占全社会专利总量的比重越高，说明该地区的经济发展潜力与创新活力越强，企业的创新主体地位越显著。截至 2022 年 9 月，长春市企业有效专利数量为 47258 件、企业 2021 年专利授权量为 11752 件、企业 2022 年专利授权量为 10368 件，均排在 15 个副省级城市第 14 位，仅高于哈尔滨（见表 2）。但从企业专利占比来看，企业 2022 年专利授权量占全社会比重已达到 63.7%，超过哈尔滨和西安，较 2021 年提升 8.6 个百分点，增幅位于 15 个副省级城市首位，这表明长春市的企业创新意识显著加强，创新主体地位逐渐显现，企业为长春市产业科技创新提供了重要支撑。

表 2　15 个副省级城市企业专利情况（截至 2022 年 9 月）

单位：件，%

城市	企业有效专利	企业有效专利占全社会专利总量的比重	企业 2021 年专利授权量	企业 2021 年专利授权量占全社会比重	企业 2022 年专利授权量	企业 2022 年专利授权量占全社会比重
深圳	994409	91.2	253300	90.8	185707	92.8
广州	444442	69.8	102832	54.2	77543	71.6
杭州	376377	80.8	99474	81.2	70970	80.7
南京	248952	69.8	62728	68.2	45574	70.3
宁波	248809	81.7	56966	80.2	43572	82.4
成都	246182	75.5	63398	71.9	43960	71.7
武汉	232200	75.8	63598	73.7	50168	76.8
青岛	229056	82.6	60609	80.2	49478	83.4
济南	152050	73.6	44028	71.4	36523	75.1
西安	141206	62.1	40673	61.6	26060	61.4
厦门	139186	89.3	32202	88.2	25096	89.1
沈阳	68058	63.8	17551	60.1	13901	68.6
大连	63969	70.9	16321	69.5	14496	76.4
长春	47258	59.5	11752	55.1	10368	63.7
哈尔滨	36098	42.8	9365	42.2	7646	44.2

资料来源：incoPat 专利数据库。

发明专利授权量是衡量地区创新产出质量的重要指标，从 15 个副省级城市 2022 年前三季度创新主体发明专利授权情况来看，长春市创新主体发明专利授权量 4314 件，排名第 12 位，发明专利占比 25.4%，排副省级城市第 6 位（见表 3）。这表明，长春市的创新质量不断提升，专利结构持续优化。

表3 2022年前三季度15个副省级城市创新主体专利授权情况

单位：件，%

序号	城市	2022年前三季度专利授权量		发明专利占比
		总数	其中：发明专利	
1	深圳	208244	39652	19.0
2	杭州	91634	23441	25.6
3	南京	67662	22173	32.8
4	广州	112436	20970	18.6
5	武汉	68252	18856	27.6
6	成都	62954	15090	24.0
7	西安	44263	12498	28.2
8	青岛	61866	10930	17.7
9	济南	49701	8878	17.9
10	宁波	55619	7408	13.3
11	哈尔滨	17957	5412	30.1
12	长春	16992	4314	25.4
13	厦门	29451	4128	14.0
14	沈阳	21197	3477	16.4
15	大连	19676	3302	16.8

资料来源：incoPat专利数据库。

四 战略性新兴产业有效发明专利情况分析

战略性新兴产业是指以重大技术突破和重大发展需求为基础，对经济社会全局和长远发展具有重大引领带动作用、成长潜力巨大的产业。企业开展战略性新兴产业专利布局，是抢占新一轮经济和科技发展制高点、化解战略性新兴产业发展风险、支撑战略性新兴产业形成竞争优势的基础。《国务院关于加快培育和发展战略性新兴产业的决定》把节能环保、信息、生物、高端装备制造、新能源、新材料、新能源汽车等作为现阶段重点发展的战略性新兴产业。

截至2022年7月，我国有效发明专利数量排前三位的技术领域依次是计算机技术、测量和数字通信，分别占全社会有效发明专利数量的9.3%、7.7%和6.9%。

相对优势（RCA_seis_{ij}）用于衡量并揭示城市的战略性新兴产业专利能力在全国的比较优势。

$$RCA\_seis_{ij} = \frac{X_{ic}/\sum_{i=1}^{9} X_{ic}}{X_{id}/\sum_{i=1}^{9} X_{id}}$$

其中，X_{ic} 表示城市的 i 产业企业发明专利拥有量；$\sum_{j=1}^{9} X_{id}$ 表示全国九大产业企业发明专利拥有总量。若 $RCA\_seis_{ij} > 1$，则表示城市的某战略性新兴产业专利能力相对于全国平均水平具有比较优势，其数值越大，优势越明显。

从长春市主要战略性新兴产业有效发明专利情况来看（见表4），截至2022年9月，新材料产业有效发明专利拥有量居首位（5502件），其次为生物与医药产业、新一代信息技术产业、高端装备制造产业和新能源汽车产业。其中，新能源汽车产业相对优势指数为2.00，创新引领作用突出，产业发展受专利产出的推动作用明显，在全国处于领先水平。生物与医药产业、新材料产业、高端装备制造产业相对优势指数也大于1，表明长春市的这些产业在全国具有一定的创新优势。长春市新一代信息技术产业有效发明专利拥有量虽然排第三位，但在全国不具备优势，而节能环保产业和新能源产业相对优势指数均小于1，表明这三个产业的专利对产业的支撑作用并不显著，创新产出少，产业创新驱动能力较差。

表 4 长春市战略性新兴产业有效发明专利情况（截至2022年9月）

单位：件

战略性新兴产业	有效发明专利数量	相对优势指数	是否具有比较优势
新材料产业	5502	1.51	是
生物与医药产业	3683	1.62	是
新一代信息技术产业	3614	0.63	否
高端装备制造产业	2413	1.23	是
新能源汽车产业	2205	2.00	是

续表

战略性新兴产业	有效发明专利数量	相对优势指数	是否具有 比较优势
节能环保产业	1044	0.65	否
新能源产业	722	0.59	否

资料来源：incoPat 专利数据库。

五　高层次人才协同创新情况

人才是第一资源。推动产业创新发展，归根结底要靠人才。两院院士是高层次科技人才中的典型代表，在产业发展中扮演着关键角色，他们的专利申请数量、领导或参与的科技创新团队规模，以及科研成果的转化情况，都显著影响产业结构的升级与优化。

（一）汽车产业——郭孔辉院士

郭孔辉是我国汽车行业著名专家，在国内外同行中享有很高的声望，在汽车系统动力学及相关领域造诣精深。郭孔辉院士总计申请专利 309 件，其中发明专利 156 件，发明专利占比达到 50.49%。由图 1 可以看出，郭孔辉院士专利申请高峰在 2014 年，当年申请专利 64 件，此后专利申请数量

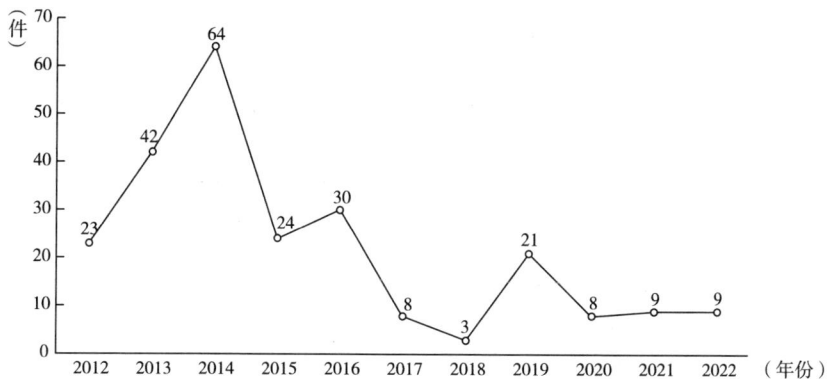

图1　2012～2022 年郭孔辉院士专利申请情况

资料来源：incoPat 专利数据库。

呈下降趋势，2020 年以来，每年专利申请数量不足 10 件。

1. 合作团队情况

郭孔辉院士研发团队共有 231 人，其中张玉新、章新杰、刘洋、许男为其主要合作人，共同申请专利均超过 30 件，是团队中的骨干成员（见图 2）。

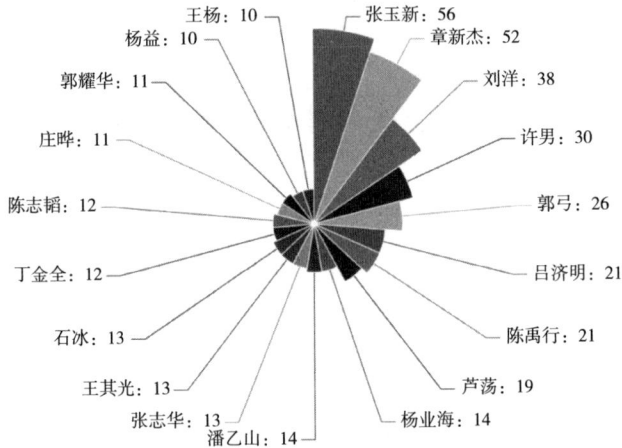

图 2　郭孔辉院士主要团队合作申请专利数量（单位：件）
资料来源：incoPat 专利数据库。

2. 产学研转化情况

郭孔辉院士总计转化专利 173 件，专利成果转化率为 55.99%，主要转化对象为长春孔辉汽车科技股份有限公司，总计本地转化专利 108 件，本地转化率为 62.43%（见表 5）。

表 5　郭孔辉院士企业专利成果转化情况

单位：件

企业专利成果转化情况	转化专利数量
长春孔辉汽车科技股份有限公司	99
浙江孔辉汽车科技有限公司	31
成都孔辉汽车科技有限公司	14
柳州孔辉汽车科技有限公司	6
广州孔辉汽车科技有限公司	5
长春孔辉汽车科技有限公司	4
重庆长安汽车股份有限公司	2

续表

企业专利成果转化情况	转化专利数量
南阳浙减汽车减振器有限公司	2
中国第一汽车股份有限公司	2
Shandong Begreen New Energy Tecknology Co. Ltd.	1
北京柯布克科技开发有限公司	1
第一汽车制造厂长春汽车研究所	1
国网吉林省电力有限公司白山供电公司	1
吉林轮学盟科技有限公司	1
深圳市舜天电动车技术发展有限公司	1
天润智能控制系统集成有限公司	1
浙江华锐捷技术有限公司	1

（二）新材料产业——陈学思院士

陈学思院士长期从事高分子化学研究，设计并合成了高纯度的聚乳酸和聚氨基酸两大类可降解材料，促进了我国绿色材料和医用可吸收高分子材料及器件产业化发展。陈学思院士总计申请专利 569 件，其中发明专利 557 件，发明专利占比达到 97.89%。从 2012~2022 年陈学思院士专利申请情况来看，2011年和 2022 年两年专利申请均达到 40 件以上，创新成果不断涌现（见图 3）。

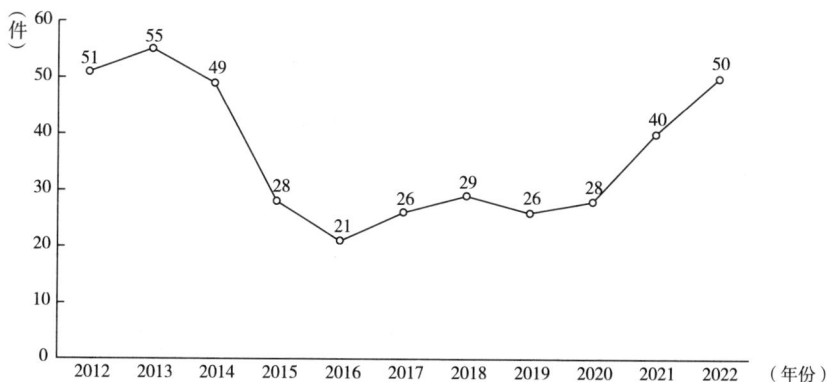

图 3　2012~2022 年陈学思院士专利申请情况

资料来源：incoPat 专利数据库。

1. 合作团队情况

陈学思院士研发团队共有 436 人，庄秀丽、边新超、丁建勋、景遐斌、李杲与其合作研发专利均超过 80 件，是其主要合作研发人（见图 4）。

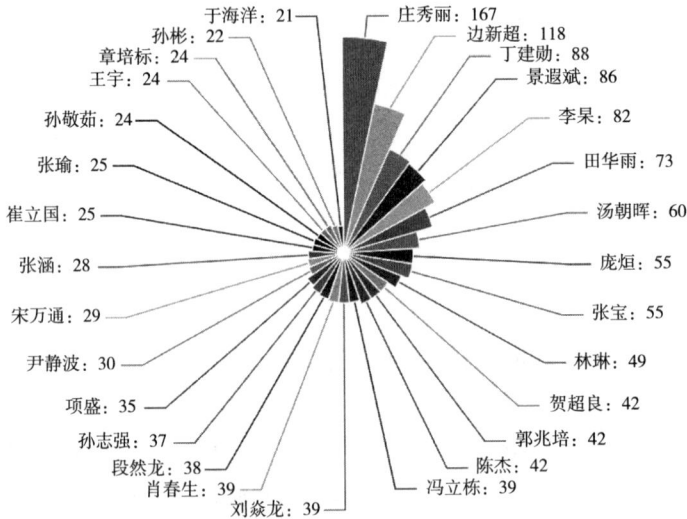

图 4　陈学思院士主要团队合作申请专利数量（单位：件）

资料来源：incoPat 专利数据库。

2. 产学研转化情况

陈学思院士目前共转化专利技术 129 件，专利成果转化率为 22.67%。其中向常州储能材料与器件研究院转化成果 61 件，长春圣博玛生物材料有限公司转化 23 件，浙江海正生物材料股份有限公司转化 13 件，本地转化率为 31.00%（见表 6）。

表 6　陈学思院士企业专利成果转化情况

单位：件

企业专利成果转化情况	转化专利数量
常州储能材料与器件研究院	61
长春圣博玛生物材料有限公司	23
浙江海正生物材料股份有限公司	13

续表

企业专利成果转化情况	转化专利数量
普立思生物科技有限公司	9
中科应化（长春）科技有限公司	4
吉林锦玉自动化设备科技有限公司	3
长春金传科技有限公司	3
长春宸泰科技有限公司	2
长春赛诺海思生物医用材料有限公司	2
吉林大学第一医院	2
广东粤港澳大湾区国家纳米科技创新研究院	1
广东粤港澳大湾区黄埔材料研究院	1
江苏美韦纶新材料科技有限公司	1
深圳市濯欣科技有限公司	1
天津森诺过滤技术有限公司	1
吉林省祥东商务咨询有限公司	1
宁波家联科技股份有限公司	1

六　发展建议

（一）持续加强企业高价值专利培育

专利的运用不仅能使高质量专利转变为高价值专利，也能充分挖掘专利经济价值。培育高价值专利是我国知识产权从数量向质量转变的必然要求，也是我国当前阶段经济社会发展的迫切任务。近年来，国家大力加强对"专精特新"企业和高价值专利培育项目的扶持，同时加强和完善知识产权法庭的建设，推进一系列举措增强知识产权保护。对于中小企业，尤其是科技型中小企业来说，当前阶段是培育高价值专利的宝贵历史机遇期，更是促进企业创新发展、实现高质量发展的重要时期。长春市在大力开展科技型企业培育的同时，应重视企业高价值专利培育工作，在企业申报科技项目与政策补贴时，引导企业重视专利申请与布局。加强企业专利信息利用培训，提升企业的创新意识和能力，在技术研发之初和研发过程中，指导企业利用专利信息寻找高价值的核心及外围技术创新点，实现科技成果转化，为自身带来经济效益。

（二）深入开展战略性新兴产业专利布局

战略性新兴产业代表着产业未来发展方向，具有科技含量高、市场潜力大、带动能力强、综合效益好等特征，是带动区域经济高质量发展的新引擎。此外，战略性新兴产业也是知识技术密集型产业，企业拥有关键技术的自主知识产权，具有较高的竞争力。从长春市战略性新兴产业的企业专利布局现状来看，在新能源汽车产业、生物与医药产业、高端装备制造产业和新材料产业，专利支撑产业发展优势明显，而在新一代信息技术产业、节能环保产业和新能源产业，专利产出较少，企业创新能力不足。因此，长春市应在优势领域持续发力，建立专利导航引领产业发展的机制，加大对新能源汽车等产业的技术研发投入支持，加强产业专利布局，抢占技术制高点。同时，加大对其他产业的创新主体培育力度，加快培育知识产权密集型产业。推动企业、平台、园区多方合力，大力提升产业专利密集度，引导企业自身加强创新投入，补齐产业技术短板，实现均衡发展。

（三）加快构建产学研深度融合的成果转化体系

长春市作为科教资源强市，2021年光机所专利总量在全国科研院所中排第4位，应化所排第14位，吉林大学2021年发明专利授权量排全国高校第8位，高校院所的创新优势明显。但从产学研成果转化情况来看，《中国科技成果转化2021年度报告（高等院校与科研院所篇）》显示，应化所专利转让与许可总量排全国科研院所第3位，光机所以作价投资方式转化半导体激光技术成果，合同金额高达7亿元，转化金额排科研院所第1位。但吉林大学2021年专利转让仅393件，排全国高校第48位。科研院所专利转化情况明显好于高校。因此，长春市各部门应出台相应政策，引导高校参与科技型中小企业核心专利、高价值专利的培育，加强高校与中小企业的产学研合作，鼓励中小企业转化高校专利技术，弥补企业自身创新能力不足的短板，提升企业市场竞争力。

参考文献

［1］季春、汪小星、姚伟等：《基于专利数据浅析南京市科技创新水平》，《科技成果管理与研究》2022 年第 1 期。

［2］任树刚、金燕：《宁波市战略性新兴产业发明专利质量提升研究》，《中国市场监管研究》2022 年第 2 期。

［3］郑霞、李永娣、董梅生：《提升河南省战略性新兴产业自主创新能力的路径研究》，《统计理论与实践》2021 年第 2 期。

［4］罗小英、房俊民：《我国区域软科学论文产出的学科结构多样性与相对优势研究——基于 2011—2020 年软科学研究计划项目》，《情报探索》2022 年第 7 期。

［5］郑金、王琦、唐晚成：《企业高价值专利培育路径研究》，《科学与管理》2020 年第 2 期。

Research on Industrial Science and Technology Innovation in Changchun City from the Perspective of Patents

Huang Jiajun，*Pang Qianwen and Hu Shurui*

Abstract：Changchun，as a major city of science and education in the nation，accumulates a large number of technical talents and advanced scientific research equipment，holding significant advantages in promoting industrial innovation. This study，through comparative analysis of patent situations in fifteen sub-provincial cities，summarizes the strengths and weaknesses of Changchun in terms of innovation，providing references for further advancing the industrial development of Changchun.

Key words：Patent；Technological Achievements；Strategic Emerging Industries

第二十三章　科技赋能新质生产力发展

——以镇赉县为例

宫立莉　段立春[*]

摘　要： 习近平总书记在中共中央政治局第十一次集体学习时强调："发展新质生产力是推动高质量发展的内在要求和重要着力点。"镇赉县作为农业县要实现县域经济高质量发展，必然要依托科技创新，瞄准种业发展，以整个镇赉县作为种业生产车间，依托西北农林科技大学科研飞地培育发展种业新质生产力，形成"研发在外地，生产在镇赉"的科技创新模式，构建新型生产关系，培育县域新质生产力。

关键词： 新质生产；科技创新；县域经济；高质量发展

高质量发展是中国式现代化的时代要求，需要全新的理论来指导。2023 年 9 月，习近平总书记在黑龙江考察调研期间首次提出"新质生产力"的概念。① 2024 年 1 月 31 日，习近平总书记在中共中央政治局第十一次集体学习时强调："发展新质生产力是推动高质量发展的内在要求和

---

*　宫立莉，中国共产党镇赉县委员会党校副教授，研究方向社会科学；段立春，吉林省镇赉县工业和信息化局（镇赉县科学技术局、镇赉县中小企业发展局）副研究馆员，研究方向社会科学。

① 《第一观察 | 习近平总书记首次提到"新质生产力"》，新华网，2023 年 9 月 10 日，https：//www.news.cn/politics/leaders/2023-09/10/c_ 1129855743.htm。

重要着力点。"① 各省对发展新质生产力高度重视，2024 年有 29 个省份在省政府报告中对新质生产力发展工作进行了部署。

在全国两会之后，吉林省委书记景俊海在 2024 年 3 月 12 日召开的传达十四届全国人大二次会议和全国政协十四届二次会议精神大会上强调："以新质生产力引领支撑吉林高质量发展，推动新时代吉林全面振兴率先实现新突破。"② 依托吉林省丰富的科教资源，深入实施"一主六双"高质量发展战略，培育"四大集群"、发展"六新产业"、建设"四新设施"，筑牢实体经济之基，点燃新质生产力发展新引擎。

北京因其不可替代的政治功能成为国家的心脏，贵州省则依托喀斯特地貌和廉价的水电资源发展成为国家的大数据中心，东北平原肥沃的土地是中国的饭碗。2018 年习近平总书记来东北考察时强调，中国人的饭碗任何时候都要牢牢端在自己的手里。③ 2020 年 7 月习近平总书记又专程来吉林视察了粮食生产。④ 由此可见，吉林省承担着中国粮食安全的重任，实现农业高质量发展是吉林省的首要任务。镇赉县是吉林省白城市辖区内的农业大县，地处吉林、黑龙江、内蒙古三省交界处。县域内流过一江三河，耕地面积 229642 公顷，其中，水田 99021 公顷、旱田 130310 公顷。另有适宜的未开发利用土地 25825 公顷，包括盐碱地和其他草地、裸地，有着丰富的未利用土地和各种农业资源。镇赉县尚未形成完整的工业产业链条，缺少港口等基础设施，其经济发展要在满足国家基本任务的基础之上，优化利用发展要素，抢抓中央政策机遇，抢先布局、尽早安排，加快

---

① 《习近平在中共中央政治局第十一次集体学习时强调：加快发展新质生产力 扎实推进高质量发展》，中国政府网，2024 年 2 月 1 日，https：//www.gov.cn/yaowen/liebiao/202402/content_ 6929446. htm。

② 《景俊海在传达十四届全国人大二次会议和全国政协十四届二次会议精神大会上强调深入学习贯彻习近平总书记重要讲话精神以新质生产力引领支撑吉林高质量发展胡玉亭朱国贤出席》，吉林省人民政府网站，2024 年 3 月 12 日，http：//www.jl.gov.cn/szfzt/gzlfz/ywdt/202403/t20240312_ 3053572.html。

③ 《习近平在东北三省考察并主持召开深入推进东北振兴座谈会》，中国政府网，2018 年 9 月 28 日，https：//www.gov.cn/xinwen/2018-09/28/content_ 5326563. htm。

④ 《充满希望的田野　大有可为的热土——习近平总书记考察吉林纪实》，新华网，2020 年 7 月 26 日，https：//www.xinhuanet.com/politics/leaders/2020-07/26/c_ 1126285626. htm。

形成新质生产力以促进县域经济高质量发展。

一　新质生产力的深刻内涵

生产力是人们改造自然的能力，是推动社会进步最活跃的要素。劳动者、劳动资料、劳动对象是生产力的三要素，在传统农业生产中，我们可以将其对应为从事农业生产的人、农业生产所需的物质资料和土地。新质生产力是在当代科技进步条件下产生的具有新的性质、新的属性的利用自然、改造自然的能力，体现为全要素生产率的提升。习近平总书记将新质生产力概述为："新质生产力是创新起主导作用，摆脱传统经济增长方式、生产力发展路径，具有高科技、高效能、高质量特征，符合新发展理念的先进生产力质态。它由技术革命性突破、生产要素创新性配置、产业深度转型升级而催生，以劳动者、劳动资料、劳动对象及其优化组合的跃升为基本内涵，以全要素生产率大幅提升为核心标志，特点是创新，关键在质优，本质是先进生产力。"①

二　科技赋能新质生产力发展的内在逻辑

科技创新在新质生产力的形成和发展中起到了关键性作用，历史也反复证明了这一点。每当颠覆性科技创新出现，就会推动社会进入一个高速发展的新阶段，这个发展过程叫作康波周期。康波周期一般有四个阶段，分为繁荣阶段、衰退阶段、萧条阶段、回升阶段，一个完整的康波周期为40~60年。哪个国家主导了新兴产业，哪个国家就会进入康波周期的繁荣期。18世纪的纺织机和蒸汽机，19世纪的钢铁和铁路，推动形成了第一轮和第二轮康波周期。电气和化工产业的科技进步推动了第三轮康波周期，汽车、通信产业的科技进步推动了第四轮康波周期，计算机技术的快

---

① 《发展新质生产力是推动高质量发展的内在要求和重要着力点》，《求是》2024年第11期。

速发展则推动了第五轮康波周期，这三轮康波周期以美国为主导。美国抓住了科技革命和产业变革的机遇，综合国力迅速提高，成了世界强国。[①]当前新一轮颠覆性科技创新已经蓄势待发，生物、新材料、新能源、低空飞行、太空航天等领域的技术都有了重大突破，专家预测新一轮康波周期繁荣阶段在 2035 年，时间上正对应我国实现社会主义现代化两步走的第一步。在此阶段，新一轮科技革命和产业变革与我国发展规划将产生历史性交汇。当前，我国正处于千载难逢的生产力转换机遇期，新质生产力代表着中国科技革命的新方向，代表着先进生产力的发展方向。

新质生产力之所以"新"是因为新质生产力使人类改造自然的能力得到革命性提升、整体性拓宽。

首先，构成生产力的基本要素，劳动者、劳动资料、劳动对象都有了新内涵。劳动者不再是做简单重复工作的体力劳动者，而是具有科技创新能力的研发型人才，或熟练应用新科技的技术型人才。就劳动资料而言，新的技术改变了传统的资金和劳动工具，并在物质形态的劳动资料基础之上增加了知识产权等非物质形态的劳动资料。

其次，随着科技的进步，数据、服务成为经济增长的新要素。新质生产力突出生产要素的创新性配置。新质生产力的形成，必然引起生产关系的革命性变化，这就要求政府为适应新质生产力发展而形成新的产业链、人才链、服务链，"三链融合"形成新的创新生态，以新的生产关系培养新质生产力，再以新质生产力带动生产关系，形成良性循环。

三　镇赉县培育新质生产力的主要做法

（一）谋划新型产业链，赋能县域新质生产力发展

培育发展新质生产力要因地制宜基于自身特色形成新型产业链。

盘点镇赉县发展新质生产力的市场要素，地处东北平原的镇赉县位于黄金玉米带，是全国最大的商品粮生产基地、吉林省最大的水稻生产大

---

① 周金涛：《涛动周期论》，机械工业出版社，2018。

县。而东北平原是中国最大的商品粮基地，拥有全国最大的农资、农机消费市场。从经济循环看，消费是社会再生产的终点。一、二线城市通过人口聚集，形成人口消费红利，而人口聚集又形成人才优势和廉价劳动力优势，形成产业集群，实现经济正向循环。从动力机制看，消费需求是保持经济持续增长的关键动力。农业新质生产力形成过程中，消费需求为前沿技术产业化提供了支撑。

产业是发展新质生产力的载体，制定与镇赉县相匹配的产业政策，有助于县域经济高质量发展。以往镇赉县主要依靠农产品初级加工和承接沿海地区转移的落后产能来发展县域经济，忽视了自主培育创新产业，企业很少有自己的核心技术。而整个东北平原的农资及种子行业目前也是大而不强，存在技术短板。当前镇赉县应将种业作为新赛道发展新质生产力。种业是农业发展的关键，种业振兴则农业振兴，农业振兴则东北振兴，所以发展种业是农业高质量发展的必由之路。

当前，吉林省种业发展的部分环节还存在短板和弱项，例如，白城市是全国最大的绿豆生产基地，全国 2/3 的绿豆、红小豆都是产自白城市，但适合白城市土壤和气候的绿豆和红小豆种子却很少。2024 年是吉林省种业振兴行动的攻坚之年，是新质生产力引领吉林省种业高质量发展的关键之年。镇赉县因得天独厚的地理位置和环境优势，天然适合种子研发、培育，围绕发展新质生产力布局种业产业链，深化科企合作，建立创新型产学研协同攻关体系，积极培育适合东北平原的种子品类，推进研发、推广、应用一体化，建强数字化、自动化制种基地，为东北平原大面积提高粮食单产提供良种支撑，为县域经济发展提供科技支撑。

（二）形成新型人才链，赋能县域新质生产力发展

镇赉县要发展良种科技研发，必然需要大量高科技人才，而与一、二线城市相比，镇赉县在人才引进方面没有任何优势。面对这种情况，镇赉县采取了软硬结合的人才引进策略。

1. 硬核优惠，重点做好"引育留用"环节

镇赉县发布了《关于建立镇赉县人才"归赉"平台的实施意见（试

行）》，鼓励引导更多白城籍人才建设家乡。立足农业实际需求，深入吉林省农科院、西北农大、吉林农大等省内外重点高校开展专场招聘会，建强镇赉县农业人才队伍；制定了《镇赉县院（校）地专家人才联系对接工作方案》，与西北农大、吉林农大等农业院校建立了长期合作关系，共同促进科技成果转化，为种业发展提供智力支撑；2024 年 4 月，镇赉县与吉林省农科院签订深度战略合作协议，推进现代农业平台、基地、信息、资源共享；吉林省农科院选派学科领军人物，组建科技专家服务团，深入镇赉县 5 个乡镇 14 个村开展调研考察和技术指导，积极推动镇赉县种业产业化、农业品牌化、农业发展可持续化。

厚植沃土，持续"育"才。坚持满足所需、贴合实际、注重实效，分级分类开展人才队伍培训。实施"绿领"人才培育计划，健全绿领人才孵化机制，培养孵化具有一技之长、能起带头作用的种业人才，并对优秀"绿领"人才进行奖励。县委人才工作领导小组对人才进行分类管理、跟踪培养。

找准主业，优化环境"留"才。结合镇赉县种业领域的人才需求，抓好镇赉县人才认定工作，灵活放开论文、职称、学历、奖项等限制，留住农业尖端人才。落实好吉林省人才政策措施有关精神，统筹用好全县人才创业基金，为招才引智和创新创业注入源头活水。

强化党建引领，根据实际"用"才。围绕种业发展战略，加强人才引进，助力新质生产力发展，分类建立专业人才库，推进种业人才队伍建设，引导人才把本事用在镇赉县新质生产力发展上，营造浓厚的爱才用才氛围。

2. 从柔性引才到飞地留才

镇赉县为适应种业发展发布了人才回引方案，提出柔性引才，即不改变人才的国籍、户籍、身份档案、人事关系。当镇赉县种业企业有研发需要时，可以与人才签订科创专员协议，由省科技厅给予科研人员人才工资补助。西北农大谋划建设科研人才飞地，构建"研发在西北农大，生产在镇赉"的种业发展新格局，形成"工作生活在外地，创业贡献为镇赉"的聚才引才新模式。这种全新的模式，从根源上解决了镇赉县新质生产力发展过程中高端人才紧缺的问题。

（三）创新产业服务链，赋能县域新质生产力发展

发展新质生产力关键在创新。创造良好的科研生态，营造创新氛围，提升科技创新成果转化的能力和效率，更好推动科技创新成果和县域经济发展相结合，坚持以企业为主体、以市场为导向的科技创新之路，推动镇赉县种业产业服务链创新，进而达到镇赉县种业科技创新和新质生产力水平稳步提升的最终目标。

镇赉县积极摸排本地及东北地区农业种业的各类需求，依据现有各品种种子市场占有率及各类种子产量情况，预测科技攻关后种子产业增长空间，研判尖端种业市场需求情况。依据市场需求面向国内外科研团队及各大学发布"揭榜挂帅"悬赏，形成镇赉县种业新质生产力项目储备库。

政府派出专业招商团队，主动对接国内外高端种业公司，招引新质生产力项目，打造县级科技创新平台，发布人才双向需求，储备种业项目，推动科技成果转化，推动与外地种业实验室建立"实验室+代工种业产业化公司""发明人产权入股+管理团队入股"机制，形成产学研深度融合的创新成果孵化模式。

持续加大知识产权保护力度，加强对新质生产力知识产权的保护，加大农业与公安、市场监督等部门联合执法力度，重点整治兜售假种子，严厉打击套牌、假冒伪劣、非法转基因种子，保护好种业知识产权。

（四）优化营商环境，赋能新质生产力发展

"十四五"规划提出"强化企业创新主体地位，促进各类创新要素向企业集聚"，明确将企业定位为创新主体。中央全面深化改革委员会第二十二次会议明确提出"发挥企业在科技创新中的主体作用"，党的二十大报告强调"强化企业科技创新主体地位，发挥科技型骨干企业引领支撑作用，营造有利于科技型中小微企业成长的良好环境"。企业是科技创新的主体，是新质生产力发展的参与者和最有力推动者。改善营商环境对新质生产力可持续发展具有重要意义。保护企业就是在保护新质生产力的发展

潜能，维护企业家合理诉求就是在护航新质生产力发展壮大。镇赉县政府不断增强服务意识，改善营商环境，不断提升镇赉县宜居硬环境。具体而言，打造与新质生产力相适应的高质量营商环境主要有以下四个方向。

一是加强对种业企业科技创新的政策支持，用"有形的手"为企业提供更多"无形的支持"。在土地、金融、税收等各个方面搭建激励企业创新的制度，筹建种业发展风投基金。对种子研发企业制种用地给予绿色审批通道，并重视各项政策之间的协同效应，以最大力度支持企业发展。

二是提速审批制度改革。把种业审批、科技孵化等审批制度改革，作为推进政府职能转变和深化"放管服"改革、优化营商环境的重中之重，紧扣统一审批流程、统一信息数据平台、统一审批管理体系、统一监管方式的"四统一"要求，聚焦解决企业群众在项目报建过程中的急难愁盼问题，高位推动、系统谋划、专班调度、整体推进，取得了阶段性成效。

三是更加关注农业生产和发展。种业是农业生产的基础，而粮食安全一直是国家安全战略的重点，农业发展与种业发展息息相关。高标准农田建设、水利灌溉等都是农业及种业生产中非常重要的环节，对发展种业新质生产力具有不可替代的积极作用。

四是大力引导支持企业科技创新。种业企业研发离不开高校、科研院所、创新服务机构等支持。镇赉县政府从更高层面和更广维度引导科技创新相关参与方支持种业企业，培育真正适合种业新质生产力发展的企业创新土壤。

归根结底，县域新质生产力发展既需要新型主体之间高效协同，又要充分发挥市场主体作用。只有县政府引导各类主体营造适合新质生产力发展的创新生态，才能让镇赉县种业新质生产力成为县域经济发展的全新驱动力。

Science and Technology Enpowers the Development of New Quality Productive Forces: A Case Study of Zhenlai County

Gong Lili, *Duan Lichun*

Abstract: As an agricultural county, Zhenlai County, in order to achieve high-quality development of its county economy, must inevitably rely on scientific and technological innovation, target the development of the seed industry, take the whole Zhenlai County as the production workshop of the seed industry, rely on the scientific research enclave of Northwest A&F University as the engine for forming new productive forces in the seed industry, so as to form a driving model of "research and development in other places, production in Zhenlai", and create new production relations to cultivate new productive forces at the county level.

Key words: New Quality Productive Forces; Scientific and Technological Innovation; County Economy; High-Quality Development

第二十四章　区域创新视角下科研管理模式探讨

司方方[*]

摘　要：科研管理工作不同于科学研究，科研管理模式直接影响科研水平。本文在分析科研管理模式现状基础上，探讨了科研管理模式对区域科技创新的影响，提出了进一步优化科研管理模式的建议，以期为科研管理工作提供参考。

关键词：区域创新；科研管理；科技创新

党的十八大提出实施创新驱动发展战略，将科技创新放在国家发展的核心位置。《中华人民共和国国民经济和社会发展第十四个五年规划和2035年远景目标纲要》明确指出，把科技自立自强作为国家发展的战略支撑，面向世界科技前沿、面向经济主战场、面向国家重大需求、面向人民生命健康，深入实施科教兴国战略、人才强国战略、创新驱动发展战略，完善国家创新体系，加快建设科技强国。党的二十大报告提出加快实施创新驱动发展战略，加快实现高水平科技自立自强。各省份也相继出台了创新政策，加强科技创新平台建设，建设区域创新体系，推动区域科技创新发展。广东省2019年印发《关于进一步促进科技创新若干政策措施的通知》，在《广东省科技创新"十四五"规划》中提出"区域创新能力持续保持全国第一"的预期性指标。浙江省2018年出台《浙江省人民政府关

---

*　司方方，中国农业科学院特产研究所副研究员，主要从事科研管理工作。

于全面加快科技创新推动高质量发展的若干意见》，2023 年实施"315"创新体系建设，从强化创新要素支持、推进重大科创平台建设、关键核心技术攻关、科技企业培育四个方面，谋划科技创新的政策。吉林省先后出台了《关于创新型省份建设的意见》和《关于激发人才活力支持人才创新创业的若干政策措施》（3.0 版）等系列政策，支持科技创新，激发人才创新活力。科技创新已经成为未来发展的关键。科技创新过程中，科研管理是贯穿始终的"指挥官"，良好的管理模式可以促进科技资源的高效利用，提升科技创新水平。

一　科研管理模式现状分析

（一）管理模式传统单一

目前，科研管理以行政管理模式为主，管理职能体现为上传下达和归口管理，重管轻服务，容易忽略科研需求。在管理模式上比较单一，以项目管理为例，项目管理多采用项目负责制。现代管理学认为项目管理是以项目为对象的一种科学管理方式，以系统论思想为指导，以先进的管理理论和方法为基础，综合应用各种知识、技能、手段，实现对项目的全过程计划、组织、领导和控制，形成有序综合动态管理系统。以项目负责制形式进行管理，虽然能提高项目组的积极性，但过分强调项目组的作用，极易忽视科研与管理协同发展，不能形成合力。项目负责制一方面造成"重申报轻成果"，另一方面也导致管理失去主动性和创造性，不能从实际出发去主动思考和研究，仅被动接受科研任务安排。

（二）管理方法缺乏规范灵活

目前科研管理中依然存在政策落实缓慢、执行不彻底的情况，严重影响工作效率。在项目经费管理方面，随着国家对科研"松绑减负"，科研人员经费使用自主权逐渐加大，但管理方法没有及时转变，烦琐的流程极易造成工作不畅，影响科技创新活动。及时简化流程，下放预算调剂权，完善间接经费管理，才能提高经费使用效率。另外，项目管理中存在忽视项目类别和来源，将项目简单分割成立项、实施、验收三个阶段单独管理的情况，各个阶段没有有序衔接，无法有效统筹资源，造成人财物的不足或浪费，严重影响项目进度。

（三） 管理机制不够健全

科研管理的核心是科研人员，应创新管理制度，加强以科技创新质量、贡献、绩效为导向的制度建设，充分调动科研人员的积极性。例如，建立分类评审和绩效评估体系，根据项目的特点和类型，细化评价指标体系，增强评审的科学性。优化科研项目过程管理，减少执行期内检查、评估、总结等各类活动，对于重大项目，签署军令状，实行关键节点"里程碑"式管理。在项目验收方面，按照项目的类型灵活采取现场验收、会议验收等多种形式。

二 科研管理模式对区域科技创新的影响

科技创新能力是提升区域竞争力的关键所在，也是社会发展的必然选择。区域科技创新的目的是激发创新活力，通过集聚区域创新要素，融合创新资源，形成创新能力与创新优势。区域科技创新本质是管理创新，核心是体制机制创新。加强科研管理，创新管理模式，对推进区域科技创新有决定性作用。

（一） 加强区域科技创新体系建设

区域科技创新体系包括区域创新平台、科技企业、科研机构、创新人才、创新经费等要素资源。在现行体系中，科研管理在平台建设、成果转化、人才政策制定、科技经费投入等方面均发挥了支撑作用。科技管理队伍弱化、职能边缘化、经费投入减少都将严重制约区域科技创新体系的建设。加强科技人才队伍建设，创新管理模式，健全体制机制，才能为区域科技创新体系建设做好顶层设计。

（二）推动区域科技创新体系发展

科研管理部门服务于科研机构、科研人员，衔接上级部门与创新主体，对接创新成果与市场需求，在区域科技创新体系中发挥了重要的桥梁和纽带作用。科研管理部门是创新政策的执行者，承担政策落实工作，并结合区域实际，制定出台相关配套举措，形成促进科技创新和人才集聚的系列政策体系，为吸引创新主体入驻创造良好的环境。科研管理还有扶持、规范和监督作用，推动区域内的创新主体和服务机构向专业化、规模化发展。

三 科研管理模式创新的建议

管理创新是根据客观规律和现代科技发展趋势，对传统的管理进行改进、改革、改善和发展。管理创新包括管理思想、观念、理论、制度、机制、体系、组织机构、模式、方法及人才培养等方面的创新。组织结构、文化和人力资源实践是有利于管理创新的三大因素。本文从创新科研组织模式、优化科技创新生态、建设合理的人才梯队三个方面提出了管理模式创新建议。

（一）创新科研组织模式

完善以人为本的科研管理模式。科研管理部门在科技创新过程中应积极探索，提升科研管理理念。加强部门之间的协作，充分发挥各部门的作用，整合科技资源，搭建科技平台，激发科研人员的科研创新潜力。完善科研管理体系，推动科研管理高效、可持续发展。创新重大项目管理模式，做好顶层设计，实施全过程动态管理，持续跟踪项目完成情况，汇总和提升成果质量。加强信息化管理，实现实时、准确、高效的科研信息化管理，优化管理流程，提高项目管理效率，推动科研管理数字化、科学化。

（二）优化科技创新生态

建立有效的科研分类评价机制，根据不同种类科研活动的特点，建立导向明确、客观公正、激励与约束兼顾的人员、成果和项目分类评价机制，大力激发科技人员的创新活力。加强科研诚信建设，大力宣贯《中共中央办公厅 国务院办公厅印发〈关于进一步加强科研诚信建设的若干意见〉》《科学技术活动违规行为处理暂行规定》等科研诚信制度，引导科研人员严守科研道德红线。不定期对科研经费、科研成果等进行监督检查，对违规情况及时处理。营造良好科研氛围，激发科研人员研究动力，更好地释放科研创新活力。

（三）建设合理的人才梯队

打造服务意识强、自身素质高、人员结构合理的科研服务人才队伍。提升科研管理人员的能力，创新科研管理人员的服务理念，提升科研管理人员的业务水平和管理效率。深化人才体制机制改革，加强科研管理人才培养，激发优秀人才投身科研管理的信心，为实现科研管理高质量可持续发展提供智力源泉。提升管理和支撑人员的服务效能，进一步为科研人员"减负"，使科研人员能潜心进行科学研究，不再被繁重的事务性工作捆住手脚，提高科研管理效率。

参考文献

［1］贾永飞：《实现"三个优化"完善科技创新治理体系》，《科技日报》2020年4月23日。

［2］程孝良、蒋欣坤：《以科研管理模式改革推动协同创新》，《中国高校科技》2019年第7期。

［3］陆志气：《关于建设区域科技创新体系的思考》，《华东科技：综合》2000年第12期。

［4］王金旭：《新形势下如何加强科技管理推进区域创新的思考》，《中国科技纵横》2011年第16期。

［5］王祖成编著《世界上最有生命力的管理—创新》，中国统计出版社，2002。

［6］陈璐、王莉芳、颜志梅：《农业科研创新管理模式探讨》，《现代农业科技》2016 年第 10 期。

［7］徐琛：《国家科技重大专项项目管理标准体系建设方案研究》，《航空标准化与质量》2020 年第 6 期。

［8］浦静、吴晶博、王家庆：《大数据背景下涉农林专业高校科研管理模式创新研究》，《智慧农业导刊》2024 年第 8 期。

Thinking on the Pathways to Improve the Scientific and Technological Innovation of Agricultural Scientific Research Institure

Si Fangfang

Abstract：Scientific research management is different from scientific research, and the mode directly affects the management level. This paper discusses the innovation of scientific research management mode from the perspective of regional innovation in order to provide reference for management.

Key words：Regional Innovation；Scientific Research Management；Scientific and Technological Innovation

第二十五章　吉林市促进科技成果转化主要做法及优化对策

宋　锐*

摘　要： 吉林市坚持问题导向，以务实共赢为原则，秉承创新生态理念，坚持系统设计，着力实施六大工程，积极构建技术转移转化"一体两翼"闭环体系，努力探索老工业基地技术转移转化生态体系建设之路。但是，吉林市成果转化存在企业科技创新内生动力不足、科技与金融融合不够、吸纳人才的平台不完善等问题。对此，本文提出了一系列优化吉林市成果转化的对策，以期进一步推动吉林市科技成果转移转化。

关键词： 技术转移；成果转化；吉林市

一　吉林市促进科技成果转化主要做法

（一）实施本地企业承载能力提升工程

企业是研发投入和创新活动的主体，更是成果应用的主体。为了提升本地企业对科技成果的承载能力，特别是针对民营企业规模小、经济实力弱、企业家素质低的状况，吉林市构建"微成长、小升高、高壮大"的企业梯次培育机制、明确科技型企业培育目标；建立高新技术企业、科技型中小企业培育清单；实现科技型企业"增量扩面提质"，壮大科技型企业

＊　宋锐，吉林市科技信息研究所副研究员，研究方向为科技信息。

集群。吉林维尔特、吉林东杰科技等一批企业科技成果转移转化能力显著增强。同时，围绕吉林市产业发展需求，加大科技型企业家培育力度，加快提升域内科技型企业家创新管理能力和创业能力。采取"一企一策"的方式，精准发力，引导资源要素向企业集聚，努力使创新成果转化为实实在在的产业活动，通过科技成果转移转化使部分企业快速成长，起到示范作用。

（二） 实施科技成果供给质量提高工程

吉林市目前拥有 9 所大专院校、3 家省级科研机构，但总体科研创新能力较低。为了破解科技成果总量不足、质量不优的难题，吉林市着力从"点、线、面"三个维度，努力提高科技成果持续供给能力和供给质量。"点"就是寻找创新源头资源，立足国内外最高水平，占据科技资源高点；"线"就是注重行业与专业细分，有所为有所不为，将有限的人财物资源用于最有差别化优势的领域；"面"则是注重结合细分行业，从产业链出发布局配置创新链。吉林市与国家科技成果网建立了战略合作关系，与吉林大学建立了吉林市研究院。截至 2023 年底，依托吉林大学吉林市研究院协助本地企业共建研发中心 80 家，其中 50 家已完成授牌。依托吉林大学吉林市研究院与吉林市域内华微电子、大地化工、市农科院等合作建设了6 家创新中心和科创服务中心。吉林市还与浙江大学联合成立了吉林市浙江大学技术转移中心，在碳纤维和生物医药等领域达成多项合作。2023年，组织了两地高校和企业的对接交流活动 15 场，促成合作项目 20 余项，已有 7 项落地。

（三） 实施产学研互动机制建设优化工程

为解决科研力量不强、研发水平不高、产学研结合不紧密的问题，吉林市加快建立产学研良性互动机制，最大限度地提升科技成果转移转化效率。按照"内部集成，外部联盟，重点引进"的思路，创新产学研合作模式，建设新型产学研合作科研机构。按照互联网思维，创新组建方式，只要有明确的细分产业发展目标，有核心支撑企业，在吉林市的大学和科研院所有创新团队，经科技局批准，就可以成立虚拟公司制应用技术研究院。

（四）实施转移转化政策体系保障工程

为了更好地发挥市场配置创新资源的决定性作用和更好地发挥创新政策的引导性作用，整合贯彻落实国家和省系列政策措施，吉林市加快建立"1+N"科技创新政策体系，为科技成果转移转化提供有力的政策保障。《中共吉林市委、吉林市人民政府关于深入实施创新驱动发展战略的若干意见》从完善创新创造和创业发展的良好生态环境出发，出台了 11 个方面的 38 条具体意见，成为加快"创新吉林"建设的纲领性文件。同时，为更好地贯彻落实该意见，吉林市不断深化产学研合作、重视高端人才引进，并通过汇集创新创业资源、加大科技企业培育力度等多个方面的周密部署，实施技术转移转化政策体系保障工程。

（五）实施高端人才引进培养支撑工程

为了补齐人才不足的短板，吉林市制定出台了"一个意见、六个办法"的人才政策。"一个意见、六个办法"就是把中央的顶层设计和省委的决策部署与吉林市发展实际紧密结合，通过加快人才发展体制机制改革，"深植梧桐树，广引凤凰来"。对于引进的高端人才，"人才新政"规定一次性给予 20 万元生活补贴；对引进并签约的高端领军人才实施的重大科技研发或成果转化等项目，最高给予 500 万元的项目资助；对于具备国际或国内领先水平的待转化项目，采取"一事一议"政策给予特殊支持。

（六）实施科技金融服务体系促进工程

为解决技术转移转化资金支撑问题，吉林市着力促进科技与金融深度融合，积极鼓励和引导金融资本和社会资本加强对企业、科研院所在科技成果转化和产业化过程中的融资支持。改革财政科研经费支持方式，设立科创投资基金，积极引进天使投资和风险投资，同时发展科技信贷、知识产权质押贷款贴息、创新券等金融服务和产品，有效利用财政科技资金、市场化机制完善科技金融支撑体系，提高财政资金使用效率，吸引市场资金参与，促进科技成果转移转化。

二 吉林市科技成果转化存在的主要困难和问题

目前，吉林市科技成果转化工作面临的主要困难和问题如下。

一是吉林市国有企业市场化程度不高，民营经济发展不充分，企业科技创新内生动力普遍不足。

二是科技与金融融合不够，风险投资不活跃，资金渠道和资金落实与其他地区相比存在一定差距。

三是科技成果转化资源配置不足，吸纳人才的平台不完善，科技成果和人才流出严重。

三 吉林市促进科技成果转化的优化对策

（一）推动企业成为科技成果转化主体

1. 加大对科技型企业扶持力度

加大资金投入，进一步鼓励企业建立研发机构、引进先进技术、发展战略性新兴产业，促进技术转移和科技成果转化。鼓励有条件的企业建设专业中试基地，加快科技成果产业化。引导和支持企业加强与高校、科研院所合作建设企业研发机构，加强科技创新合作。鼓励企业积极承担各级政府重大科技成果转化项目，对企业承担的重大项目给予重点支持，并对技术研发团队和领军人才给予重点扶持。鼓励企业加大投入，实施技术改造，加强企业标准、行业标准建设。

2. 加快培育创新型企业

加快引导资金、技术、项目、人才等资源要素向高成长性创新型企业集聚，使其成为经济发展的新增长点和战略性新兴产业发展的重要支撑。积极落实国家对企业技术创新的支持政策，积极利用省创投引导基金、中小企业和民营经济发展基金及科技创新专项资金等加大支持科技创新型中小企业力度，促进科技成果转化。

3. 推动商业模式创新

引导企业发挥技术和市场优势，完善企业产品、服务和信息体系，在产业组织、产品及经营模式等方面全面创新，培育一批具有创新活力和动力的新业态。

（二）推进完善科技成果转化服务体系

1. 建设专业化的科技成果转化队伍

由高校、科研院所、重点企业组织专业人员，重点从事科技成果转移转化工作，形成吉林市科技成果转移转化工作联盟体系，明确工作载体与具体流程。开展产业及企业现状分析，绘制产业链图、区域产业布局图、技术路线图、区域产业创新发展路线图，整合资源，构建产业发展支撑体系；加强产学研合作，组织项目、技术、人才对接会。

2. 加强吉林市科创中心建设

进一步加强基础设施建设，着力提升服务能力，加快推进科创中心向省内外高校、科研院所延伸，向地方、科技型企业覆盖，吸引科研院所、技术转移机构及中介服务机构入驻，为科技成果转移转化提供配套服务；开展项目路演、技术讲座等成果展示及交流活动，促进科技成果供需双方的交流与对接。

3. 加快技术中介服务机构建设

积极培育一批服务能力强、专业化水平高的中介服务机构。加强交流合作，与优质的技术中介机构开展合作，通过开设本地分支机构或采取联合共建的形式，促进技术市场的规范和中介服务水平的提高。

4. 完善科技金融服务体系

探索科技金融服务新模式，加强与各类金融机构的合作，支持金融机构开发服务科技企业的金融信贷产品。

（三）推动科技服务业集聚区建设

加快打造创新创业集聚区，引入省内外相关资源，重点推进技术转移、知识产权交易、创业孵化等科技服务发展，建立并完善创新创业政策、孵化、人才、融资等服务体系。积极推进南部松花江智慧新城集聚区、高新区深圳街创新创业集聚区、高新北区科技创新城等双创集聚区建设，发展东北电力大学科技园、吉林经开区高新技术纤维科技企业孵化器等双创主体。

（四）加快科技成果产业化载体建设

推进产城融合和创城融合，集聚创新要素资源，加快建设科技成果产业化载体，通过重大科技突破和成果的产业化，培育和发展新的经济增长点，形成产业创新集群和基地，加快提升吉林市区域创新能力和产业竞争力。建设现代产业基地，推动化工、碳纤维、电子信息及医药健康等重点产业集群化、高端化发展。

1. 建强新材料产业创新集聚区

依托吉林经开区，建设国家级特种纤维及复合材料产业基地，重点推进碳纤维、聚酰亚胺等高性能纤维及复合材料科技成果转移转化；依托金珠工业区，建设新型金属材料产业集聚区，重点推进特种钢、特种冶金炉料及碳素制品材料科技成果转移转化；依托化工园区，建设化工新材料产业集聚区，重点推进合成橡胶、工程塑料等材料科技成果转移转化；依托吉林高新区，建设汽车化工材料产业集聚区，重点推进纳滤膜、汽车专用料等材料科技成果转移转化；依托磐石市，建设有色金属材料产业集聚区，重点推进羰基金属、钼酸铵等材料科技成果转移转化。

2. 打造电子信息产业基地

依托吉林高新区、船营区、龙潭区、昌邑区、丰满区、蛟河市等县区，促进电子信息制造、电子商务、大数据等产业科技成果转移转化，加快形成特色信息产业集群。推进重点装备制造企业应用人工智能、机器人等优势技术，加快制造业智能化改造和数字化转型步伐。

3. 做大特色医药健康产业创新区

推动筑石健康产业园重点发展慢病康复领域，结合吉林高新区、吉林经开区、蛟河市、磐石市等地区域优势，在发展现代中药、化学药、保健品的基础上，推进医疗器械、试剂和特医食品等医药健康领域科技成果转移转化。

4. 高标准建设航空产业园

依托吉林经开区，以中航工业吉林航空维修公司飞机维修基地为基础，强化创新支撑，多产业融合，促进航空产业领域科技成果转移转化，推进"围航经济"创新发展，加快打造重点突出、特色鲜明的航空产业园。

（五）加快集聚各类创新创业人才

1. 实施人才培养和引进计划

深入推进吉林市《关于激发人才创新活力助推实施"四六四五"发展战略的实施意见》，将吸引高校毕业生择吉留吉就业工作放在前所未有的高度，在政策吸引、体制机制、方式方法等方面都有新突破、新举措。为今后一个时期做好高校毕业生择吉留吉就业工作提供根本遵循。鼓励和支持吉林籍人才回归吉林市创新创业。重点关注行业科技领军专家的支持和对青年人才的培育。探索政府购买人才公共服务制度，建设全市统一的人才资源库。

2. 培育壮大科技型企业家队伍

深入贯彻《关于落实弘扬企业家精神支持企业家干事创业的若干措施》和《吉林市民营企业家培育行动实施办法》等文件精神。围绕吉林市产业发展需求，加大科技型企业家培育力度，加快提升科技型企业家创新管理能力和创业发展能力。充分利用各众创空间加速孵化一批创新型企业，培育一批科技型企业家。积极引进知名企业及具有战略眼光的企业家来吉林市创新创业。

3. 推进院校与企业人才交流互动

鼓励和支持省内外高校教师与科研院所人才专家在吉林市创新创业。鼓励科技人才双向流动，支持高校、科研院所选派科技人才到企业从事科技创新和成果产业化研究。

4. 着力培养技能型人才

鼓励驻吉高等院校和职业院校建设与吉林市重点产业配套的学科体系，深入开展产教融合、校企合作，探索校企联合招生、联合培养模式，鼓励设置与科技成果转化、产业化相关的专业，加快培养一批跨学科、高学历的具有实际技术操作能力的人才。健全以职业农民为主体的农村实用人才培养机制。深化创新创业教育改革，鼓励发展中高职多层次衔接、产学研多主体联合的职业教育模式。

（六）加快科技成果转化机制创新

1. 探索开展技术成果二次转移

围绕吉林市"四六四五"发展战略重点发展旅游文化、化工、先进材料、装备制造、农畜产品精深加工、生物等产业领域，实施重点行业与产业科技创新计划，加速形成一批标志性科技成果。加强招才引智工作，重点引进实现科技成果产业化的重大科技创新项目，推进科技成果整体打包向吉林市"二次"转移转化，加快形成新的增长点和增长极。

2. 进一步推进政策创新

深入贯彻落实国家和省促进科技成果转移转化的政策意见，制定符合吉林市实际的政策措施，发挥创新政策的引导性作用、市场配置资源的决定性作用。充分调动高校、科研院所、企业科技人员的积极性，激励技术中介服务机构和广大技术经纪人增强转移转化的能力，提高科技成果转移转化的效率。

参考文献

［1］王金虹、吕岩：《提升中小型企业科技创新能力对策探究》，《辽宁师专学报》（社会科学版）2021年第1期。

［2］杜朋钊、王焱、单美玉等：《吉林省国家自主创新示范区人才政策探索分析》，《企业科技与发展》2021年第11期。

［3］宋佳玲：《吉林省人才引进政策研究》，《合作经济与科技》2020年第2期。

［4］周玉良：《辽宁省培育壮大科技人才队伍的对策建议》，《文化学刊》2022年第5期。

Main Practices and Optimization Countermeasures for Promoting the Transformation of Achievements in Jilin City

Song Rui

Abstract: In recent years, Jilin City adopts policies formulated by the state to promote the transformation of scientific and technological achievements, focus on implementing six major projects, exploring the road of ecological system construction for technology transfer and transformation in old industrial bases, promote it to become a new driving force for sustained and stable economic growth in Jilin City.

Key words: Technology Transfer; Achievement Transformation; Jilin City

图书在版编目（CIP）数据

　　吉林省科技促进区域创新发展研究报告／井丽巍，
魏忠宝，单艺主编；王桂华，高华兴，生洪宇执行主编.
北京：社会科学文献出版社，2025.2. -- ISBN 978-7-
5228-4879-2

　　Ⅰ.F127.34

　　中国国家版本馆 CIP 数据核字第 2024V0W822 号

吉林省科技促进区域创新发展研究报告

主　　编／井丽巍　魏忠宝　单　艺
执行主编／王桂华　高华兴　生洪宇

出 版 人／冀祥德
组稿编辑／任文武
责任编辑／方　丽
文稿编辑／杨晓琰
责任印制／王京美

出　　版／社会科学文献出版社·生态文明分社（010）59367143
　　　　　　地址：北京市北三环中路甲 29 号院华龙大厦　邮编：100029
　　　　　　网址：www.ssap.com.cn
发　　行／社会科学文献出版社（010）59367028
印　　装／三河市尚艺印装有限公司

规　　格／开本：787mm×1092mm　1/16
　　　　　　印张：16.75　字数：248 千字
版　　次／2025 年 2 月第 1 版　2025 年 2 月第 1 次印刷
书　　号／ISBN 978-7-5228-4879-2
定　　价／88.00 元

读者服务电话：4008918866